西方供给侧经济学译丛

货币政策、税收与国际投资策略

Monetary Policy, Taxation, and International Investment Strategy

维克托·A. 坎托（Victor A. Canto） 阿瑟·B. 拉弗（Arthur B. Laffer） 编著

陈佶 译

上海财经大学出版社

本书为上海市新闻出版专项资金资助项目

图书在版编目(CIP)数据

货币政策、税收与国际投资策略/(美)维克托·A. 坎托(Victor A. Canto),(美)阿瑟·B. 拉弗(Arthur B. Laffer)编著;陈佶译.—上海:上海财经大学出版社,2018.1

(西方供给侧经济学译丛)

书名原文:Monetary Policy, Taxation, and International Investment Strategy

ISBN 978-7-5642-2753-1/F·2753

Ⅰ.①货… Ⅱ.①维… ②阿… ③陈… Ⅲ.①货币政策-研究 ②税收-研究 ③国际投资-研究 Ⅳ.①F821.0②F831.6

中国版本图书馆 CIP 数据核字(2017)第 125704 号

□ 策　　划　黄　磊　陈　佶
□ 责任编辑　黄　荟
□ 封面设计　杨雪婷

HUOBI ZHENGCE SHUISHOU YU GUOJI TOUZI CELUE
货 币 政 策 、税 收 与 国 际 投 资 策 略

维克托·A. 坎托
(Victor A. Canto)　　编著
阿瑟·B. 拉弗
(Arthur B. Laffer)

陈　佶　　译

上海财经大学出版社出版发行
(上海市中山北一路 369 号　邮编 200083)
网　　址:http://www.sufep.com
电子邮箱:webmaster@sufep.com
全国新华书店经销
上海叶大印务发展有限公司印刷装订
2018 年 1 月第 1 版　2018 年 1 月第 1 次印刷

710mm×1000mm　1/16　20.5 印张(插页:1)　368 千字
印数:0 001—3 000　定价:60.00 元

图字:09-2016-243 号

Monetary Policy, Taxation, and International Investment Strategy
Victor A. Canto, Arthur B. Laffer

Translated from the English Language edition of Monetary Policy, Taxation, and International Investment Strategy, by Victor A. Canto and Arthur B. Laffer, originally published by Praeger, an imprint of ABC-CLIO, LLC, Santa Barbara, CA, USA. Copyright © 1990 by Victor A. Canto and Arthur B. Laffer. Translated into and published in the Simplified Chinese language by arrangement with ABC-CLIO, LLC. All rights reserved.

No part of this book may be reproduced or transmitted in any form or by any means electronic or mechanical including photocopying, reprinting, or on any information storage or retrieval system, without permission in writing from ABC-CLIO, LLC.

2018 年中文版专有出版权属上海财经大学出版社
版权所有　翻版必究

总　序

　　改革开放近40年来,我国国民经济发展取得了举世瞩目的巨大成就,初步实现了从集中决策的计划经济体制向分散决策的市场经济体制的平稳转型,并成功跻身于世界第二大经济体之列。同时,我们也必须看到,中国经济在发展过程中,由于改革的不全面、不彻底、不及时,也逐步累积了新的问题和新的矛盾。一方面,过剩产能已成为制约中国经济转型的一大障碍;另一方面,中国的供给侧与需求端的"错配"已非个案,总体上是中低端产品过剩,高端产品供给不足。

　　为此,2015年11月10日,习近平总书记在中央财经领导小组第十一次会议上正式提出实行"供给侧结构性改革"。这是中央在我国国民经济发展进入新阶段和新形势下提出的一项新的重要任务,随着改革的不断推进,其内容也在不断发展丰富。"供给侧结构性改革",顾名思义就是要从经济结构的供给端着手,针对我国经济发展中的供需结构性失衡问题,尤其是无效供给过剩,而优质供给不足,从去产能、去库存、去杠杆、降成本以及补短板这些结果导向的具体目标出发,解决经济发展中所面临的"瓶颈"。

　　当然,除了经济结构的失衡,中国还面临体制结构的失衡和治理结构的失衡。这三个失衡层层递进,经济结构的失衡是表象,体制结构的失衡是深层原因,治理结构的失衡是内在根源。这三个失衡问题如果得不到解决,中国经济还将会随着政策的松紧而不停上下波动,形成过去几十年来反复出现的一放就乱、一乱就收、一收就死的循环。因此,改革的目的,就是要矫正这三个结构性失衡,通过改革、发展、稳定、创新和治理"五位一体"的综合改革治理,提高社会生产力水平,实现经济社会的持续健康发展。

　　想要顺利推进供给侧结构性改革,实现我国经济的转型升级,会涉及许多重要方面,例如:产能利用率的调节,全要素生产率和经济增长质量的提升,要素配置扭曲的矫正,简政放权、减税降成本的具体落实,等等。显然,这是一项规模庞大且各环节关系错综复杂的系统性改革工程,另外,还必然会与经济增速、通胀水平、贸易差额、就业情况以及社会稳定等硬指标存在密切联系。在这一背景下,从理论角度,便对供给侧结构性改革政策的成熟性提出了非常高的要求;而从实践角度,也需要能在前人的基础上,有所借鉴,通过去其糟粕、取其精华,为我国的供给侧结构性改革保驾护航。

总体来看,经济发展存在其阶段性与规律性,而供需失衡的结构性矛盾是其主旋律。供给经济学正是针对这一矛盾,从供给侧入手,系统阐述经济失衡矛盾产生的根源及应采取的政策措施的西方重要经济学流派。作为20世纪70年代初才于美国出现的经济学"少壮派",却已经在美国里根执政时期、英国撒切尔夫人执政时期等发达国家经济发展的重要阶段大显身手,为其摆脱经济发展困境、重新注入发展动力,实现当时这些国家经济的二次腾飞,发挥了不可估量的作用。

供给经济学的形成有其必然性。当供需结构性矛盾日益凸显,而传统凯恩斯主义宏观经济调控手段失灵时,自然会促使有社会担当的经济学家、知识精英去重新审视问题的本质,探索全新的解决手段,其中就不乏阿瑟·拉弗、万尼斯基、马丁·费尔德斯坦等代表性人物,也形成了一批诸如"拉弗曲线"的经典思想。

供给经济学的核心要义可以归纳为:(1)经济失衡的原因在于产能利用率与有效供给不足,且两者的提升并不会造成通胀、阻碍经济发展;(2)应采取特定的减税政策,降低经济部门与劳动者的生产经营与纳税成本,为其注入经济活力;(3)应减少政府干预,即简政放权,促进自由市场竞争;(4)萨伊定律,即供给能自行创造需求是有效的,仍应注重对经济的供给端调节。如此看来,经济发展的进程有其惊人的相似之处,供给经济学无疑能为我国此轮供给侧结构性改革提供非常有价值的理论思想借鉴。

"他山之石,可以攻玉。"上海财经大学出版社此次精心筹划推出的"西方供给侧经济学译丛",准确把握住了中央大力推行供给侧结构性改革的理论需求,精准对接了中央顶层设计在学术层面的要求。

此套译丛包含6本供给经济学派代表性学者的重要著作:其一,对供给经济学理论体系做出了完整介绍,并注重阐述其思想要点;其二,回顾了一些发达国家的供给侧改革进程及曾面临的问题,以借鉴其宝贵经验;其三,以专题形式对供给侧改革中的关键抓手进行了富有启发性的深入探讨;其四,鉴于此轮改革中金融资本供给端的重要性,专选著作对此方面进行了分析。

《供给经济学经典评读》系统介绍了西方供给经济学的核心思想、理论基础及关键要义,很好地填补了国内系统了解学习供给经济学派方面的空白。同时,本书的一大亮点在于,其深入分析了美国和英国当时非常重要的供给侧改革事件,可以说,能很好地兼顾研究供给侧改革的读者在理论完善和案例研究方面的需要。在供给侧改革理论方面,本书开宗明义指出,供给侧改革需要对凯恩斯经济学模型做出修正,讨论了拉弗曲线模型的意义与适用性,以及如何在供给经济学中借助不断发展的计量经济学进行分析等一些需要明确的理论基础;在案例研究方面,书中探讨了美国总统里根为推行供给侧改革所施行的经济改革项目,供给经济学思想演化的完整脉络,以及什么才是真正合适的货币政策和财政政策等。本书难能可贵的一点是,不仅充分涵盖了供给经济学的全部重要理论,而且很好地将其与供给侧改革中的重要事件结合起来,实现了理论与实践并重。

1982年4月,在美国亚特兰大联邦储备银行召开了一次非常重要也颇为著名的供给侧改革会议。《欧美经济学家论供给侧——20世纪80年代供给侧经济学研讨会会议纪要》一书就是将当时会议中具有代表性的演讲文章按照一定顺序集结成册,为我们留下了非常宝贵的供给侧改革方面的学术研究资料。出席此次会议的人士中不乏经济学界泰斗,如米尔顿·弗里德曼、托马斯·萨金特、詹姆斯·布坎南等,也有美国当时的政界要员,如杰克·肯普、马丁·费尔德斯坦等。就本书内容的重要性而言,完全可以作为研究供给经济学的高级读物,甚至有媒体评论认为,应作为研究供给侧改革的首选读物。书中内容反映了在美国着力解决供给侧改革问题的过程中,经济学界顶尖大师的真知灼见。

《货币政策、税收与国际投资策略》是供给经济学派代表性学者阿瑟·拉弗与维克托·坎托的一部研究供给侧改革政策理论基础与实践效果的核心力作,通过对货币政策、财政政策、国际经济问题以及国际投资策略以专题形式进行深度讨论,重点阐述了刺激性政策和不利于经济发展的因素会如何影响经济表现;同时,书中探索了一套与众不同的研究方法体系,帮助读者厘清政府政策在经济中的传导路径。本书第一部分探讨了货币政策制定目标和通货膨胀相关话题;第二部分聚焦于对供给侧经济学的运用,分析了政府施加的经济刺激和约束性政策的影响;第三部分遴选了一些国际经济方面的热点话题,如贸易收支情况与汇率表现,展示了从供给侧视角进行分析所能得出的结论;第四部分着重讨论了资本资产税收敏感性投资策略,以考察供给侧经济学思想可以为微观投资者带来的优势。

减税,是供给经济学的一项重要政策主张。《州民财富的性质与原因研究——税收、能源和劳动者自由怎样改变一切》阐述了为什么在美国州一级减免税负会促进经济增长并实现财富创造。书中对税收改革的思路进行了充分讨论,揭示了即使是美国一些人口很少的州也能从正确的政策中获益颇丰。以拉弗为首的多名经济学家评估了美国各州和当地政府施行的政策对于各州相应经济表现和美国整体经济增长的重要影响,并以翔实的经济数据分析作为支撑。另外,对美国的所得税等问题进行了详细严格的考察,深入分析了经济增长表现以及由于不合理的税收政策所导致的不尽如人意的经济局面等话题;同时,采取了细致的量化分析,探讨了对于国家和个人金融保障会产生巨大影响的政策措施,具有很高的研究价值。

1982年,拉丁美洲的一些发展中国家曾爆发了严重的主权债务危机,《拉丁美洲债务危机:供给侧的故事》从供给侧角度对这一事件进行了全面且深入的回顾分析。当时,许多经济分析师都着重于研究债务国在经济政策方面的缺陷,以及世界经济动荡所造成的冲击,很少有将研究重点放在危机蔓延过程中该地区的主要债权人——私人银行——上面。作者罗伯特·德夫林则对拉丁美洲债务危机事件采取了后一种研究视角,基于丰富的经济数据资料,指出银行其实才是地区债务循环中不稳定的内生因素,当该地区发展中国家经济蓬勃发展时,银行会存在过度扩张问题,起到推波助澜的作用;而当经济衰退时,银行会采取过度紧缩措施,造成釜底抽薪的后果。本书的一大价值在于,揭示了资本市场供给侧状态及调节对于发展中国家经济稳定的重要性,所提出的稳定银行体系的措施具有现实性启发意义。

《供给侧投资组合策略》是阿瑟·拉弗与维克托·坎托基于供给经济学思想,阐述微观投资者该如何构建投资组合的一本专著。书中每一章会分别详细探讨一种投资组合策略,并检验其历史表现情况。具体的讨论主题包括:如何在供给侧改革的大背景下投资小盘股、房地产等标的,对股票市场采取保护主义政策会造成的影响,以及美国各州的竞争环境等。值得注意的是,本书在充满动荡和不确定性的经济环境下,明确指出了采取刺激性政策的重要性。书中的分析配备了大量图表数据资料,能帮助读者更直观地了解基于供给经济学理论构建投资组合的效果。

中央领导同志已在中央经济工作会议等多种场合反复强调,要着力推进供给侧结构性改革,推动经济持续健康发展,这是我国当前阶段要重点实现的目标。同时也应理性认识到,"工欲善其事,必先利其器",改革需要理论的指导和借鉴。供给经济学虽形成发轫于西方发达国家的特定历史时期,当然基于不同的国情、国体,在了解学习其思想时,须持比较、思辨的态度;但是综合上述分析,显然供给经济学的诞生背景、力求解决的问题和政策主张,与我国经济发展在新形势下所要解决的问题以及政策方向有相当的契合度,这也在一定程度上,体现了经济发展阶段性与规律性的客观要求。

我们期待上海财经大学出版社此套"西方供给侧经济学译丛",与我国供给侧结构性改革实践,能够碰撞出新的思想火花,并有助于我国实现供给侧结构性改革这一伟大的目标。

是为序。

田国强

上海财经大学经济学院　院长

上海财经大学高等研究院　院长

引 言

维克托·A. 坎托、阿瑟·B. 拉弗

大多数关注政府行为的政策意义的经济学书籍,会在考察它们是否对所讨论的问题提供了合适的解决方案的背景下,分析那些意义。而这些分析几乎很少会考虑到实践意义,以及对业务经理、金融分析师和普通投资者而言很重要的策略。

在本书中,我们尝试对上述问题做更深入的分析。我们会尽力阐述刺激和不利于经济发展的因素是如何影响经济行为以及经济表现的。除此之外,我们会提供一套完整的方法,向读者展示如何跟踪政府政策的重要影响是怎样在经济中传导的,继而揭示对从投资组合经理、金融分析师到企业战略家、政府官员这样的投资者和政策制定者有帮助的投资意义。

一、货币政策

本书第一篇关注的是货币问题。考虑到通货膨胀会对经济形成潜在的影响,在很大程度上,在货币市场组织方面,必须对可能的干预机制给予充分的关注,并讨论相关的货币总量问题。

第1章讨论了一个很常见的宏观经济观点,而出版物将此观点归功于美联储的一些专家。这一观点假定,整体经济活动的持续增长最终会耗尽产能,导致更高的物价;相反,产能利用率的下降被视作可以缓解经济的通胀压力。该观点的实证意义很明显:产能利用率的提升会导致更高的物价;反之,产能利用率的下降会导致更低的物价。如果货币当局同意这一观点,那么政策意义就是,无论何时产能利用率出现上升,政府都会尝试采取措施让经济降温,这是一个让人不太满意的选择,或者通过货币措施,应该让物价的上涨速度放缓。

在货币模型中,通胀率的上升可以通过更慢的货币总量扩张速度来放缓。因此,货币当局也一定会选择相应的货币总量,以实施政策来实现更慢的通胀水平上升速度。因此,货币政策的意义一定会依赖一些严格的关系:第一个是,假定的产能利用率与通货膨胀之间的关系。另一种理论框架导致出现了不同的经济意义。货币框架是否与此相关是一个实证问题。第二个是,货币总量与通货膨胀之间的关系。第三个是,货币当局的控制能力,即如何选择相应的货币总量。在检验实证证据之前,有必要讨论一下分析中用到的另一种货币框架。

分析中用到的另一种框架是基于"一般均衡"分析,其中通货膨胀被定义为过多货币追求过少商品的一种货币现象。因此,一般均衡分析假定通货膨胀与真实的经济活动之间负相关。一般均衡货币分析指出,如果维持货币政策不变,产能利用率的加速提升会伴随着更低的(而不是更高的)通胀率,产能利用率的下降会伴随着更高的(而不是更低的)物价水平。然而,既然我们将通货膨胀视作一种货币现象,产能利用率与通货膨胀之间的相关性就要取决于货币反应。如果货币政策能够与产能利用率的提升相协调(例如,货币需求的上升),物价水平就不会出现变动,而通货膨胀就会与产能利用率的变动无关。

第1章所给出的实证结果与我们通常所接受的学说完全不同。全球范围内的证据并不支持全球性通胀率上升是由产能利用率上升所导致的这一比较流行的观点。证据表明,菲利普斯曲线并没有对通胀压力提供一个清晰的解释。数据指出了另一个更好的答案,即对于通货膨胀从货币角度的解释。

更快的经济发展与增长速度以及产能利用率的加速提升会导致更高通胀水平的想法,已经深深根植于人们心中。用另一种方式来表述,有些人会让我们去相信,更慢的经济发展速度以及产能利用率的下降会导致更低的通胀水平。这一谬论对国家福利和世界经济是危险的。想要让经济活动放缓和产能利用率下降(给经济降温)的政策,会导致更高的(而不是更低的)通胀水平。产能利用率的下降预示着通胀压力的上升。

实证证据表明,货币框架可以对通货膨胀问题提供更为充分的解释。然而,对如下两个问题也存在大量的不同意见,即货币与商品的相关数量决定了通货膨胀,以及是谁在控制这些数量。因此,从实证角度来说,人们必须区分有助于解释通货膨胀问题的变量和导致通货膨胀的变量。如果货币政策要在消除通货膨胀上是成功的,那么在货币当局的控制下,精心挑选货币变量是必需的事;否则,货币当局的行动就没有多大意义了。在第2章和第3章,会考察货币学派模型中的两个关键变量:一个是从局部(区域)视角,认为货币与产出的相关概念是一个国家层面的(局部)数量;另一个是从全球视角,认为货币与产出的相关概念通过与通货膨胀和世界数量相联系,真正成为全球范围内的数量。但即使是在局部和全球视角下,相关的货币数量也是不同的。关注局部问题的货币学派模型会关注基础货币、M1 和 M2;而关注全球问题的货币学派模型则会关注全球视角下的相应变量,即世界基础货币、全球 M1 和全球 M2。

关注局部问题的货币学派模型会用到对 M1 和 M2 定义颇为牵强的测算方式,其中会将 M1 和 M2 作为代表货币概念的相关实证变量。考虑到事实上只有美联储能控制货币供给量,货币总量的增长代表了供给曲线的移动。实际国民生产总值(GNP)则代表了货币需求的移动。

关注全球问题的货币学派模型代表了货币学派模型中最能体现货币总量形式的一种。关注全球问题的货币学家认为,毕竟货币是最容易实现跨国流动的商品之一。因此,如果人们能在另一个地方处理货币问题,那么不对两个地方的货币量进行合计就会产生误导。

欧洲美元和货币市场基金在美国金融体系中扮演着一个有点特殊的角色,其中,欧洲美元扮演了一个与在全球层面相似的角色。从某种意义上说,欧洲美元和货币市场基金可以给付一个非常有竞争力的利率,而且都已指数化,不受通货膨胀税影响。随着通货膨胀的上升,持有货币余额的人很有可能将他们的余额投向上述几种货币。

在第 2 章中,过去 30 多年的证据支持了关注全球问题的货币学家的观点。超出世界实际 GNP 增长(滞后两年)的超额世界货币供给,与美国通货膨胀之间有紧密关系。

第 3 章给出的实证结果很清楚地表明并不支持关注 M1 的货币学派模型。拓展对于货币的定义,使公式中包含 M2,并不能使货币学派的结论得到改善。用货币总量解释长期通货膨胀在统计意义上并不显著,以及滞后的通货膨胀是最显著变量,这两个事实紧密交织,破坏了局部和全球视角下的货币学派模型。对上述结论的一个似是而非的解释是,M1 和世界货币都是内生变量。但是,这两种货币在内生性的特征上完全不同。

货币总量中的不完全替代性提供了一种机制,货币当局借此可以对货币总量施加影响,但可能还谈不上控制。我们对供给调整所选择的替代变量是基础货币的增加。理由很简单,美联储能够完全控制但也只能控制基础货币。我们已经讨论过,货币均衡数量的变动是货币需求和供给同时调整的结果。因此,如果我们能够确认货币供给的调整(例如,基础货币的增加),并且知道能同时反映需求和供给情况的货币量,那么在得出货币供给部分的净额时,就能完全用 M1 的增加作为货币需求的替代量。

货币市场基金可以作为狭义货币结余的可行替代。相似地,欧洲货币可以作为美国国内货币的可行替代。供给方(银行)常常可以选择生成以本国货币标记的结余,或者参与接受非本国货币存款和进行贷款。与此类似,需求方(存款人)常常可以选择是在货币发行国还是在欧洲货币市场储蓄。对于利润的考量意味着,随着本国货币结余成本的上升,欧洲货币这一备选项变得更有吸引力了。欧洲货币和货币市场基金对于活期存款账户的替代作用意味着,本国货币当局提出货币政策的初衷很可能已经被抵消了。

第4章给出了一个与前面几章的实证结果相一致的分析框架。所进行的分析的基本前提是,在解释实证结果时所出现的令人困惑不解和自相矛盾,是源于人们试图解释在货币均衡数量和价格水平发生变化时,需求曲线是如何相对于供给曲线进行移动的。

货币具有与其他所有商品都相似的特征。当货币供给曲线向外移动,而需求曲线保持不变时,在新的均衡点上,要求的数量会更大,单位价值会更低。由于单位货币的价值是指它可以交换到的商品或服务数量,货币价值的下降等价于一般价格水平的上升(即通货膨胀)。

换句话说,如果货币需求曲线向外移动,新的均衡会出现在数量更大和单位货币价值更高的点上。货币价值的上升等价于价格水平的下降(即通货紧缩)。如果保持其他条件不变,货币供给曲线向内移动会导致货币量减少和通货紧缩,而货币需求曲线向内移动会导致货币量减少和通货膨胀。

所以关键的一点是,我们仅仅拥有关于货币量变化的知识还不足以断定价格会上涨或下跌。如果货币量的增加是由货币需求变动所导致的,那么会减缓通货膨胀、降低利率,并提高外汇货币的价值;相反,如果货币量的增加是货币供给变动的结果,那么通胀压力会加大,导致更高的利率和更弱势的货币。总之,没人能说货币量的增加或减少是由"通胀引起的"或"通缩引起的",或者导致这些变化的政策是"宽松的"或"收紧的"。了解每一个扰动现象的原因,即究竟需求曲线或供给曲线有没有移动,对于判断其影响是必要的。

关于通货膨胀和更高的利率是超额货币增长的产物的证据,支持了这样一种立场:货币政策的作用应当是提供稳定的价格。只有当货币供给的变动等于货币需求的变动时,价格稳定才能实现。政策的含义很明确:货币政策的执行与价格规律保持一致,能够确保货币供给自动与货币需求变动相匹配。

如果运用货币政策仅仅是出于稳定价格的目的,而不是为政府支出融资,就能为一个成功而稳定的货币体系打好基础,确保未来几年价格稳定。如果美元的购买力真的能获得无限担保,那么几乎所有人都会持有美元而不是黄金,或者不会去做通胀对冲。类似地,如果由于通胀预期下降而使得利率很低,就会出现对美元账户更广泛的使用。而使用外币以支持国际交易,或者仅仅作为价值储藏手段的现象也会消失。一项成功的货币政策会扩大对货币的需求,并必须增加美元货币的供给。

金融经济学家对预测金融变量的变动很感兴趣。如果能够做到这一点,可以设计一个投资组合策略以利用预测到的变化。该策略至关重要的一点是,应形成一个框架以预测关键货币指标的变化和市场预期,并确定它们对利率和通货膨胀的可能影响。

第5章便提供了这样一个框架。通过分析得出的关键政策指标是基础货币的增长率,这是一个受货币当局控制的变量,可以用来代表货币供给函数的变动;而超出M1增长的超额基础货币,可以用来代表超额货币供给。

除了政策变量,市场预期也在投资组合策略的形成中扮演了重要角色。例如,弱势美元和利率上升常常是通胀压力高企的预兆。然而,这些变量除了通胀预期的变化外,也会因其他原因发生变化。当黄金价格、美元的外汇价值和利率朝不同方向移动时,它们会对通胀前景提供相互矛盾的信号。如何处理这些相互矛盾的信号是一项很大的挑战。大多数管理者所面临的难题是,价格反映了包含通货膨胀和真实效应的混合信息。因此,他们必须仔细将通胀因素和真实效应区分开来。

有效市场假说和理性预期假说之间的争论所促成的一个很重要的发展是达成了这样一个共识,即市场数据反映了将来会实现的预期。这并不是说市场预期什么会发生,就真的会发生,只有最新的市场数据才包含对未来的预测。该分析的一个直接含义是,金融价格(如利率、收益曲线的斜率、黄金价格、美元的外汇价值以及股票价格指数)可能共同包含了市场对利率和通胀率未来趋势的隐含预期。受货币当局影响的政策也有可能会影响经济的通胀率和市场对未来的预期。

通过对市场数据和政策变量的细致分析,资产经理可以在市场共同预期的情形方面形成观点。借助这种方法,他们可以利用市场的集体智慧,对事情看得更清楚,使他们自己的观点与市场的观点有所区分。

政策措施也可能会导致金融变量之间形成内在联系。预告基础货币的增加很有可能同时导致通胀预期、利率和黄金价格的上升,以及美元的贬值。而这些因素反过来会通过对纳税等级的影响,继而影响股票价格。同样,税率下调会导致更低的通胀水平、利率和黄金价格,更强势的美元,以及高歌猛进的股市。在短期,很明显政策变化会引起复杂的金融变量变动之间的相互联系。因此,通过解读这些变量的变动和内在联系,可以准确预测未来一段时期金融变量的趋势。

这一章所用到的实证方法最初包含了上面所提到的所有政策和价格变量。向量自回归模型（VAR）被证明在预测相关时间序列变量系统上是一项颇为成功的技术。尽管颇受争议,向量自回归模型也常被用来分析不同类型的随机扰动和控制对于系统变量的动态影响。

一个结合了短期利率、收益曲线的斜率、美元的外汇价值、股票价格、基础货币增加和超额基础货币增加的实证模型,在解释通胀率和3月期国库券变动上表现不错。假定模型在实证上的特点是,仅使用金融价格的季度价值,货币总量滞后1~5个季度不等,则估计方程可以用来提前一步(如1个季度)预测利率和通货膨胀的变动。根据所采用的样本,模型在大约75%的时间内准确预测了利率的变动方向。这一结果足够鼓舞人心,表明完全可能通过运用此模型来预测利率情况。

货币政策也会对金融市场产生显著影响。对于金融市场和经济的意义,在第6章通过对反向收益曲线的讨论来进行描述。反向收益曲线的历史数据揭示了一个很清晰的形态。首先,在法定本位时期,当出现短期利率上升和反向收益曲线时,会继而出现通胀加剧和经济增速放缓。相比之下,在价格规律下,反向收益曲线会带来长期利率的下降和经济扩张。

投资者和经济学家所面临的问题是,需要确定货币当局究竟是遵循价格规律还是一些其他的框架。考虑到货币当局会不太愿意完全披露他们自己的货币政策以及是基于哪种标准进行操作,这个任务将变得很困难。在一段反向时期,当美联储遵循价格规律时,股票市场会上涨;当采取法定本位时,股票市场会下跌。因此,金融市场表现出包含了其对美联储货币本位的评估信息。股票市场在1989年的表现充分体现了,美国货币政策是在价格规律框架下实施的。金融市场造成的重要影响是,利率持续下跌了很长一段时间。

二、财政政策

供给侧经济学不能仅仅被视作标准新古典经济学的一张新标签。古典经济学分析的核心要义是,当经济刺激出现变化时,公众会改变自己的行为。如果相比于其他可选的活动,对某一项活动的刺激增加了,对于这一颇具吸引力的活动会有更多人愿意参加。类似地,如果对某一项活动施加约束,这种活动会越来越少。

基本上,人们在追求自我实现的过程中,都会同时碰到时间和资源的约束。在有限的资源和时间条件下,为了实现目标,必须在受外界和自身条件约束的结构中进行审慎管理。政府由于拥有足够的强制力,有能力改变大量的一系列经济因素受到的约束。政府所施加约束的结构的变化,会改变经济的表现。

由政府所施加的约束的形式,实际上有无数种。税收、补贴、规制、限制和要求只是政府在经济学领域可能采取的无数种措施中的几种。政府支出的构成和数额大小,以及政府的融资方式,也会影响个体的活动。古典经济学的一般原则是基于刺激政策所发挥的作用以及政府措施对于刺激政策的影响。

财富再分配论者(无论是自由派还是保守派背景)的长年呼吁,会减缓政府支出的增长,并推迟减税。税率下调政策就像掏出"一根可望而不可即的胡萝卜"一样,会诱使选民选择一个在经济上是紧缩性的项目。然而,这些项目历经一段时间后会再次破产。无论是从概念上还是实证上,它们的基础都相当薄弱。在减少政府对私营部门干预方面最为成功的方法是,采取措施超额抵补因税率大幅下调而造成的政府支出减少。

其实大家都很清楚,有很大一部分政府支出会被浪费掉。我们每个人都能举出一个个项目,要么被撤销了,要么规模缩减了。每一任总统或者总统候选人都会信誓旦旦地许诺减少浪费和提高政府效率,但几乎都失败了。理由很简单,他们每一位都没能理解政府的核心角色。

众多的经济刺激是商品市场中的推动力,而边际税率的变动则是我们可以找到的会影响刺激政策的重要因素。人们从事工作和企业经营都是为赚取税后收入。作为一般规律,他们不会因为喜欢缴税而进行工作和生产。随着税率上调,通过参与市场活动获得的税后回报会减少。结果是产出减少、就业减少。

相反,随着税率下调,其他几种市场活动的吸引力会越来越小。个人和企业会对市场活动投入更多的精力。因此,随着税率下调,更多的劳动力和资本会涌入市场,产出会扩大。而产出增加的放缓是通胀性的,是由货币量快速增加所导致的。产出增加越慢,通胀率越高。

对减税提出批评者所列举的情形有几个关键点。他们的讨论围绕以下内容展开:抵制减税者认为,税率全面下调不会真正使股票价值上升、经济增长和储蓄提高。除此之外,那些反对税率下调的人认为,所得税率的全面下调会导致更高的通胀水平和更严重的赤字,这会对穷人造成伤害。

第7章阐述了如下问题:历史上,经济快速增长、低通胀和股市上涨时期,也常常是税率更低的时期。如果假定更高的税率、更慢的实际增长和更低的储蓄水平与资本形成之间有紧密联系,那么很显然,股票价值和税率之间也应该是紧密联系的。事实上确实如此!

在1916~1918年,边际所得税率的最大值从仅仅只有7%上升到73%。税率的其他变化与最高税级税率的大幅上涨保持一致。股票价值遭到重创。

1920年哈丁(Harding)以压倒性优势击败考克斯(Cox)时(哈丁赢得了全部选票的60%),一轮快速的税率大幅下调开始了。

在1919~1929年,最高边际税率从77%降到了24%,最低税率从6%降到了0.375%。实际GNP的年增长率达到2.7%,通胀率的年下降率为0.36%,股票价值以所谓的"咆哮的20年代"方式上涨。标普500的年上涨率达到9.5%。

在1929年,一轮税率上调如火如荼地开展起来。在一份非常详细的分析中,裘德·万尼斯基(Jude Wanniski)用数据证明了,为通过《斯姆特—霍利关税法案》(Smoot-Hawley Tariff Act)而做出政治努力与大崩盘是同时发生的。[1] 在30年代见证了最高税率从1929年的24%上升到1940年的81.1%。在1930~1935年这段时期,实际GNP以每年3.1%的速度下降,并且股市也急速下跌——年跌幅达8.3%。

在肯尼迪(Kennedy)和约翰逊(Johnson)执政时期,随着税率下调,经济活动开展的步伐在加快。在1964~1967年这段时期,实际GNP以差不多每年5%的速度上升,标普500以每年6.3%的幅度上涨。里根政府接管的经济是个烂摊子,需要对其在之前12年所遭受的破坏进行修复。下调税率,解除对能源的管制,解除对行业的管制,并且维护了货币体系的稳定。

如果回顾20世纪80年代早期的历史,在税收和法律关系的特点上有一点很重要,可以观察到对于税率变化的预期也会对经济发展路径产生深远影响。在1981年的税法中,对税率下调进行了指数化。当时设想,在1981年10月1日下调5%,在1982年7月1日下调10%,最后在1983年7月1日下调10%。

法律中采用的税率下调方法的不足之处在于,其忽视了刺激政策对于个体行为的作用。常识告诉我们,人们不会在一家上周还满世界宣传打折的商店购买东西。当税率还很高时,对于未来几年税率会下调的预期激励了个人和企业在1981年和1982年减少自身收入,这样当税率真的下调时,就可以在1983年和1984年实现收入。但经济放缓了,失业率上升了,赤字扩大了(见图7.4)。讽刺的是,政府企图通过推迟税率下调以延缓赤字扩大,但实际上,只是导致赤字规模猛增。

真正让人吃惊的是经济对于刺激的反应速度。事实上在1983年1月1日,当税率大幅下调开始发挥作用时,经济开始复苏。这一复苏是完全符合供给侧逻辑的,并没有造成沃尔特·赫勒(Walter Heller)非常自信地预测的"通货膨胀爆发",而是有效地提供了就业、更高的产能利用率和生产力提高。甚至

---

[1] Jude Wanniski, *The Way the World Works* (Morristown, N.J.: Polyconomics, Inc., 1978), p. 36.

刺激政策的细微差别也开始起作用。1983年第4季度经济出现下滑,随后在1984年第1季度实现反弹,这和预期的完全一致,之后实施了最后一次5%的税率下调。

1983年1月,总就业人数达到了99 161 000人;而到了1988年1月,就业人数达到了114 129 000人。也就是说,在这5年中,增加了15%。里根的供给侧工作创造机器真的运转起来了。以1982年美元衡量的实际GNP,从1982年的31 660亿美元增加到了1988年的40 240亿美元,实际GNP增长了27%。

随着贾维斯—斯泰格尔—里根(Jarvis-Steiger-Reagan)的改革,政治力量的平衡出现了巨大的变化。供给侧共和党人有能力实现改变。他们自己从实现国家福利的税务员,转变为实现一个充满机会的社会的减税专家。对此的政治反应可谓势不可挡,选民对这一税收问题表示坚决支持。新的所得税率在1988年1月1日开始生效,其促进了经济增长。个人和企业所得的最高联邦边际税率分别是28%和34%。1988年开始启用的税收结构是美国自哈丁政府和柯立芝(Coolidge)政府将个人所得最高边际税率从73%降至25%之后,最能促进生产的一个结构。

如果过去指明了未来的方向,那么1988年的税率下调预示着之后几年经济的持续强劲增长和股市上涨,以及能相应控制住通货膨胀。其实可以或多或少想到一些重要的刺激政策,而如果采用了,会让20世纪90年代的情况完全不同。

美国不需要再来一位梦想家:罗纳德·里根已经这么做了。一个新时代已经来临。当时真正需要做的是通过优秀的管理,将里根的改革理想转化为公众能够理解的智慧。如何通过巩固使里根的理想获得持久生命力是当务之急。布什总统是这个工作的不二人选。

里根和布什在性格上有一个根本的不同。鉴于里根总统更具对抗性,布什总统更像是一位和事佬。他的策略是,通过找出相比于民主党人目前的立场而言另一个被隐藏的立场,让他们二选一:要么全力以赴,要么退回到布什总统的立场。关于最低工资和对资本利得进行指数化就是两个例子。布什总统在最低工资立法上获胜了。

在布什团队对于经济学的观点中,生产力、储蓄和投资是标语。那些能够提升三个概念中任何一个或全部三个的政策很受青睐。

税收改革中一直有一个梦想,就是减少税收法规中人们认为不道德的东西。在降低个人和企业税率的过程中,这样一个逻辑渐渐浮现,逃税带来的好处会递减,而对于逃税的惩罚则不会改变。因此,我们认为,有人会彻底重新计算如何逃避所得税,到那时,地下经济中频繁出现的能带来收入的交易,会以一种合法的、摆得上台面的应税所得的形式重新出现。我们都大错特错了。

没人会相信,地下经济中非法活动的逃税收入部分会在联邦审计员面前暴露无遗。但是人们对这样一个观点坚信不疑,即地下收入中有很大一部分仅仅是出于逃避缴税的直接动机。政府拿得太多了。那么如果政府税收得少了,会有大量的收入被公布于众;但现在的情况还不是这样。

长久以来所犯的错误是,低估了过往经历和恐惧交织所产生的力量。那些曾经在自己纳税上作假的人发现,即使他们从没有在新的税法下作假,也不可能再有机会坦白和补缴了。第一次汇报收入被视作接受联邦审计必要的开始。过去的税收异常已经尘封,联邦税务局(IRS)的耀眼光环早晚会造成过失犯罪指控和上帝才知道的情况。更好的情况是,这些不应吸引人们的注意力,无利可图的逃税还在继续。

第8章中所提到的才是真正的税收增加,在第一年税收从250亿美元增加到400亿美元,之后在一个稳定的基础上数额逐渐减少。这一不太慎重的提案真正让人吃惊的特点有两个层面。所针对的纳税人,他们自己也承认,相比于他们没有缴税的时候,现在条件改善了;而且不考虑隐秘的双重思想和经济学中并不合逻辑的复杂约束,税收的增加照道理会让产出、就业和生产力上升。这一提案包含了一个联邦税收减免项目,其需要每个州的配合,并且政府要和纳税人订立合同协议,这需要政府付出巨大努力,不仅要在纳税义务上做出妥协,而且要通过分期付款协议来筹集税收。

乔治·布什(George Bush)总统重新开启了关于资本利得税的讨论。第9章到第12章讨论了几个关于资本利得税指数化的话题。在总统竞选过程中,布什提出持有超过一年的资产的最高资本利得税率,应从当时的28%降至15%。他认为,随着时间推移,资本利得税率的下调会提升投资、国民收入、劳动生产率、资本存量以及整体生活水平。布什相信,他所提出的降低税率甚至可能会增加联邦税收收入。有报道指出,通过这样的两轮税率下调,也能降低股市的波动性。

历史上,资本利得税收入包含了5%的个人所得税收入和不超过2%的全部联邦收入。而且经计算,股票交易的资本利得只占全部资本利得的1/3。因此,从静态收益基础或根据其对经济的平均影响来观察资本利得税的话,资本利得税减少对经济的影响似乎很小。如果税率下调要使经济实现所希望的效果,则必须通过增加刺激来对经济行为产生深远影响。

布什所提出的将最高资本利得税率从28%下调至15%,会对经济产生许多有益的影响：可以降低投资者要求的最低回报率，促成更大规模的投资和估值更高的现有利润（资本利得）流。这一措施也有可能提高股票价值和应税基数。从长期来看，这么做会增加资本利得税收入。对资本利得税进行指数化并采用能够使税率下调的国内价格规律，甚至会给美国经济带来更大的有益影响。这一措施的影响是会降低新投资要求的最低回报率，从而为投资增加、生产力提高和生活水平提升创造条件。

资本利得税率从当时的28%下调至15%且不进行指数化，优于如果投资的实际回报率超过通胀率时进行纯粹的指数化。当通胀率高于实际回报率时，会更偏向使用指数化的方式。当资本利得税率为20%时，均衡点会出现在通胀为实际收益规模40%的水平上。这就解释了为什么当人们经历过一场"大屠杀"之后，更偏向任何程度的税率下调，而不是指数化。

我们永远不该让"最好的"与"好的"之间互相冲突。无论怎样对资本利得税率进行下调，就其本身的作用而言，会提高现有资产的实际价值，继而影响股票市场。那么就有两个问题：第一，根据不同的提案，上涨幅度该多大？第二，预期的上涨有多少已经在市场中实现？对于第二个问题，我们相信目前差不多一半的影响我们已经经历过了。

如果假定通胀率为4%，而投资者在扣完所有的税后所要求的实际收益率为3%，那么股东扣完所有的税后收益率需要达到7%。对于企业，如果其支付3%的股息率，那么在扣掉28%的个人所得税后，就相当于向股东支付了2.2%的股息率。这使得扣完所有的税后名义资本利得创造的收益率为4.8%。当资本利得税率为28%时，如果要向股东支付扣完所有的税后达到4.8%的收益率，税前资本利得必须达到6.7%。综上所述，企业必须向股东支付3%的股息率和6.7%的资本利得，即总计（向股东）提供9.7%的税前收益率，这样股东就能获得扣完所有的税后达到7%的收益率。当企业所得税率为34%时，对于资产要求的企业／个人所得税前收益率必须达到14.7%。

在布什的提案中，他期望从长期资本利得角度，仅仅将个人资本利得税率从28%降至15%，对于短期资本利得仍以28%的税率征税，而且长期资本利得税率的下调并不适用于所有的资产。然而，即使所有的资本利得税率都从28%下调至15%——显然这比布什的提案夸张得多，我们也可以很轻松地计算出总效应。企业所得税前收益率必须为13%，而不是在税率为28%条件下的14.7%。假定除了资产估值之外，其他所有条件都不变，那么所有资产的价值会升值13%。就道琼斯工业平均指数（DJIA）而言，会上涨250点左右。对于布什的提案，出现100～150点的放大效应似乎也是合理的。

对指数化进行完全相同的计算——这工作不太费脑力,很枯燥也很无聊——可以得出企业所得税前收益率为12.3%,而不是未指数化时的14.7%。假定除了资产估值外,其他条件都不变,资产价值会初步升值19.5%,或者相当于道琼斯工业平均指数上涨大约500点。指数化的放大效应没有按布什那种方式进行税率下调的效应大。最理想的情况是,指数化对于道琼斯工业平均指数的影响为300~400点。

在10月13日周五这一天,参议院扼杀了资本利得税率下调政策。实际情况是,那一天是10月13日周五,大家对于股市下跌都无能为力。乔治·米切尔(George Mitchell)应对下跌负完全责任。股市出现下跌的原因就是,对市场从长远来看,该事件会改变投资者的看法,继而影响股票估值。在我们自己的分析中,我们估计对资本利得立法的消息会使市场上涨400~500点。我们还估计,市场已经吸收了差不多一半的资本利得。因此,如果对资本利得进行立法没有具体实现,市场将会下跌200~250点。

第12章讨论了里根年代颁布税率下调法令后,作为自然而然的副产物的杠杆收购和企业兼并的大爆发。随着20世纪80年代里根税收改革的推行,企业和个人税率出现了巨大调整。而且不为人注意的是,企业负债和企业股票之间的相对优势也出现了巨大变化。税收待遇差异从1980年的1美元14美分增加到1988年的1美元24美分,这激励企业由股权融资转向债务融资。市场看出了这一点并对激励的变化做出反应,这一点儿也不让人奇怪。企业债务融资出现激增。

国会担心当时的债务结构很有可能会催生一些措施,使得债务资本不再有吸引力,而股权资本更有吸引力。一直在默默思考的人,尽管经历了过去6年多的情形,但现在开始要走向舞台的中央了。甚至实现平衡也是一种选择。我们认为,之后不涉及任何静态税收收入、消除了债务与股权税收差异的收益中性计划导致了如下结果:对于我们现在所称的企业所得的税收减免,与对企业级别利息支出的税收增加,实现了平衡。

当企业所得的税收结构与利息支出的税收结构一致时(例如,企业所得加上企业利息支出能够完全汇总,并作为一个整体进行征税),就能正确实现平衡。我们推荐这种方式的唯一理由是:这个提议将企业所得税的减少与企业利息支出税的增加紧紧联系在一起——对这件棘手的事很好地进行了抵消操作。从经济学观点来看,对于企业所得或利息支出都不该征税。最理想的解决方法是,建设性地将企业赚取的收入分派给它的股东,然后让他们自己对任意和所有的纳税事项负责。通过计算得出,基于静态收益,当税率为15%时,用上述方法可以产生比目前结构略微更大的收益。

企业兼并提供了一种机制,通过这种机制,激励的增加所创造的收益得以实现。税收待遇差异形成了税收套利机会,而通过我们的建议可以对此进行非常有效的修正。新的税收方案对于融资方式选择(即债务融资和股权融资)是中性的。因此,当考虑新的投资项目时,在美国的企业现在会关注项目本身的价值,而不是取决于相关的税收影响。融资选择,是债务融资还是股权融资,现在已经不再重要,决定不了投资决策。这一分析的意义在于,所提出的将最高资本利得税率降至15%,同时增加对新企业投资的激励,也会减少并购事件。

第13章对消费者债务进行了讨论。有一篇写于20世纪50年代中后期关于消费者债务变得失控问题的文章非常好。让人十分好奇的是,20世纪80年代中期消费者债务的快速增加,与20世纪50年代的那次债务爆发非常相似。对于这两段时期,消费者债务都是从低债务水平发展起来的。在这两段时期之前,政府规制都在消费者对信贷的使用上进行了抑制。朝鲜战争时期的信贷控制,人为地限制了消费者的借贷能力。随着战后解除管制,消费者信贷的增长率出现飙升。

在20世纪80年代早期,消费者信贷的增长受到信贷控制和高利贷法的限制。很高的名义利率触及了原有名义利率的上限。但随着经济复苏、放松管制和正式控制的结束,迎来了消费者债务的快速增长。通过研究消费者债务可以得出的经验是,债务本身不是问题,但是当高债务水平与突然的、未预期到的经济冲击(如股市崩盘)联系起来时,债务会对经济的灵活性施加约束,这时债务就会成为问题。

当一个人看到了商业周期的顶峰时,能意识到存在一个动态的限制会特别有用。债务限制的极端情形回应了商业周期的顶峰。借贷的敏感性反映了在商业周期中家庭承担债务的意愿,这可以用债务增长率来表示。显然,承担债务的意愿在商业周期中是内生性的。也就是说,消费者债务本身的增加反映了商业周期所处的状态,而且可能并不像一些专家所称的是一个影响消费者支出的独立因素。

在1986年颁布《税收改革法案》后,通常会报告的债务收入比的有用性降低了。自从1986年《税收改革法案》中取消了对消费者分期付款债务的利息费用抵扣,但对住房抵押贷款利息仍保留这一政策后,房屋净值贷款成为一个新的会影响如何解读所有针对消费者债务政策的因素。为了测算消费者总负债,必须将房屋净值贷款从尚未偿付的抵押债务中剔除出来,然后加回到一系列消费者分期付款债务中。

以按月支付为例,更小的债务偿还压力应归功于将债务形式从分期付款改为房屋净值贷款。除此之外,相比于传统的分期偿还贷款,消费者能从更低的税后利息率上获益。相比于相似规模的分期偿还贷款,上述做法也有助于减少房屋净值贷款的每月利息支付金额。

消费者债务的上升并不一定意味着经济的恶化。当消费者支出能推动经济发展时,消费者债务就会增加。这是经济扩张的正向指标。消费者债务是一个经济法宝,能让消费者把握住通过购买耐用消费品带来的预期收入上升。

第14章讨论了美国的储蓄率。在这一章,对凯恩斯主义对储蓄的观点和供给侧学派对储蓄的观点进行了比较。根据传统凯恩斯主义,储蓄的增加应正好等于消费和总需求的减少。随着总需求的降低,经济衰退必然紧随而来。他们甚至没有讨论过之后的通胀问题。因此,为了尽可能证明经济会衰退,该理论会让消费水平尽可能高,而储蓄尽可能低。我们都知道,凯恩斯主义的政策演变成了一套明显的反对储蓄措施,如今非常让人讨厌。

如今的主流经济学家集中批评凯恩斯主义时所表现出的激进态度,就和当年传统凯恩斯主义者倡导凯恩斯主义时所表现出的一样。凯恩斯主义者和反对凯恩斯主义者都生活在一个储蓄和消费主宰的世界。一派讨厌储蓄而喜欢消费,另一派则喜欢储蓄而讨厌消费。我们这些信仰古典经济学的人会在看看乐子和充满恐惧的不同心态下,观察他们疯狂的诡计。

新一代反对凯恩斯主义者认为,收入中该被储蓄起来的份额,一定要增加至超过其本该达到的份额。作为进行储蓄以及收入水平由现有资本存量决定的直接结果,随着收入增加,做任何能削减消费和鼓励储蓄的事都是值得的。越多人进行储蓄、资本存量越具生产力,则经济发展会越快。如何鼓励储蓄、投资和生产是一个核心问题。美国的低储蓄率在误导凯恩斯主义政策直接与税收政策、政府赤字和社会保障相联系方面,是一个遗留问题。

根据凯恩斯主义者的观点,里根的减税政策导致了两件事:巨额预算赤字(即政府入不敷出)以及消费者方面的肆意消费。这些负面影响反过来显然会导致储蓄率上升。灵活的冻结措施和其他对支出的限制,还远远无法解决公共部门的入不敷出以增加个人储蓄。他们会设计一种消费税,在最理想的情况下,不会以一种造成伤害的方式对个人储蓄施加影响。

古典经济学和供给侧经济学将储蓄视作一种在工作和享受闲暇之间做选择,以及在未来消费和当前消费之间做选择的正常副产物。从公共政策的视角来看,储蓄本身并不太重要。如果人们工作是为了消费,那很好;如果人们工作是为了存些钱,也没什么问题。对于古典经济学家而言,关注点应放在工作上,而不是储蓄或消费上。

从供给侧经济学家的观点来看,有一种更为完备的方法可以提高人力资本的总价值。仅仅关注生产力或者新增资本(即进行投资),会错过一种供给侧经济学非常看重的主要经济增长源泉。低税率环境会更加使得使用旧机器和新机器之间没有区别,同样地,也更加造成使用年轻劳动力和高龄劳动力没有区别,如果不对个人年龄和机器寿命有所歧视的话。只关注新机器,就会忽视现有产能所带来的产出增加,而且其在新的税收体系下用起来更为有效。包括人力资本在内的一些要素的意义实际上是根本性的——而不仅仅是提炼后的问题。

关于医疗保健政策的问题对于美国的未来是极为重要的。我们对其在第15章进行了讨论。我们必须处理好医疗支出问题,以维持美国在世界上的竞争地位。相比于其他任何一个国家,美国都将更大一部分的GNP用在了医疗保健上。美国企业现在会将其企业营运利润的50%花在其员工和退休人员的医疗保健上。这些隐性负债,有人估计达1万亿美元,目前已经超过了美国企业资产负债表上所有其他的负债项目。

就好像整个医疗保健问题的规模及其快速扩大对美国企业来说还不算什么一样,会计界现在正考虑施加一个更重的负担:对无资金准备的负债要有相应的准备金。这对于美国企业的影响是致命的。对目前美国企业的退休人员要求的保证金将近达到2 000亿美元。算上对目前还在工作的员工的负债,估计会达到2万亿美元。健康福利所导致的负债将超过美国企业资产负债表上所有的负债项目——这是一个巨大的经济问题。

事件与观点的融合正在医疗保健领域中形成,这会促使立法者和政府官员建立国家医疗保障体系。许多美国人都对他们的公共和私人医疗保健计划(或者有人无法享受其中的一种)感到不满,而想要在有些方面能有所改善;企业则面临着一个巨大的没有资金保障的负债问题,而且很希望从全球范围找到解决方案。小企业对于其所应负责的3 700万医疗保障尚未覆盖到的员工,当然只能勉为其难地去解决。医院以每年300家的速度在破产,而且准备采取不同的融资机制。国家医学会已经批准了全民健康保险项目。国家医学会转变为美国医学会费了很大劲,但遭受的挫折越来越大,甚至在医生中间也出现了这种情况。对于我们医疗保健问题的长期解决方案是否会牵涉到私人部门,或者这是否会变成一个全民医疗保险项目,还有待观察。

三、国际经济问题

本书的第三部分讨论了对于挑选出的一些国际经济问题的供给侧观点。

例如，第 16 章探讨了当前对美元的外汇价值的讨论中被忽视的一个细小但很重要的区别。货币冲击，如某国货币的人为贬值，确实会相应导致差不多程度的通货膨胀。而且在浮动汇率制度下，货币冲击所导致的不同的通胀率确实会引起差不多程度的汇率反向变化。这些关系反映了常常会提到的购买力平价。

然而，认为货币冲击导致不同的通胀率以及汇率的反向变化，并不是就排除了其他汇率所导致的并会对汇率本身产生影响的因素。实际的冲击，如财政政策的变化或者贸易情况的调整，会导致汇率出现巨大的变化，但不会对相应产生的通货膨胀造成任何压力。

美国最高个人所得税率从 70% 下调至 50%，使得那些按最高税率在美国缴税的人的税后实得工资，从 1 美元获得 30 美分涨至 50 美分：税后收益增加了 66%。如果美国及其贸易伙伴真正能按价格规律行事，汇率的变化可以反映贸易的波动。由于我们的贸易伙伴并未进行税率下调，美元的外汇价值有望增加 66%。

税率下调产生的持续资本流入，在长期可以在税后收益率的国际差异上形成套利机会。在 GNP 权重基础上，从 1980 年到 1984 年底，美元的外汇价值上升了 60.7%。在 1985 年一季度，美元升值达到顶峰，之后两年多时间里出现持续贬值。美元这一段历史表现与我们的分析相一致。

1986 年的《税收改革法案》对于解释 1988 年美元的震荡很有帮助。税收改革使得最高边际个人所得税率从 1986 年的 50% 降至 1988 年的 28%。税后收益率的上升在两年后发生。然而在 1988 年，我们的贸易伙伴实施了税率下调，这使得世界上其他国家的税后收益率的上升差不多与美国的幅度相等。因此，只有 1987 年税率下调后的分期付款与我们的贸易伙伴情况不匹配。这一分析的意义是，可以得出美元最高会升值 23%，随后会下跌。

第 17 章的基本前提条件是，贸易赤字是误导性政策被证明是错误的一种体现。这一前提条件本身是错误的事实，远不足以否定整个一套政策分析以及现在所提出的方案。新重商主义者所提出的观点是如此有说服力，获得了充分的信任，甚至在一些方面其他的解释几乎没有抛头露面的机会。可一旦进行检验，新重商主义者的观点就失败了。

也有很好的理由去期待甚至拥抱贸易赤字，就像美国自 1983 年起所经历的那种情形，当时经济经历了一段复苏表现。作为美国经济复兴的结果，外国人非常愿意向美国提供实际资源以增加产出、就业和产能。美国的贸易赤字根本不是一个问题，而是一种解决方案。当里根时期税率下调开始生效时，从 1983 年一季度起美国开始出现贸易赤字，而国内已经创造了超过 1 500 万个就业岗位。美国的外贸逆差并没有削减就业岗位,而是相反提供了资源以利于美国劳动力涌向充分就业。

新重商主义迟来的分析,会对可观察到的美国已经以令人难以置信且越来越加深的程度成为净债务国而感到绝望。然而国际资产是账面价值数据,而且很有可能与市场价值没什么关系。在1987年,美国出现了投资收入盈余,这似乎暗示了相比于在美国的国外资产,在国外的美国资产的价值被严重低估了;实际上从市场价值角度来看,美国并不是一个净债务国。无论美国是不是净债务国都不重要。相关问题应当是,美国的债务国地位是否使其情况变得更好了。在市场对其应有的情况作出评估方面,依赖零这个数字抵御不了什么。国际贸易作为一门学科,其本质在于对商品和资产进行贸易能改善福利。

如果经济政策发生了改变,那么美国的长期投资水平会恶化,而外国投资者可能希望从美国撤出一些自己的资本。这会造成一系列令人不愉快的事件发生。然而,美国投资者也会将他们的资本撤出美国,如果外国投资者没有先发制人,美国投资者会让那些噩兆先发生。但没有理由去假定外国投资者和美国投资者会有些什么不同。因此,外国投资者参与美国经济程度的大小实际上并不重要。坏的经济政策会造成本国资本和国外资本同时外逃。

我们能想到的政策中,没有什么比提高税收在一般意义上更能对投资者造成影响的了。根据当前的政策环境,提高税收意味着政府根本无法控制支出,此外,这解释了国家政体在控制政府方面的失败。在作者看来,对于消除预算赤字的建议,从税收角度来看,新重商主义者完全会将其视作洪水猛兽一样极力希望避免。

第18章考察了英国所做的供给侧改革。与美国的利率和通胀水平下降形成鲜明的对照,在英国选民看来,高利率和高通胀彻底将低税率带来的幸福感一笔勾销。玛格丽特·撒切尔(Margaret Thatcher)当时正在她的第四轮首相任期,仍有机会改变这一局面,但直到她卸任为止,都似乎根本没打算这么做。

在早期,和美国非常相似,撒切尔政府所提出的货币政策也是基于货币主义原则,以货币总量为目标。英国的经历与美国在美联储试着以货币总量为目标时的经历很相似。

由于对货币主义的试验很失望,两国的货币当局都对以货币总量为目标进行了调整。美国转向价格规律,采用了以本国价格和利率为基础的货币政策。英国则转向以汇率及其稳定性为基础的政策。根据这些新的操作程序,美国的货币供给得以扩大,以适应对于货币需求方面的关注。

英国政府的货币目标体现为稳定英镑的外汇价值的政策,而这一立场也获得了大多数供给侧经济学家的支持。我们分析得出,英国的税收改革会导致英镑相对于其他货币的升值。因此,汇率稳定政策会导致超额货币扩张以防止英镑升值。英镑升值趋势会让英国货币当局处于一种两难困境。他们不得不在汇率稳定和利率/通胀率稳定间做出选择。

英国内阁成员间也分成两派。在1989年初,撒切尔宣布英国不会干涉抑制英镑的升值。她正确地提出了以汇率干预措施抑制英镑升值会导致超额货币增长,继而引起通货膨胀。当劳森(Lawson)公布税收改革计划时,他也重申了这一立场。他清楚地表明,已将货币政策重点放在利率上,这才是对抗通胀的重要武器,而不是汇率稳定。在我们看来,这才是合适且正确的政策反应。

很大程度上作为美元外汇价值震荡的结果,汇率稳定的支持者当时已经关注维持英镑/马克汇率。首相仍坚持她最初的立场让英镑浮动。相比之下,劳森当时显得更偏向稳定英镑/马克汇率,而且得到了英格兰银行的掌门人罗宾·李·彭伯顿(Robin Leigh Pemberton)撑腰。在当时,很显然劳森在争论中胜出了。财务大臣赢得了向公众重申他维持英镑与西德马克汇率稳定责任的权利。然而,如果执行这项政策,就需要进行大规模的货币干预。这些干预会助长英国货币供给过程中潜在的通胀水平上升。

英国当时的数据显示,玛格丽特·撒切尔的困境是多么严重。相比于美国长期国库券收益率还不到8%,英国金边债券的收益率已接近10%。英国短期国库券的收益率约达14%,而美国相同类型债券的收益率还不到8%。英国个人消费者贷款的成本每年已达22%。近来英镑兑美元出现走弱,而对于其他欧洲货币,英镑在苦苦坚持。英国的通货膨胀水平很高,而且还在上升。

英国工党受益于所有第三党实质上的消亡。在早年的选举中,这些第三党吸走了工党的一些选票。除此之外,在尼尔·基诺克(Neil Kinnock)的管理下,工党好像有点儿没以前那么激进了。有好口才的费边社会主义者韦奇伍德·本(Wedgwood Benn)也不再拥有统治地位。迈克尔·富特(Michael Foote)也从人们的视线中消失了。工党当时还根本不属于左派,在英国普通选民看来也没那么武断。

最后,也可能不太合逻辑,民众仅仅因为对单调感到厌倦了,为了改变而改变:玛格丽特·撒切尔已经执政很长一段时间了。她非常强势的个性弄得没法推荐继任者。在饱受践踏的土地上,几乎开不出花朵。

还有一点,英国政府官员一谈到减税就显得很尴尬。尽管他们可能意识到了减税在政治上甚至宏观经济上的巨大吸引力,但他们还是觉得讨论减税让人不舒服。好像一年年会提到的自由意识形态让他们对自己所说的感到羞愧。

那些鼓吹减税的人被视作很自私、很无情，而且完全就是个坏人。他们无能为力，他们就是按那种方式被培养起来的。对他们而言，肯尼迪的理想，即最好的福利形式是有一份好的高收入工作，或者掀起一片浪潮的概念，根本不是英国精神的一部分。他们对这些理想很陌生。在长期，靠低税收过活会让英国经历一段难熬的时期。

四、投资组合策略

本书最后一部分探讨了根据我们的分析得出的投资组合策略。理论和常识会导致一般的经济因素共同对股价形成影响。考虑到行业分类的情况，相同因素也会对不同行业产生完全不同的影响。过去几十年里的金融文献采取了不同的方法。在现代金融中，行业表现并不被重视，被认为作用不大。

科学上的严格要求能够对不同选项作出区分。现代金融在统计学方面的复杂性，再加上能高速运算的计算机，大大提高了我们进行区分的能力。利润最大化理论在金融领域一直很受重视，在改变我们所有人对于世界的看法上有很大影响。"如果你能看出来，那为什么其他人看不出来？"这样一个很直接的问题，被赋予了一种新的重要意义。在看透其本质之后，一些早先的过滤规则可以直接归入应被抛弃的思想领域中，这些存在缺陷的概念阻碍了知识进步。

一系列与现代金融的要点相关的问题在过去几年里涌现了出来，但是没有一个比如下问题更能体现其在知识上的追求了，即为什么给定一项资产会有一个特定的贝塔值？很简单，无法仅仅用实证答案来作出解答。一项资产如何获得一个特定的贝塔值，取决于生产技术、资源可得性、政府政策和人们的偏好。经济学在个人和企业理论及其性质方面已经有了很大的进展，进而这些会相互契合形成一个一般均衡框架。把所有这些都忽视了讲不过去，就相当于造成了一个无效的知识市场。

第19章和第20章讨论的资本资产税收敏感性（Capital Assets Tax Sensitivity，CATS）方法纠正了现代金融中一些更为严重的缺点。该部分直接从企业和家庭理论出发，建立了一套原则以探究在发生宏观经济冲击之后，市场是如何回到均衡的。原则上，可以通过价格和数量调整在一定程度上的结合恢复均衡。对于市场的调整是否应通过企业的需求计划和供给计划来进行，价格和数量是再平衡的关键。很清楚，从行业内任意具体企业的角度来看，宏观经济冲击的影响越大，价格在调整过程中所发挥的作用越大，企业的利润和股票价值的敏感性就越大。

虽然是由经济理论发展而来，但对于股票的认识及测算都会直接受到宏观经济事件的影响。所挖掘出的最新数据，可以让我们能够在宏观经济事件与分行业股票收益之间建立起联系。借此我们能够揭示,市场对于股票价值的重估根本不是随意做出的。出现了截然不同的模式。有些人能在观察中一针见血,而其他人只能通过密密麻麻的数据看得云里雾里。CATS策略将更为传统的宏观经济事件向量与资产相关性矩阵相结合。如果可以假定我们过去观察到的数据模型的有偏性在未来仍将存在,那么通过对于经济形势的认识,就可以解读出股票收益情况。这作为资产经理的指南,可以证明这种联系相当有价值。资产经理是始终要对一切非难无条件承受的一批人。无论是在市场内外,他们的所作所为都一直处在风口浪尖。但他们别无选择。

在过去的10年里,A. B. 拉弗和V. A. 坎托协会所做的研究专注于测算宏观经济冲击对于特定行业股票收益的影响。我们的CATS策略预测了在这些经济冲击的余波中单个行业股票的相应表现。

CATS策略的形成是里根经济学、第13号提案[1]、斯泰格尔—汉森(Steiger-Hansen)资本利得税率下调和类似事件所推动的。我们当时的观点是——现在仍坚持这一观点——经济政策所出现的如此激进的变化,会对行业产生全然不同的影响。如果我们所认为的发生了,那么我们的供给侧观点很自然就能用来解释相应的资产收益问题。股价同步波动这一趋势可能与减税没什么关系,而是在其他因素条件下才可能发生。利率或通胀率的大幅变动也有可能与股票市场的系统性趋势有关。同样地,汇率或油价的波动在引起股市出现类似的趋势方面,也是一种说得通的备选因素。

然而尽管存在相似性,利率下降对行业的影响与所得税率下调所造成的影响完全不同。CATS分类和利率升降表现之间的差异,大大拓展了我们关于股票收益表现的知识。最后一个新近在我们的CATS策略中发挥作用的因素,是一个行业的产品参与国际贸易的程度。减税和利率敏感性对于汇率波动和贸易限制所共同作出的回应,显然对单只股票的收益有巨大且独立的影响。

明确宏观经济冲击会如何影响行业的相对表现,对于确定好的投资组合表现而言,只是一个必要非充分条件。在特定情形下,还必须对经济环境做一预测。一个好的投资组合策略是宏观经济预测的准确性与事件发生概率模型的有效性的共同结果。

为了尽可能准确地捕捉到里根时期的牛市(从低谷到顶峰),我们计算了从1981年1月到1987年8月不同投资组合的表现,所得出的结论清楚地显示,不同投资组合的表现有巨大的差异。这些表现上的差异证明了,总的来说,CATS

---

[1] 美国加利福尼亚州于1978年通过的旨在降低财产税的州宪法修正案。——译者注

策略已经能够确认不同宏观经济冲击的影响。有证据清楚地表明,对于经济环境的准确预测可以带来最大收益。这一结果支持了我们的这一观点,即里根时期牛市背后的推动力是税率下调。因此,分析中最重要的筛选方式是CATS分类。

在框架形成的过程中,另外一个合乎逻辑的步骤,就是在分析中利用跨经济界限的经济政策的差异。之后有两章探讨了设计策略以利用跨政治管辖权的经济政策的差异。第21章所讨论的一个策略,关注的是美国。这一策略尝试挖掘州之间的差异,以及不同州地方财政政策的差异。在第22章,分析拓展到世界经济,继而关注跨国界的财政政策和货币政策的差异。

如果某一个州的税负相比于其他州的税负减轻了,那么这个州有可能会迎来一轮经济增长;反过来,当某个州相比之下税负加重了,则很有可能会遭受经济下滑。由于州和地方税收政策与经济表现之间存在联系,位于州的资产价值改变了那些州的税收政策,这会对预测方向造成扰动。在那些税率下调的州,资产可能会升值,而税率上调则可能会使资产贬值。

通过这些观察所得出的投资意义很明显:买入那些位于税率下调州的公司的股票,抛售那些位于税率上调州的公司的股票。对于1988年12月1日到1989年11月7日这段时间所得出的结论让人看到了希望。那些位于税负无论是相对值还是绝对值都减轻的州的小型公司股票表现,好于那些总部坐落于税负无论是相对值还是绝对值都加重的州的小型公司股票表现。位于税负减轻的州的公司股票表现,超过了标普500在观测期内大部分时间的表现。基于州的投资组合策略的表现,在结合考虑"1月效应"之后,还有所增强。先不考虑小型公司股票全年的表现,自1963年以来,每年1月份其表现都很优异。

在那些税负相对减轻的州,有望从相对优异的经济表现中获益。近段时间,那些税收出现下降的州,如夏威夷州、缅因州、马里兰州、得克萨斯州、犹他州和威斯康星州,最有可能在相应年份的竞争中获益。将税负提高至全国平均水平之上的州,会发现要留住现有的生产设施并吸引到新的企业更为困难。那些最近出现税收增加的州,如阿拉斯加州、亚利桑那州、康涅狄格州、佐治亚州、伊利诺伊州、马萨诸塞州、蒙大拿州、内华达州、纽约州、北卡罗来纳州、北达科他州、俄亥俄州、宾夕法尼亚州、罗得岛州、田纳西州、佛蒙特州和西弗吉尼亚州,最有可能变得缺乏竞争力。

州税收政策还有政治意义。那些减轻其相对税负的州会赢得人口,从而能赢得国会席位。同样,那些提高其税负的州会失去人口和国会代表机会。相对税负的变化,可能有助于在1990年人口普查之后进行的对国会席位的重新分配。

例如，在加利福尼亚州，从1978年起进行了报复性的税收下降。在1978年，加利福尼亚州的税率水平在全国排在第4高。随后颁布了第13号提案以及相应的减税措施。到了1987年，加利福尼亚州的税率水平降至第16高。而加利福尼亚州获得了多达6个国会席位。相反，由于上调了税率，纽约州在1990年人口普查后失去了3~4个国会席位。

在概念上，投资组合策略要拓展至国际配置相当简单。但只有一个主要的区别，和州相比，不同国家可能会选择运用独立的货币政策。因此，必须仔细区分名义波动和实际波动。

和过去20年间州经济情况非常相似，世界经济经受了重大冲击，这对不同国家经济的差异化表现产生了显著影响。冲击包括金价的重要波动以及三次石油冲击。国家经济竞争地位发生变化的证据，可以从对购买力平价的偏离上反映出来。在1970~1987年间，可以观察到美国及其贸易伙伴间实际汇率的显著波动。

需要考虑美国实际汇率上升的影响。实际汇率上升意味着，相比于以前，每一单位的本国商品现在能换来更多的国外商品。这暗示了相比于世界上其他地方的资产，位于美国本土的资产的实际收益率提高了。相比于世界上其他地方，美国经济更高的收益率可以增加美国的生产活动。随着本国资产价值相比于世界上其他地方资产价值增加，美国会迎来资本流入。基于浮动汇率制，国际收支差额始终为零，贸易差额反映了资本项目。因此，贸易差额的恶化意味着资本项目的改善。美国在20世纪80年代的经历完全符合这一观点。

对1971~1988年的初步研究结论指出了股票收益率相对表现的系统性趋势。除了同步反应，美国及其贸易伙伴间的实际汇率变动似乎导致了股票市场的相应表现。

尽管没人能宣称可以预测出美国及其贸易伙伴间贸易条件的所有变化，但还是有一些离散事件，如税率下调，这会对实际汇率产生巨大影响，可以在事件发生之前先进行分析。其他的事件，如石油冲击，可能没那么容易预测到。一旦事件发生，则可以立即进行分析，并纳入投资组合中。

投资组合策略的决策规则相当简单：如果美元的实际汇率相比于其某一位贸易伙伴（如德国）上升了，那么美国股市的表现就会优于德国股市的表现。因此，德国股票就会被剔除出投资组合。如果美元的实际汇率下降了，那么德国股票会被纳入投资组合中。

目 录

总序/001

引言
  维克托・A. 坎托、阿瑟・B. 拉弗/001

第一篇　货币政策

第1章　产能利用率与通货膨胀
  维克托・A. 坎托/003

第2章　世界货币与美国通货膨胀：第一部分
  维克托・A. 坎托、亚历克斯・温特斯（Alex Winters）/011

第3章　对于通货膨胀的另一种货币理论：第二部分
  维克托・A. 坎托、阿瑟・B. 拉弗/021

第4章　货币、利率和通货膨胀：一个古典视角
  维克托・A. 坎托、阿瑟・B. 拉弗/032

第5章　通货膨胀指标的性质：第三部分
  维克托・A. 坎托、阿瑟・B. 拉弗/063

第 6 章　收益曲线：长期型与短期型
　　维克托・A. 坎托、阿瑟・B. 拉弗/075

第二篇　财政政策

第 7 章　在供给侧框架下的布什经济议程
　　维克托・A. 坎托、阿瑟・B. 拉弗/083

第 8 章　税收特赦：缺失的环节
　　马丁・G. 拉弗(Martin G. Laffer)、阿瑟・B. 拉弗/099

第 9 章　15%很不错，但能进行指数化就更好了
　　维克托・A. 坎托、哈维・B. 赫希霍恩(Harvey B. Hirschhorn)/107

第 10 章　程式化事实以及资本利得税率下调和指数化谬误
　　维克托・A. 坎托、阿瑟・B. 拉弗/128

第 11 章　13 日是星期五：政府面临的"三巫聚首日"
　　维克托・A. 坎托、阿瑟・B. 拉弗/138

第 12 章　债务和税收是唯一可以确定的
　　阿瑟・格雷(Arthur Gray, Jr.,)、阿瑟・B. 拉弗/146

第 13 章　虚假繁荣：对于消费者债务的占星术
　　约翰・E. 西尔维娅(John E. Silvia)/154

第 14 章　储蓄是个怪物
　　维克托・A. 坎托、阿瑟・B. 拉弗/165

第 15 章　我们是否在对国民健康保险的抵制上反应过度了？
　　詹姆斯・巴罗格(James Balog)/183

第三篇　国际经济问题

第 16 章　税率下调与外汇汇率
　　　　　维克托·A. 坎托/195

第 17 章　贸易差额：别担心，看开点
　　　　　阿瑟·B. 拉弗/205

第 18 章　国家的幼体发育：英国的初期发育，美国的幼态成熟
　　　　　阿瑟·B. 拉弗/212

第四篇　投资组合策略

第 19 章　第一部分：传奇
　　　　　维克托·A. 坎托、阿瑟·B. 拉弗/227

第 20 章　第二部分：宏观经济冲击与股票价格
　　　　　维克托·A. 坎托、阿瑟·B. 拉弗/240

第 21 章　小型公司与州竞争环境：1989～1990 年的情况
　　　　　维克托·A. 坎托、阿瑟·B. 拉弗/252

第 22 章　国际股票收益与实际汇率
　　　　　维克托·A. 坎托/272

第一篇

货币政策

第1章

产能利用率与通货膨胀

维克托·A. 坎托

宏观经济分析中一个广为接受的前提条件是,整体经济活动的持续增加最终会耗尽产能,并导致更高的物价。这一前提条件不仅在美国得到了运用,而且在国际上也得到了运用:

> 某种程度上,不幸的事情常降临在企业身上,美国人会关心本国出现了加速通货膨胀,但国外也出现了加速通货膨胀时,他们可能会得到些安慰。由于最近对美国的通货膨胀形势非常担忧,国外加速通货膨胀问题相比之下很少获得关注。但是在大多数主要工业化国家,物价和一年前相比明显上升了,而且在亚洲的新兴工业化国家和大多数更贫穷的第三世界国家也是如此。[1]

这一趋势总体上反映了与美国物价加速上涨相似的发展态势:整体企业环境的蒸蒸日上最终耗尽了经济产能,并导致更高的物价。

"局部均衡"分析所给出的结论是,在短期,产量的提高会耗尽生产力(例如,使供给弹性下降),并最终导致物价上升——通过提高价格对超额需求进行配给。反过来,产能利用率的下降被视作可以缓解经济的通胀压力。

实证意义很清楚:

(1)产能利用率的提升会导致更高的物价;

(2)产能利用率的下降会导致更低的物价;

---

[1] Alfred L. Malabre, Jr., "Rising Inflation Is a Global Trend", *Wall Street Journal*, March 27, 1989, p. 1.

(3)由于调整是有成本的,物价上涨率也有可能受到产能利用率水平和变化率的影响。

另一个前提条件是基于"一般均衡"分析,其中通货膨胀被定义为过多货币追逐过少商品的货币现象。因此,一般均衡分析得出通货膨胀和实际 GNP 增长负相关。[1] 由于经济活动和产能利用率是正相关的,GNP 的增长和产能利用率的提升有可能会一起实现。因此,美国增长率的提升应该也会与产能利用率的增长率的提升高度相关。换种方式来表述,经济的加速增长会与产能利用率的加速提升正相关。

一般均衡货币分析指出了,假定货币政策保持不变,伴随着产能利用率的加速提升,会出现一个更低的(而不是更高的)通胀率;随着产能利用率的下降,会出现一个更高的(而不是更低的)物价水平。然而,既然我们视通货膨胀为一种货币现象,产能利用率和通货膨胀的相关性就取决于货币反应。如果货币政策能适应产能利用率的扩张(即货币需求的上升),价格水平就不需要改变,而且通货膨胀与产能利用率的变化无关。

1.1 通货膨胀与产能利用率:国际上的证据

回归分析揭示了一些实证规律(如表 1.1 所示)。百分比变化和产能利用率加速提升的系数在统计上并不显著。[2] 唯一的例外是,对于美国的公式中,产能利用率的百分比变化显示了一个正的恰好显著的系数,而加速提升的系数为负且在统计上显著。

表 1.1 通货膨胀与产能利用率*(括号内为 t 统计量)

因变量通胀率	常数项	滞后 1 年通胀率的变化	产能利用率的百分比变化	产能利用率的加速提升	R^2	SE	DW	F
比利时	1.75 (0.73)	0.70 (1.96)	0.07 (0.19)	−0.12 (−0.56)	0.25	2.99	1.75	2.56
加拿大	1.94 (0.89)	0.74 (2.53)	0.01 (0.04)	−0.12 (−1.19)	0.49	2.04	1.50	5.54

---

[1] Arthur B. Laffer, "The Phillip's Buster Filibuster", A. B. Laffer Associates, August 4, 1988.
[2] 将产能利用率的加速提升定义为产能利用率的变化。

续表

因变量通胀率	常数项	滞后1年通胀率的变化	产能利用率的百分比变化	产能利用率的加速提升	R^2	SE	DW	F
法国	2.07 (0.83)	0.74 (2.71)	−0.01 (−0.02)	−0.13 (−0.64)	0.38	2.72	2.08	3.83
西德	0.77 (0.73)	0.73 (3.06)	−0.08 (−0.46)	0.05 (0.48)	0.48	1.62	2.00	5.30
意大利	9.15 (1.64)	0.29 (0.72)	−0.11 (−0.16)	−0.00 (−0.01)	−0.11	5.62	2.07	0.55
西班牙	2.65 (0.77)	0.79 (3.13)	0.36 (0.62)	−0.39 (−1.08)	0.33	3.73	1.54	3.34
瑞典	1.16 (0.75)	0.64 (1.88)	0.15 (0.45)	−0.12 (−0.63)	0.17	2.75	1.97	1.95
美国	0.53 (0.29)	0.93 (3.42)	0.34 (1.60)	−0.33 (−2.66)	0.55	2.37	1.61	6.62

* 百分比变化为第四季度数据之间进行比较。

对于美国的结论与经济活动步伐的加速(如实际 GNP、产能利用率)伴随着更慢的通货膨胀水平上升速度的观点相一致。经济活动的减少则伴随着更高的物价水平。在其他国家,产能利用率似乎与通货膨胀的相关性并不显著。

1.2 通货膨胀与经济过热:局部均衡观点

产能利用率的提升导致更高的通货膨胀水平,这一前提条件背后的原因是基于这样一个假设,即对于单个商品而言是正确的,对于经济作为一个整体而言也是正确的。将对于单个商品的分析运用到整体经济可以得出,对于所有商品和服务的更高需求,会使得商品和服务的产量及其价格同时增加。单个商品分析中假定所有其他商品的价格保持不变;因此,所有其他条件不变时,对于某一产品需求的增加,会导致对于产品的超额需求(如图 1.1 所示)。用经济学术语来讲,对于那些相当于局部均衡分析的方法,其中所有其他条件都保持不变。

超额需求如何得到满足取决于商品的供给弹性。如果供给是完全弹性的,那么产量是灵活的,会相应变化以适应需求的增加,而且相比于其他所有商品,

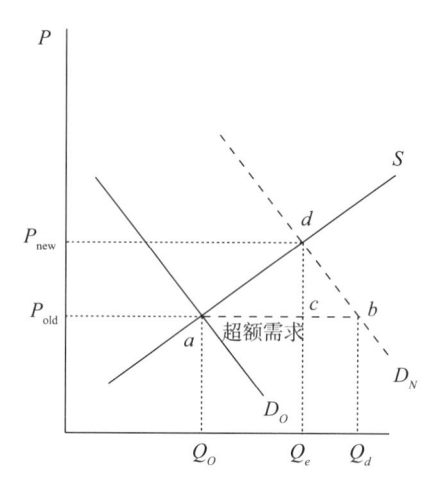

图 1.1 当供给既不是完全弹性也不是完全无弹性时需求增加的影响

该产品的价格不会出现丝毫提升(如图 1.2 所示)。另外,如果供给是完全无弹性的,那么生产计划不具有灵活性,超额需求可以通过提高价格得到满足,而生产仍旧保持不变(如图 1.3 所示)。

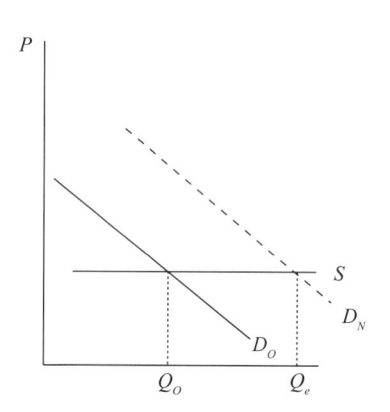

图 1.2 当供给是完全弹性时需求增加的影响

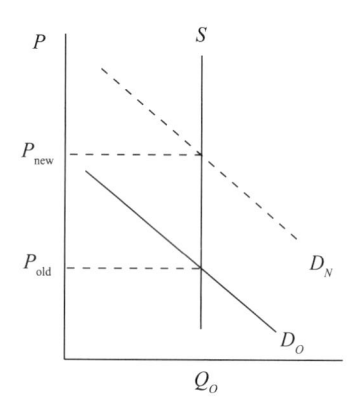

图 1.3 当供给是完全无弹性时需求增加的影响

供给弹性部分取决于应当予以考虑的时间范围。在短期,企业能够通过更密集地使用设备和资源(如提高产能利用率、付加班费)以提高生产。因此,生产的短期提升会引起边际成本的增加,导致一条向上倾斜的曲线。根据这些一般情况,最初的超额需求(图 1.1 中的 ab)可以通过结合价格的提升(从 P_{old} 到 P_{new})得到满足。更高的价格会使得供给从 Q_o 增加至 Q_e(或者沿着供给曲线,从 a 移动至 d)。更高的价格也会使得一些最初的需求者退出市场(从 Q_d 至

Q_e），这体现为沿着需求曲线，从 b 移动至 d。

当将分析拓展至整体经济时，需要忽略局部均衡分析中的一个基本假设，即单一商品情况下可以保持产出增长和通货膨胀之间的平衡。这里所提及的产出增长和通货膨胀之间的平衡，由所使用的劳动力和资本数量决定。如果现在有足够的资本和劳动力数量，那么更高的需求会造成不成比例的更大的实际产出量，而且几乎不形成通货膨胀。换句话说，当存在更高的失业率和过剩产能时，商品的供给曲线会变得更有弹性。

相应地，当失业率很低而产能利用率很高时，总需求的增加对实际增长几乎不会形成影响，但会造成通货膨胀。在劳动力和资本市场吃紧的情形中，总需求的增加是通胀性的，商品的供给曲线是相对无弹性的。

1.3　一个更为一般化的观点

将分析从特定市场拓展至整体经济（即从局部均衡分析拓展至一般均衡分析），乍一看，会觉得比它实际情况更为棘手。在对于单个商品的局部均衡分析中，收入的一般价值被视作常数。因此，隐含的意义是，商品价格的任何变动都意味着该商品价格相对于所有其他商品的变动。通过降低或提高特定商品相对于所有其他商品的价格，刺激会发生改变，这样生产者和消费者有可能会对所考虑的商品采用替代品，或规避该商品。

当将局部均衡分析拓展至整体经济时，该框架就失效了。尽管人们认为专家一直是这么做的，但一想象到这种极端情形就让人觉得很傻：去考察所有商品的价格相对于其他所有商品的变动。生产者和消费者替代不了什么，也没法拿什么来替代。因此，如果打算拿特定市场来对整体经济打比方，既不直接明了也不明显。实际上，在讨论总通货膨胀时，拿特定市场来打比方作为一种很常见的做法，实在是错得太离谱了。

在任意一种一般均衡分析市场体系中，交易价格按字面意思都是指在市场交易过程中两种商品的比率。当我们讨论消费者价格指数（CPI）时，举个例子来说，我们指的是某一特定商品组合按美元衡量的价格。按照精确的衡量方法，这些是零售商和消费者在某一时刻用美元进行交易的商品。因此，CPI通货膨胀是指该商品组合当前交换到的美元数量与过去某一时刻交换到的数量之间的比较。

"实际工资"这个词用来描述一单位劳动对于商品和服务混合组合的交换价值。"实际利率"是指现在所提供的商品和服务组合对于未来某一给定日期的商品和服务组合的交换价值。"汇率"是指1美元在市场中与外汇进行交易的价格。

精确地重述价格衡量意义的重要性在于，认识到所有价格代表了一个商品与另一个商品之间的交换。这必须是等价交换。通过牢牢掌握这一交换概念，可以轻松避免一些在解释整体通货膨胀时的常见错误。

一种产品的价格通过另一种产品来衡量时，只要相对于第二种产品，对第一种产品有超额需求时，第一种产品的价格就会上涨。说对第一种产品相对于第二种产品有超额需求，就相当于说相对于第一种产品，对第二种产品有超额供给。无论在哪一种描述中都应当明确，当建立起一个新的均衡时，相对于第二种产品，第一种产品的价格一定会上涨。

这里讨论的目的并不是要把事情弄混淆，也不想让读者感到困惑，而是仅仅要说明这一点，即无论何时讨论价格或通货膨胀，都必须依据这样两种商品展开讨论：第一种商品和第二种商品。某一种商品的价格相对于另一种商品出现上涨意味着，相对于后一种商品，对于前一种商品一定存在超额需求。讨论一种测量通货膨胀更为流行的方式，第一种商品还是商品，而第二种商品是货币。在这个例子中，更高的价格反映了对货币的超额供给与对商品的超额需求相匹配。

这里局部均衡的错误实际上非常微妙，因为人们常习惯于用微观经济学的方式进行思考。可作如下解释：对于橡胶手套需求的增加，必定会同时影响那些手套的价格和生产多少。如果手套工厂已接近产能极限，并已经用尽它们的潜在劳动力储备，那么价格会上涨而且几乎不会有额外的手套被生产出来。

将商品市场作为一个整体来看，总需求的增加应定义为出现了超额供给。在微观经济学中，问题的第二部分通过假设被解决了。劳动力和资本市场吃紧很明显意味着，对于劳动力和资本有超额需求，而对于商品和服务有超额供给。对于这种情况，将系统带回至均衡需要提高工人工资和资本回报率，而不是通过货币方式。工资和资本回报率的提高必须用单位产出来衡量，而不是货币。实际工资和实际收益必须上升，并且同时，对于货币工资或者资本的货币回报率我们一无所知。在20世纪五六十年代失业率很低且经济快速增长时期，实际工资的增长伴随着低通胀。

提高生产这一要求本身并不是通胀性的。此外，即使当劳动力和资本市场吃紧时，提高生产这一要求也不是通胀性的。当拨开迷雾之后，很明显，通货膨胀和产能利用率之间，或者通货膨胀和失业率之间并不存在直接关系。

然而实际情况是，实际工资和资本实际回报率与资本利用率和失业相关。

产能利用率和失业率都可以测量劳动力和资本相对于商品和服务的超额需求。在商品市场和货币市场之间根本没有什么东西可以明确区分,因此对于通货膨胀无法展开论述。对于劳动力和资本的需求相对于商品和服务越高,按单位商品和服务衡量的劳动力和资本的价格就越高,而且向整体市场提供的劳动力和资本就会越多。

1.4 对通货膨胀进行归类

通常所提到的通货膨胀是指用货币衡量的商品价格的百分比变化。按这种方式,当商品市场与货币市场不断出现不平衡时,就会产生通货膨胀。这是对商品的超额需求伴随着对货币的超额供给时的初期现象。形成了很多方法用来测量通货膨胀,从消费者和批发价格指数到 GNP 价格平减指数,再到敏感商品指数,但这只是反映了我们对于过多货币追逐过少商品所造成结果的困惑。[1]

增加货币供给或货币需求减少,在其他因素保持不变的条件下,都会立即导致货币超额供给。货币过多和任何东西过多一样,人们认可的货币价值,即货币的价格会下降。在货币这种情况下,如果有过多的货币和过少的商品,以商品衡量的货币价格会下降。换种方式来表述,以货币衡量的商品价格会上升。如果预期货币的超额供给会持续存在,那么更高的名义利率和更低的实际利率会同时发生。

让我们的注意力暂时只放在货币市场上,我们发现在未被要求的情况下增加货币供给,有可能造成如下后果:

(1)更高的价格(通货膨胀);

(2)更高的名义利率;

(3)更低的实际利率。

有可能反映货币供给净变动的最好指标是基础货币变动与 M1 变动之间的差值。[2]基础货币是由放在美联储的银行存款,加上银行所持有的货币及流通中的货币所组成。M1 则是银行所持有的所有活期存款加上流通中的货币之和。

尽管可以提出而且已经有人提出,甚至基础货币都会受到需求因素的影响,但很清楚基础货币也反映了货币供给的独立外生变动。对 M1 则不能这么

---

[1] Victor A. Canto,"The Quality of Inflation Indicators", A. B. Laffer Association, March 31, 1989.

[2] 参见第 4 章。

表述。需求会对 M1 产生非常强烈的影响,而且明显比需求对基础货币所产生的影响强烈得多。在这种情况下,M1 并不是测算货币供给变动的合适指标,而且也不是测算超额货币供给的合适指标。因此,基础货币增加和 M1 增加(即超额基础货币增加)之间的差额,是测算货币供给净变动的合适指标。

1.5 含义

实证结果与我们所接受的学说背道而驰。经济高速增长与产能利用率的加速提升会导致更高的通货膨胀水平这一信念,深深根植人心。换种方式来表述,有些学者想让我们相信,更低的经济增速与产能利用率的下降会导致更低的通货膨胀水平。这一谬论对于国家福利和世界经济是很危险的。倾向于让经济活动放缓和产能利用率下降的政策(即让经济降温)会导致更高的通货膨胀水平,而不是更低的通货膨胀水平。产能利用率的下降会造成通胀压力的上升。

国际上的证据并不支持这样一种流行观点,即国际上通胀率的上升是由产能利用率提高所导致的。另一种解释是,通货膨胀水平的上升可能是试图让美元的外汇价值维持在交易区间内的国际货币政策相互协调的直接结果。如果外国中央银行进行干预以支撑美元,那么实际上它们就相当于接受了美国的货币政策。

第2章

世界货币与美国通货膨胀:第一部分

维克托·A.坎托、亚历克斯·温特斯(Alex Winters)

通货膨胀无处不在的特点以及最近几年不同程度上席卷全美的衰退表明,将通货膨胀标记为一种全球现象而不是某一国的现象是正确的。[1]尽管经济"独立性"被广泛讨论,但经济政策仍被视作局限于国家范围内。经济政策是从如下假设出发的,即不同国家的经济即使在最好的情况下,也只是相互松散地联系在一起。

人们脑海中这一孤立主义框架在设计政策以控制通胀时尤为突出。然而经验让我们相信这样一种概念,即单凭本国的因素不足以解释本国的通货膨胀现象。而且,从对通货膨胀的全球视角得出的政策意义,与从一个封闭经济观点得出的政策意义截然不同。

无论真实与否,至少人们可以想象货币当局能够控制一个封闭经济体的货币供给——比如说,活期存款加上货币。然而对于世界经济,控制作为一个实践问题,几乎很难想象可以做到。任何一国货币当局的角色——如美国联邦储备委员会——从世界的角度来看,都实在是太渺小了。

货币毕竟是最容易实现跨国境流动的商品。银行和其他金融机构可以在美国的一些地方及国外一些地方经营。即使国外业务不是直接下属的子公司,但也已经形成了相应关系和其他一些紧密的联系。无论是美国国内的货币市

---

[1] See Arthur B. Laffer, "The Phenomenon of Worldwide Inflation: A Study in Market Integration", in *The Phenomenon of Worldwide Inflation*, ed. Arthur B. Laffer and David Meiselman (Washington, D. C.: American Enterprise Institute, 1975).

场还是世界经济范围内的货币市场,都通过这张巨大的金融网络紧密地相互联系。[1]浮动汇率的出现并没有导致一体化货币市场的瓦解。在即期外汇市场和远期外汇市场,浮动汇率最多只是使在这些市场中进行交易增加了一些成本而已。

对于决定某个地区或国家的通胀率的相应货币量和商品数量,存在大量的不同观点。根据局部观点有人提出,货币和产出相关概念是国家层面的(局部)数量。[2]根据全球观点有人提出,货币和产出由于与通货膨胀存在关系,其相关概念是世界数量。

本章体现的是"全球货币主义"视角下的通货膨胀和货币。分析中包含了货币和产品市场在世界范围的一体化。与局部货币主义观点不同,美国货币和美国产品被视作只是其在全球范围内对应物的一部分。国际货币和全球产品是考察通货膨胀的相应维度,具体是全球通货膨胀或特定国家(如美国)的通货膨胀。[3]过去30年的证据支持了全球货币主义的观点。相对于滞后两年的

---

[1] See Tamir Agmon, "International Money in a Multiple Currency World: The Internationalization of the Yen"(Manuscript, University of Southern California, November 1980); Victor A. Canto, "Monetary Policy, 'Dollarization', and Parallel Market Exchange Rates: The Case of the Dominican Republic", in *Economic Reform and Stabilization in Latin America*, ed. Michael Connolly and Claudio Gonzalez-Vega (New York: Praeger, 1987); Victor A. Canto and Marc A. Miles, "Exchange Rates in a Global Monetary Model with Currency Substitutes and Rational Expectations", in *Economic Independence and Flexible Exchange Rates*, ed. Jagdeep Bhandari and Bludford Putnam (Cambridge, Mass.: MIT Press, 1983); Richard N. Cooper, *The Economics of Interdependence*(New York: McGraw-Hill, 1968); Richard N. Cooper, "Macroeconomic Policy Adjustment in Independent Economies", *Quarterly Journal of Economics* 83, no. 1(February 1969); Paul Evans and Arthur B. Laffer, "Demand Substitutability across Currencies" (Manuscript, Stanford University and University of Southern California, 1977); Lance Girton and Don Roper, "Theory and Implications of Currency Substitution", *Journal of Money, Credit, and Banking* 12, no. 1 (February 1981); Marc A. Miles, "Currency Substitution, Flexible Exchange Rates, and Monetary Independence", *American Economic Review* 68, no. 3 (June 1978); Don E. Roper, "Macroeconomic Policies and the Distribution of the World Money Supply", *Quarterly Journal of Economics* 85, no. 1 (February 1971).

[2] See Milton Friedman and Anna Jacobson Schwartz, *A Monetary History of the United States, 1867 – 1960* (Princeton, N. J.: Princeton University Press, 1963); Milton Friedman and Anna Jacobson Schwartz, *Monetary Statistics of the United States* (Washington, D. C.: National Bureau of Economic Research, 1970).

[3] 要了解更早的研究以及全球货币主义概念的起源,参见 Arthur B. Laffer, "The Practical Implications of Global Monetarism" (Boston: H. C. Wainwright & Co., May 23, 1977); Jude Wanniski, "The Mundell-Laffer Hypothesis—A New View of the World Economy", *The Public Interest*, no. 39 (Spring 1975); Arthur B. Laffer, "Global Money Growth and Inflation", *Wall Street Journal* (September 23, 1976); Arthur B. Laffer and James C. Turney, "World Inflation", A. B. Laffer Associates (May 10, 1982).

世界实际 GNP 增长的世界货币超额供给与美国通货膨胀之间存在紧密联系（如图 2.1 所示）。

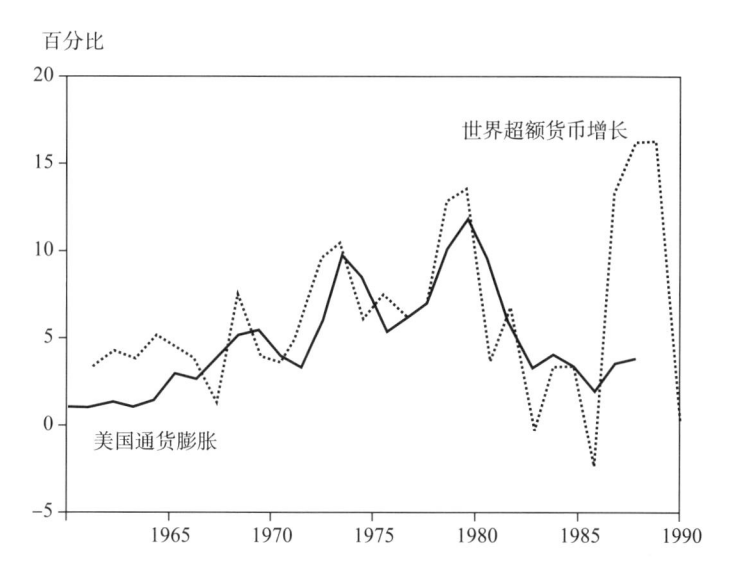

Sources：*BIS Annual Report*；*International Financial Statistics*；*Survey of Current Business*，Department of Commerce.

图 2.1　滞后两年的世界超额货币增长与美国通货膨胀

2.1　全球产品的来源

货币并不是世界价格水平变化的唯一原因。除了世界货币数量的增长，世界产品数量的增长也与通货膨胀相关。通货膨胀常常被定义为过多的货币追逐过少的商品。也就是说，保持其他所有条件不变，货币增长率的上升会带来更高的通胀率。类似地，产出增长率的上升会使得通胀率下降。根据全球货币主义观点，货币与产出的相关数量应在世界范围内进行测量。世界货币增长率的上升会使得全球通货膨胀水平上升。相应地，产品增长率的下降会使得全球通货膨胀水平上升。

全球产品增长率对通货膨胀进行的调整，可以分为两部分：归于美国产品的增长和归于世界上其他国家产品的增长。在 20 世纪 70 年代，世界实际 GNP 增长率仍和之前十年的增长率大致保持相同（如表 2.1 所示）。有一个区别是，美国对于全球产品的贡献下降了。在 20 世纪 60 年代，在全球产品增长率为 4.40% 中，美国占到了 1.88 个百分点；而到了 70 年代，在全球产品增长率为 4.46% 中，美国只占到了 1.10 个百分点。

表 2.1　　　　　　　　　　全球产品增长的来源　　　　　　　　　单位:%

年份	全球所有产品	美国产品	世界上其他国家产品
1960~1969	4.40	1.88	2.52
1970~1979	4.46	1.10	3.36
1980~1984	2.11	0.72	1.39
1985~1988	3.22	1.28	1.94
1960~1988	3.83	1.33	2.50

美国的产品增长率相对于世界上其他国家出现了下降。这一下降一直延续到了1980~1984年,之后在1985~1988年明显得到了遏制。相对于世界上其他国家,美国经济增长的复苏很大程度上应归功于在1984年1月完全生效的里根税率下调政策。

2.2　世界货币来源

货币不分国界。对于货币而言,世界上的政治划分与圣地亚哥的城市边界或加利福尼亚州的州界几乎没什么区别。对于货币,唯一的相关领域就是这个世界本身。尽管对于是哪一个货币总量对应于本国货币的争论还有可能会延续,但本章所选取的度量本国货币的指标就是"货币",以及《国际金融统计》(*International Financial Statistics*)中所报告的"货币加上准货币"。如果允许不同国家之间存在差异,那么这些货币度量指标可以近似代表 M1 和 M2。[1]

出于分析的目的,世界货币中的各国货币组成部分都必须以一种统一的计价标准来表示,以方便加总。这就像世界范围内石油产量既可以用美国加仑来表示,也可以用"桶"来作为一种常用的计量单位。这里选择用美元作为世界货币的度量单位。[2]

这里用到的世界货币的度量指标是,11个主要国家的国内货币的美元价值加上欧洲美元净存款。[3] 美国的 M2 以美元来表达。世界上其他国家的 M2

---

[1] See *International Financial Statistics* (Washington, D. C.: International Monetary Fund), Introduction.
[2] 当然,美元的价值随着时间的推移一般不会不变,就像加仑和公升的比率或者加仑和桶的比率一样。
[3] 本研究所包含的11个国家为比利时、加拿大、法国、德国、意大利、日本、荷兰、瑞典、瑞士、英国和美国。欧洲美元数据只包含了国际清算银行所报告的8个欧洲国家,不包括加拿大和日本。

按各国的国内货币单位来报告。然后对这些货币量按合适的现行美元汇率,折算成美元数量。

以美元表示的世界 M2 货币(包含欧洲美元),截至 1988 年在 29 年中增长了近 29 倍。也就相当于年均增长率达到 10%。在 1959 年,世界货币据估计已经达到 4 510 亿美元。到了 1979 年,世界货币总计达到 12 240 亿美元,再到 1980 年,几乎翻了 4 倍,达到 47 750 亿美元。截至 1988 年底,世界货币的美元价值达到了 10 万亿美元。

世界货币来源最让人吃惊的特点是,美国货币的重要性在下降。1950 年,美国货币占世界货币的 66%。到了 1979 年,不到 34% 的世界货币还在美国。在里根的第一轮任期,这一趋势曾暂时得到了遏制,世界货币中美元的份额在 1984 年差不多增加至 44%。而在那之后,到 1988 年又减少至 29%(如图 2.2 所示)。

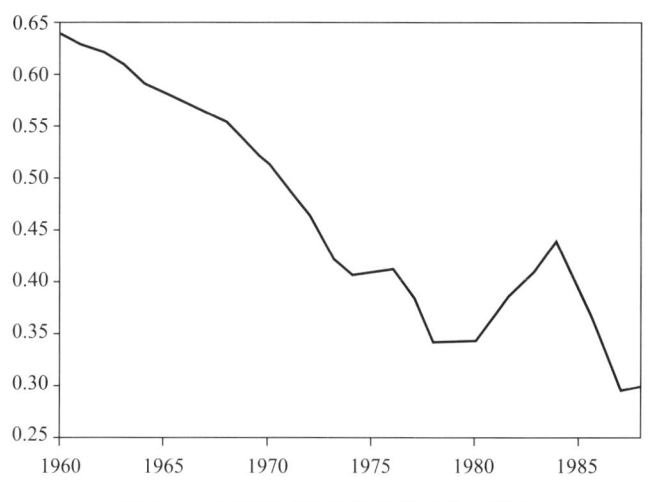

图 2.2　美国货币作为世界货币的一部分

2.3　美国货币的增长

美国货币对于世界货币增长率的贡献在 29 年间出现下降。对于 20 世纪 60 年代、70 年代和 80 年代 3 个 10 年,世界货币各个组成部分的年均增长率的比较见表 2.2。在这 30 年中,美国货币作为世界货币增长的来源,相比于其他来源,其重要性有所下降(如图 2.2 所示)。

表 2.2　　　　　　　　　　世界货币增长的来源　　　　　　　　　　单位:%

年份	世界所有货币增长	美国货币增长	世界上其他国家货币增长
1960~1969	8.59	3.89	4.70
1970~1979	12.79	3.74	9.05
1980~1984	3.99	3.40	0.59
1985~1988	14.72	2.18	12.54
1960~1988	10.10	3.52	6.58

2.4　世界上其他国家的国内货币

到目前为止,世界上其他国家的国内货币已是世界货币增长的重要源泉,而且随着时间推移,其重要性还在不断增加。在20世纪六七十年代,尽管美国货币对于世界货币增长的贡献在本质上仍旧没有改变,但是世界上其他国家货币的贡献有了大幅提升(如表2.2所示)。之后情况又有很大变化,在1980~1984年间,其他国家货币的贡献率下降到不足1%;而到了1985~1988年间,又上升至两位数。这一数据意味着,世界货币供给的波动很大程度上应归因于世界上其他国家货币增长的波动。

世界上其他国家货币增长的相对重要性的变化,正是美元外汇价值的镜像反映。平均而言,在20世纪60年代,相对于美国的贸易伙伴,美元是升值的。到了20世纪70年代,升值势头出现了停滞,之后在1980~1984年间出现了报复性反弹,而到了1985~1988年间情况又急转直下。

2.5　汇率变化对世界货币的影响

货币汇率效应只取决于被选取作为世界货币价值标准的特定货币。举个例子来说,假设有200德国马克,汇率是4马克兑1美元。德国货币的美元价值是50美元。假定美元出现了贬值,在新的汇率下为2马克兑1美元。200马克的美元价值现在是100美元。因此,即使马克的数量是稳定的,在美元出现贬值之后,德国货币按美元衡量,对于世界货币存量的贡献也翻了一倍。美元相对于其他货币的贬值意味着,以美元计价的世界货币总量出现了上升。反过来,如果选择了不同的计价标准,美元贬值意味着世界货币的外币价值下降了。如果以一种通常都会升值的货币来衡量,比如瑞士法郎,世界货币的增长会更慢。此外,货币贬值会造成替代效应,人们会避免使用贬值货币作为支付手段。

替代效应也会因政府管制(如资本管制和信贷控制)而产生。[1] 货币替代效应会相应导致通胀率出现上升。另外,通货膨胀效应会有所反馈,造成更大的替代效应,在这种情况下,汇率的波动完全会超过初期相应的超额货币增长。

在 20 世纪五六十年代,当布雷顿森林体系下固定汇率大行其道时,汇率的波动很大程度上是由美国贸易伙伴的货币相对于美元出现贬值所导致的。在那 20 年间,汇率的整体效应是导致世界货币的增长率下降(如表 2.3 所示)。但到了 20 世纪 70 年代,随着布雷顿森林体系瓦解,汇率对于世界上其他国家货币供给的主导效应消失了。近几年来,汇率对于世界货币增长的影响既有正面的,也有负面的。在 20 世纪 80 年代早期,当里根税率下调和保罗·沃尔克(Paul Volker)的价格规律得以实施之后,汇率变动的整体效应是导致美元大幅升值,而外币的相对重要性下降。[2] 然而,随着贸易条件效应的恶化,美元出现了贬值,这提升了外币对于世界货币供给的贡献。

表 2.3　　　　　世界上其他国家货币增长的来源　　　　　　单位:%

年份	世界上其他国家货币增长	汇率	外币增长	欧洲美元
1960~1969	4.68	-5.16	9.25	0.65
1970~1979	9.05	-0.75	8.32	1.48
1980~1984	0.59	-11.67	11.15	1.26
1985~1988	12.54	16.55	-5.68	1.68
1960~1988	6.57	-1.79	7.11	1.25

2.6　相对货币增长与汇率

在过去的 30 年,美国对于世界货币供给的贡献稳步下降(如表 2.2 所示)。然而,美国实际 GNP 增长中的美国货币净增长,与外国实际 GNP 增长中的外

---

[1] Arthur B. Laffer, "Substitution of Monies in Demand: The Case of Mexico"(Boston: H. C. Wainwright & Co., May 27, 1977); Victor A. Canto, "Monetary Policy, 'Dollarization', and Parallel Market Exchange Rates: The Case of the Dominican Republic", in *Economic Reform and Stabilization in Latin America*, ed. Michael Connolly and Claudio Gonzalez-Vega (New York: Praeger, 1987); Victor A. Canto, "Monetary Policy 'Dollarization' and Parallel Market Exchange Rates: The Case of the Dominican Republic", *Journal of International Money and Finance* 20, no. 1 (December 1985); Victor A. Canto and Gerald Nickelsberg, *Currency Substitution: Theory and Evidence from Latin America* (Boston: Kluwer Academic Publishing, 1987); Victor A. Canto, "Tax Rates Move Currencies, and There's No Easy Fix", *Wall Street Journal* (September 22, 1988), p. 36.

[2] 参见第 16 章。

国本币净创造之间的差异,解释了汇率的波动。

在固定汇率制下,如可兑换美元的布雷顿森林体系,货币量是由需求决定的,因此,不会引发通货膨胀。据此可以得出,只有在浮动汇率时期,当美元是不可兑换时,货币量才会反映供给情况。

在20世纪70年代,相对于美国货币的超额增长,外币的超额增长为2.30%,美元的年均升值率为0.75%(如表2.4所示)。反过来,在1980~1984年间,外币的超额增长从20世纪70年代的2.30%上升至7.40%。结果是,美元的升值率从0.75%上升至11.67%。从1985年起,外币的增长速度慢于美国货币,这使得美元年均贬值16.55%。

表2.4　　　　　　　　　　汇率增长的来源　　　　　　　　　　单位:%

年份	汇率	美国货币增长	美国GNP增长	汇率下调后外币的净增长	外国GNP增长	相比于世界上其他国家,美国的超额货币创造
1960~1969	5.16	3.89	1.88	6.14	2.52	1.61
1970~1979	0.75	3.74	1.10	7.97	3.36	2.07
1980~1984	11.67	3.42	0.70	6.46	1.39	2.35
1985~1988	−16.55	2.18	1.28	0	1.94	1.52
1960~1988	0.59	3.52	1.33	4.97	1.17	1.61

Source: International Monetary Fund, *International Financial Statistics*.

2.7　世界货币概念作为通胀压力的一种指标的用途及局限性

欧洲美元和货币市场基金在美国金融体系中扮演了一个有点儿特殊的角色。欧洲美元则在国际层面扮演了一个类似的角色。

鉴于欧洲美元和货币市场基金可以支付很有竞争力的利率,它们都被指数化且不会被征通胀税。随着通货膨胀水平上升,货币结余的持有者有可能会将他们的结余转为这种货币。[1]

保持其他所有条件不变,通胀率的上升会导致货币持有者将不生息货币和活期存款替换成生息货币形式,如欧洲美元和货币市场基金。这一替代效应会

---

[1] 参见第4章。

导致不生息货币流通速度的长期上升。替代效应从 M1 移至其他形式的货币，有可能会使得广义货币总量和流通速度保持不变。实际上，从 1950 年起，美国 M1 和世界 M1 的流通速度提高了，而 M2 的流通速度则相对保持不变。世界货币（包括欧洲美元）的流通速度出现下降趋势（如图 2.3 所示）。

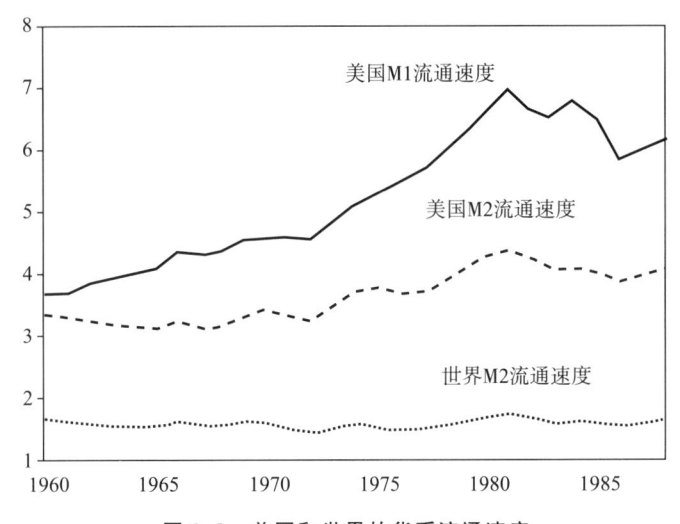

图 2.3　美国和世界的货币流通速度

欧洲美元可以部分抵消本国货币增长的变动，继而使得货币量部分是内生性的。从 1960 年起出现的美国货币增长与欧洲美元增长的负相关性，意味着欧洲美元市场部分抵消了美国国内的货币政策（如图 2.4 所示）。

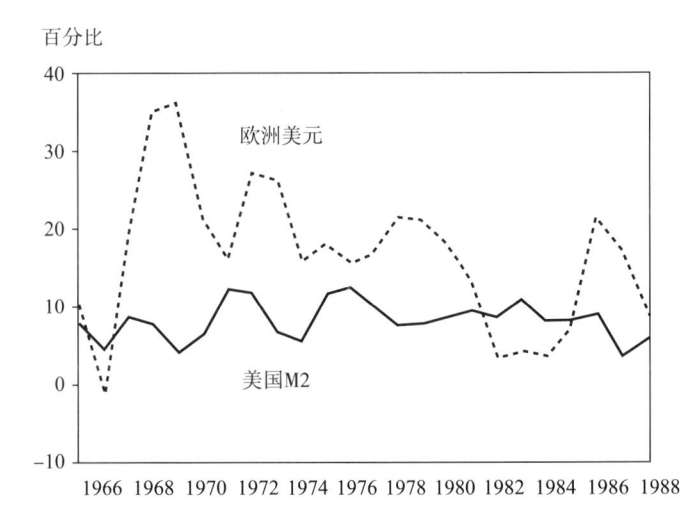

图 2.4　欧洲美元增长对美国货币增长的影响

货币市场基金对于狭义交易账户而言，是个可行的替代。类似地，欧洲货币对于美国国内货币而言，是个可行的替代。供给方（银行）通常可以选择是生成以本国货币标记的结余，还是参与接受非本国货币存款或放贷。类似地，需求方（储户）通常可以选择是在货币发行国还是在欧洲货币市场进行储蓄。出于利润考虑可以得出，随着本国货币结余成本上升，欧洲货币这一替代选项变得更有吸引力了。

欧洲货币和货币市场基金替代支票账户的能力意味着，本国货币当局提出的货币政策可能被抵消了。储备金要求的改变、贴现率以及公开市场操作会影响本国银行体系的成本，而欧洲货币体系和货币市场基金相对不受那些规制的约束。[1] 如果货币当局实施具有减小本国货币效应的政策，欧洲货币和货币市场就会相对变得成本更低，并能够扩大规模吸收超额货币需求。

---

[1] 储备金要求和贴现率只不过是对本国银行业活动的征税。See W. Kadlec and Arthur B. Laffer, "The Monetary Crisis: A Classical Perspective", A. B. Laffer Associates (November 12, 1979).

第3章

对于通货膨胀的另一种货币理论:第二部分

维克托·A.坎托、阿瑟·B.拉弗

有这么个传说,以前有个身体条件很不错的大块头,但首先要说明他是个纽约人,一个晚上在回镇上自己家的路上,碰上了四条恶汉。在仔细斟酌后,他决定不逞一时之勇,在四个进攻者的紧追猛赶下,他像一股火焰般跑了起来。追他的人一个接一个被甩开,在这场死亡追逐中掉队,直到仅剩下一个人还在追他。这个时候,这个纽约人停下脚步,转过身往回跑,挨个去对付每一个进攻者,把他们每个人都狠狠地揍了一顿。

对于货币主义的论据也有很多,从表面来看,它们似乎都无懈可击。然而,当对其进行公开明确的考察后,一个接一个地,每一个论据都会自相矛盾。本章是我们货币专题系列的第二部分,将关注一个常见主题的不同形式:M1货币主义、M2货币主义和全球货币主义。

过去的事对我们分析的影响,比我们任何一个人所会承认的还要大。就像在多米诺骨牌游戏中,我们所有人都会搭到哪儿算哪儿,而不是按照它应该是怎样的来搭建。一旦出现错误,就会一直错下去。每一次一个主题被拓展时,对过去所犯的错误一定会下一个令人信服的结论——一个能让质疑者满意的结论。

实际上,每个人都接受货币是要紧的这样一个观点,而且大多数人相信货币非常要紧。货币学家通过对所有实践目的作如下假设,把自身与其他也相信货币是要紧的人区分开来:(1)向经济提供的货币量是由政府控制的;(2)货币需求相当稳定,因此货币量测量值的变化反映了供给的变化。

基于这两个假设以及对于市场的基本理解,政策意义就显而易见了。货币增长放慢会降低通货膨胀水平。通过减少对市场的货币供给,而货币需求保持稳定,每一单位货币的价值会上升,也就是说,物价会下降。货币主义的一些版本甚至提出,更少的货币在一开始会伴随着产出减少,并只有过了一段时间之后,物价才会下跌,而产出会恢复到本该有的水平。

对于其所有似乎非常精确的结论(至少在教科书中是这么描述的),货币主义——以及每一个涉及货币问题的观点——都卷入了各种抽象的纷繁争论之中。但是要找出货币概念在实证中的对应概念,或者想努力测量出与此稳定相关的货币需求,都是令人抓狂的难题。

先不谈如何去应对上述完全让人无从解决的问题,这些概念上的谜题实际上体现了我们有多么无知。如果美联储无法控制货币会怎样——货币究竟是什么?或者说,如果对于货币的需求是不稳定的,我们该从哪儿去寻求慰藉和指导?本章并不能预知什么,因此也就回答不了上面那么大一个问题。本章假定货币主义有三种不同的实证版本,以及一个尚未起好名字的更为一般化的货币模型。在对每一个版本的模型作出描述之后,会对数据进行对比,以论证所描述模型的有效性。之所以选择这些特定模型,因为它们分别都已广为运用。有一个局部货币主义模型使用 M1 作为货币,而其他局部货币主义模型使用的是 M2。其他货币主义模型已经超越了美国的地域范围,使用世界货币概念作为全球货币主义的关键。更为一般化的货币模型中,将货币需求和货币供给同时置于一个非货币主义的货币框架中。

3.1　局部货币主义

局部货币主义认为,正如其名称所暗示的,通货膨胀只是不同国家各自存在的现象,因此国家通货膨胀能通过该国的变量得到最好的解释。美联储被认为应对基础货币(联邦储备银行所持有的储蓄机构的存款准备金,加上流通中的货币)实施严格的控制。由于其有权设定最低储备金要求,因此货币主义也坚持认为美联储能控制所谓的"货币乘数",即货币量与基础货币的比率。继而在理论上,货币供给在市场力量面前是完全无弹性的,并完全在货币当局的控制之下。

货币供给的变动只会由货币当局的措施引起。当货币供给上升时,在新的均衡点上,货币量更大,货币单位价值更低。由于一单位货币的价值是指该一单位货币所能交换到的商品和服务数量,货币价值的下降就等于一般物价水平的上升。保持货币需求不变,作为货币主义的核心,货币供给的上升会导致更大幅度的货币增长和更高水平的通货膨胀。

局部货币主义模型将 M1 或 M2 的狭义测量值作为货币概念在实证中的对应概念。这暗示了货币分析假定狭义货币总量中的各个组成部分互为完全替代品,而那些货币定义中所不包含的要素则不是货币的替代品。就货币替代品是重要的而言,货币需求的波动和/或货币流通速度,并不在这一模型的考察范围之内。

由于实际上只有美联储才能控制货币供给,因此货币总量的增长就代表了供给的变动。实际 GNP 增长则体现了货币需求的变动。由于存在明显的遗漏,局部货币主义学家的预测并没有关注到货币需求的变动。当需求变动很重要时,局部货币主义学家会错误地预测通货膨胀,而且提出不正确的政策响应。在里根时期,因为相信经济会增长,对于货币的需求相应发生了变化,继而狭义货币的流通速度下降了。高于正常货币增长并没有导致更高的通货膨胀水平,反而被单位 GNP 所对应的货币增长吸收了。而在朝鲜战争期间,出现了相反的情况。

3.2　替代效应:货币需求的变动

货币市场基金和欧洲美元在整个金融体系中,尤其在货币理论的运用上,扮演了一个特殊的角色。货币市场基金和欧洲美元会直接对其持有者支付利息,而且具有许多通常货币才会有的特点。因为持有者能获得利息,所以他们被免征通货膨胀税。随着通货膨胀水平上升,货币结余的持有者有可能会将他们的结余从不生息货币转向生息货币形式。

除此以外,对货币市场基金和欧洲美元没有明确的准备金要求。就各方面而言,有理由相信货币市场基金可以作为狭义货币结余的可行替代。同样地,欧洲货币似乎可以作为本币的可行替代。银行通常可以选择是生成以本币标记的结余,还是参与非本币存款市场。一些货币持有者还能选择不同货币的存款和在不同地点进行。如果出于任何原因(比如通货膨胀或管制),本币结余的成本上升了,欧洲货币这一替代选项就会变得更有吸引力。从不生息的、有高准备金要求的存款,转向生息的、没有准备金要求的存款的替代效应就会非常大。

如果通胀预期非常敏感,就会导致一种两难困境。通胀预期完全会造成货币需求中出现这样的替代,即从狭义不生息债务转为支付利息的准货币。根据以狭义方式度量的货币来作出定义,上述替代会由于更高的通胀预期,促使货币流通速度加快。更快的流通速度会推高价格,继而印证了更高的通胀预期。这一会自我实现的预言会导致巨大的不稳定性。如果通胀预期与货币增长反向波动,那么替代效应对于货币增长和通货膨胀的负相关性就提供了一个合理的解释。至少,这一替代效应否定了货币增长对通货膨胀存在影响。

3.3　全球货币主义

全球货币主义提供了货币主义模型中最为综合的一种形式。其认为货币终究是最容易实现跨国境流动的商品之一。因此,如果人们能在另一个地方进行交易,那么不对两个地方的货币量进行加总就会产生误导。

区域维度和不同债务形式之间都存在替代效应。一些货币持有者更喜欢持有外币形式的货币结余,而不是使用一些生息本币替代形式。世界货币并不会受到区域替代效应的影响,因为由美国货币转为任何其他国家的货币总量,可以被按世界范围来度量的方式捕捉到。因此,全球货币主义观点认为,即使没有关注到美国的通货膨胀,货币与产出的相关概念仍是世界范围的数量。

全球货币可以有效捕捉到货币需求的交叉货币变化。然而,作为一个政策上的问题,因为对于通货膨胀的控制要求能控制世界货币,事情就变得非常复杂,根本不是一个轻松的任务。

在布雷顿森林体系规则下的固定汇率时期,美国对世界货币实施了显著有效的控制。美国的贸易伙伴都致力于维持与美国的固定汇率。而为了做到这一点,外国中央银行都使本国货币政策服从于美国。美元和外币是可完全替代的。由于外国中央银行放弃了它们对于货币的权力,世界货币增长的主要来源就是美国。美国是世界的中央银行家,固定汇率消除了地理上的替代效应。这就是明确的情况,而在这种情况下,全球货币主义就是相应的框架。从实证角度,也是这么个情况。全球货币主义解释了20世纪70年代之前发生的通货膨胀。[1]

布雷顿森林体系的瓦解消除了地理上的完全替代性,因此引起了不同程度的货币替代。随着布雷顿森林体系瓦解同时发生的是,20世纪70年代出现了高通胀,并且对金融放松管制促使了管制程度最低的准货币(如货币市场基金

---

[1] Arthur B. Laffer, "Global Money Growth and Inflation", *Wall Street Journal*, September 23, 1976.

和欧洲货币)的扩张。对于一切除了狭义货币的最低限度的管制,提升了货币替代品的可得性,并降低了货币当局对于世界货币的控制力。

对于货币量,更广义的世界性衡量指标包括如货币市场基金和欧洲美元(由私有部门决定)的总量。由于欧洲美元和货币市场基金会支付市场利率,在对通货膨胀预期上升的时期会导致由不生息货币转为生息存款的替代效应。随着通货膨胀水平的上升,可以期望欧洲美元和货币市场基金会扩张,这使得世界货币在很大程度上是内生的。从实证上来看,本币和世界货币的生息部分正是与通胀率紧密正相关的货币总量。

3.4 证据

3.4.1 通货膨胀与 M1 增长

我们的统计分析将美国 GNP 增长的变化(货币主义模型中需求变动的替代量)和美国 M1 增长(供给变动的替代量)与美国通货膨胀相联系。暂且不考虑那些啰嗦的解释,实证结果明显并不支持 M1 货币主义模型。与假设相反,M1 增长的同步上升与通胀率为负相关,而不是正相关(如表 3.1 所示)。如果按表面上的数值来对其作出解释,该结论得出:M1 增长上升 1%,通胀率会相应下降 0.26%。

表 3.1　美国通货膨胀:局部货币主义观点(括号内为 t 统计量),1960～1988 年样本

变量	方程 1	方程 2
常数项	−0.024 (1.33)	−0.006 (0.27)
GUSGNP	−0.076 (0.42)	−0.072 (0.321)
GUSGNP(−1)	0.52 (3.25)	0.058 (0.248)
GUSGNP(−2)	0.131 (0.57)	0.008 (0.04)
GM1	−0.26 (2.23)	—
GM1(−1)	0.221 (1.86)	—

续表

变量	方程 1	方程 2
GM1(−2)	0.057 (0.52)	—
GM2	—	−0.268 (1.65)
GM2(−1)	—	0.316 (1.56)
GM2(−2)	—	0.179 (1.06)
INF(−1)	1.17 (4.86)	1.31 (5.97)
INF(−2)	−0.15 (0.49)	−0.56 (1.98)
Adj. R^2	0.803	0.783
SE	0.014 7	0.015 5
D-W	1.84	1.99
F	14.29	12.76

GUSGNP＝美国实际 GNP 年度百分比变化

GUSGNP(−1)＝滞后 1 年的美国实际 GNP 年度百分比变化

GUSGNP(−2)＝滞后 2 年的美国实际 GNP 年度百分比变化

GM1＝M1 12 月份同比增长

GM1(−1)＝滞后 1 年的 M1 12 月份同比增长

GM1(−2)＝滞后 2 年的 M1 12 月份同比增长

GM2＝M2 12 月份同比增长

GM2(−1)＝滞后 1 年的 M2 12 月份同比增长

GM2(−2)＝滞后 2 年的 M2 12 月份同比增长

INF(−1)＝滞后 1 年的通胀率

INF(−2)＝滞后 2 年的通胀率

1 年之后,M1 的交换效应上升 1%,而通胀率相应上升了 0.22%。由于同步发生的影响和滞后 1 年的影响差不多会相互抵消,统计结果表明,M1 增长和通货膨胀之间并不存在显著的长期相关性。

表 3.1 中所给出的统计结果指出，当期通货膨胀和过去的通货膨胀之间有最显著的相关性。[1] 实际上，当期通货膨胀和滞后 1 年的通货膨胀之间的估计系数在统计上等于 1。如果我们能假设系数就等于 1，那么这一结果表明通货膨胀基本上是随机游走的。如果这一过程真的是随机游走的，那么对于通货膨胀最好的预测指标正好就是过去的通货膨胀情况。

3.4.2 通货膨胀与 M2 增长

拓展对于货币的定义，使公式中包括 M2，并没有改善货币主义的情况。在 M1 的公式中，M2 的同步增长与通货膨胀负相关，而滞后 1 年的 M2 增长则与通货膨胀正相关。和前面一样，这两个系数差不多会相互抵消，这意味着没有显著的长期相关性。

M1 公式和 M2 公式之间也存在差异。M2 增长（方程 2）的系数在统计上的显著性，远远要低于 M1 增长（方程 1）的系数。对于在短期出现的负相关性和当使用 M2 时相应出现的有偏性的可能解释是，通胀预期的上升导致由不生息货币（M1）转为生息货币（如货币市场基金）所产生的替代效应。M2 中生息部分的增长有可能会抵消不生息的 M1 的减少，继而能让 M2 的变化相对少一些。

然而，就 M2 中生息部分并不包含所有生息的准货币替代品而言，M1 的减少会大于 M2 中生息部分的增加。因此，仍然可以观察到一种弱相关性。一旦替换掉不生息货币发生了，名义数量会以与通胀率相同的幅度上升。滞后 1 年的货币增长的系数小于 1 的事实表明，还会有其他事发生。

3.4.3 通货膨胀与世界货币

将世界货币产出和世界货币增长与美国通货膨胀联系起来的实证结果，在定性上与局部货币主义模型很相似。[2] 同步发生的世界货币增长的系数为负，而分别滞后 1 年和 2 年的实际货币增长的系数为正（如表 3.2 所示）。表中体现了世界货币增长和通货膨胀之间存在统计意义上最低限度的显著相关性。然而，根据局部货币主义模型，滞后的通货膨胀变量的系数是最为显著的，而且需要再指出一次，在统计上并不是显著不等于 1。这意味着对于当期通货膨胀最好的预测指标是过去的通货膨胀。在实证上，全球货币主义模型也不能拒绝通货膨胀是随机游走的这一假设。

---

[1] Arthur B. Laffer, "Global Money Growth and Inflation", *Wall Street Journal*, September 23, 1976.

[2] 参见第 2 章。

表 3.2　美国通货膨胀：全球货币主义观点（括号内为 t 统计量），1960～1988 年样本

变量	方程
常数项	−0.015 (0.86)
GWGNP	−0.072 (0.34)
GWGNP(−1)	0.296 (1.48)
GWGNP(−2)	0.027 (0.113)
GWM2E	−0.039 (0.63)
GWM2E(−1)	0.035 (0.48)
GWM2E(−2)	0.16 (1.96)
INF(−1)	0.86 (3.08)
INF(−2)	−0.09 (0.41)
Adj. R^2	0.762
SE	0.010 2
D-W	1.55
F	11.41

GWGNP＝实际世界 GNP 年度变化

GWGNP(−1)＝滞后 1 年的实际世界 GNP 年度变化

GWGNP(−2)＝滞后 2 年的实际世界 GNP 年度变化

GWM2E＝世界 M2 12 月份同比增长

GWM2E(−1)＝滞后 1 年的世界 M2 12 月份同比增长

GWM2E(−2)＝滞后 2 年的世界 M2 12 月份同比增长

INF(−1)＝滞后 1 年的通胀率

INF(−2)＝滞后 2 年的通胀率

3.5 局部货币主义模型与全球货币主义模型的失败：一个解释

将货币总量对于解释长期通货膨胀在统计上并不显著，与最为显著的变量是滞后的通货膨胀这些事实结合起来，会破坏局部货币主义模型和全球货币主义模型。对于这些结论的一个看似颇有道理的解释是，M1和世界货币都是内生的。然而，这两种货币的内生性在性质上完全不同。

M1和M2内生性的来源是需求的替代性。对于M1，其内生性来自不同债务工具形式之间的替代效应——从不生息货币转为生息货币的替代效应。另外，世界货币总量的内生性来自跨货币界限的货币替代。

3.6 一个更为一般化的理论：货币总量间的不完全替代性

货币总量间的不完全替代性提供了一种机制，借此货币当局可以对货币总量施加影响，但可能还谈不上控制。在这一框架内，货币当局创造货币的尝试会导致需求中的替代行为，从不生息货币转为生息货币。然而，由于货币总量在需求和供给中是不完全替代的(即规避通货膨胀是成本高昂的)，货币外逃是不完全的。

我们所选择的供给变动的替代量是基础货币的增长。理由很简单，美联储能够完全控制，而且也只能控制基础货币。需求变动的替代量有点儿难以确定。尽管实际GNP增长的提升确实包含了货币需求的来源，但这一衡量方法并不包含由其他一些因素所导致的需求波动。我们已经讨论过，货币均衡数量的变化是由货币的需求和供给的共同变化所引起的。因此，如果我们能够明确货币供给的变动(即基础货币的增长)，并且能充分了解同时反映需求和供给的货币数量，那么通过计算出供给部分的数额，就能将M1增长作为货币需求的完全替代量。

基础货币增长的加快伴随着其对美国通货膨胀在统计意义上显著为正的影响(如表3.3所示)。只有基础货币增长的相应系数表现出在统计意义上是显著的。按照表面上的数值来解释，基础货币增长1%，通胀率会相应上升1.1%。然而，这一估计值在统计意义上并不是显著不等于1。

表 3.3　美国通货膨胀:不完全替代观点(括号内为 t 统计量),1960~1988 年样本

变量	方程 1	方程 2
常数项	−0.28 (2.26)	−0.025 3 (2.17)
GB	1.09 (2.79)	1.22 (4.85)
GB(−1)	0.297 (0.71)	—
GB(−2)	−0.123 (0.32)	—
GM1	−0.58 (3.49)	−0.607 (4.43)
GM1(−1)	−0.002 (0.10)	—
GM1(−2)	−0.05 (0.28)	—
INF(−1)	1.13 (5.35)	1.10 (0.50)
INF(−2)	−0.52 (3.05)	−0.50 (3.62)
Adj. R^2	0.819	0.842
SE	0.013 8	0.013 2
D-W	1.94	1.80
F	16.76	35.56

GB=基础货币 12 月份同比百分比变化

GB(−1)=滞后 1 年的基础货币 12 月份同比百分比变化

GB(−2)=滞后 2 年的基础货币 12 月份同比百分比变化

GM1=M1 12 月份同比增长

GM1(−1)=滞后 1 年的 M1 12 月份同比增长

GM1(−2)=滞后 2 年的 M1 12 月份同比增长

INF(−1)=滞后 1 年的通胀率

INF(−2)=滞后 2 年的通胀率

与我们的预期相符，M1 增长的变化伴随着其对美国通货膨胀在统计意义上显著为负的影响。同样地，只有相应的系数表现出在统计意义上的显著性。按照表面上的数值来解释，这一结果表明，M1 增长提升 1％，通胀率会相应下降 0.60％。

实证结果表明，估计方程充分捕捉到了供给的变动（即基础货币的增长）和需求的变动（即货币量的增长）。因此，为了能预测到通货膨胀，必须首先预测货币供给的变动和货币需求的变动。

第4章

货币、利率和通货膨胀：一个古典视角

维克托·A.坎托、阿瑟·B.拉弗

4.1 错误的教条

货币政策及其后果在本质上都被视作一个个沙文主义：
(1)货币增长放缓意味着货币政策收紧；
(2)货币收紧可以通过更高的利率反映出来；
(3)更高的利率增强了美元在外汇中的地位；
(4)货币增长放缓降低了通货膨胀水平；
(5)产出增长放缓降低了通货膨胀水平；
(6)高利率遏制了通货膨胀。

很难想象会有一系列人们所相信的东西与实际情况背道而驰到这种地步。除了唯一的例外，即在长期，更高的利率确实会使经济增长放缓——但只是在长期，上面所列出的每一条结论都既不符合逻辑，又在实际中是错误的。遵循这一教条的指示，已经让美国经济濒于危机的边缘。

在图 4.1~图 4.5 中，有 3 个更为明显的谬论通过过去 20 年的年度数据得到阐述：

(1)高利率并不会伴随着美元的高外汇价值（如图 4.1 所示）。[1]

---

[1] 我们对于利率、通货膨胀和美元外汇价值之间关系的观点的一个更为详细的解释，参见 Arthur B. Laffer, "How Quickly We Forget: Must the Mistakes of the '70s Be Repeated?" A. B. Laffer Associates, November 20, 1987.

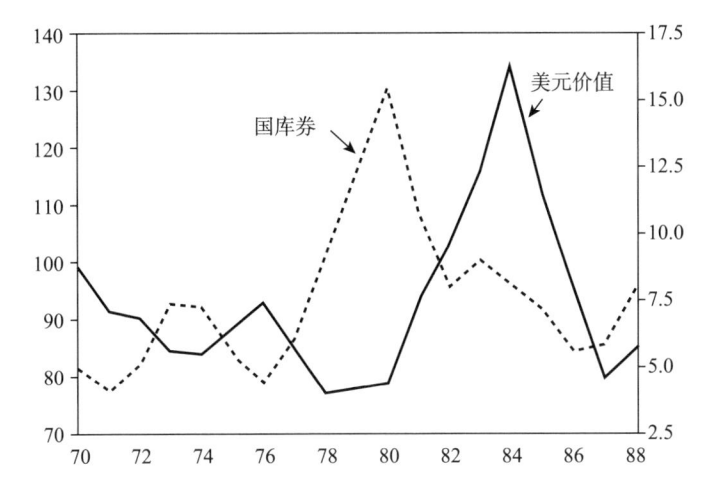

Sources: *International Financial Statistics*; *Selected Interest Rates*, Federal Reserve; *Economic Report of the President*; *Wall Street Journal*.
A. B. Laffer Associates

图 4.1　美元的外汇价值与 3 月期国库券收益，1970～1988 年

（2）更快的货币增长并不会伴随着更高的通货膨胀水平（如图 4.2 所示）。[1]

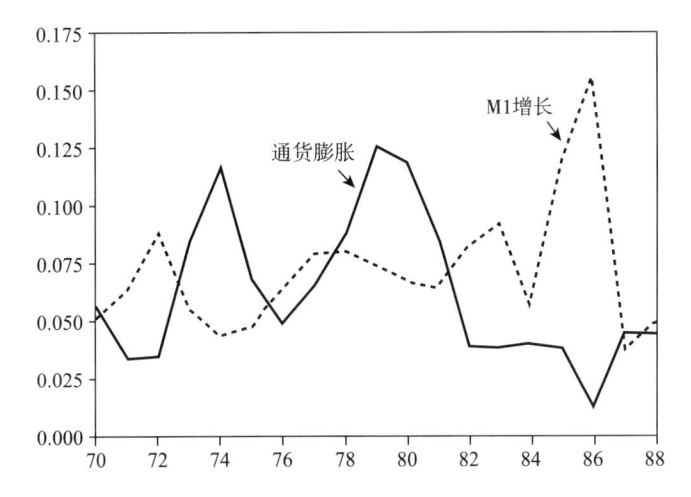

Sources: Bureau of Labor Statistics; Federal Reserve.
A. B. Laffer Associates

图 4.2　通胀率与 M1 增长率

---

［1］对于这一话题，参见 Victor A. Canto and Arthur B. Laffer, "And Paul Volcker Smiles", A. B. Laffer Associates, October 30, 1987; and Victor A. Canto and Arthur B. Laffer, "Excess Base Growth and Interest Rates", A. B. Laffer Associates, February 25, 1988.

(3)实际 GNP 的高速增长并不会伴随着高通货膨胀水平(如图 4.3 所示)。[1]

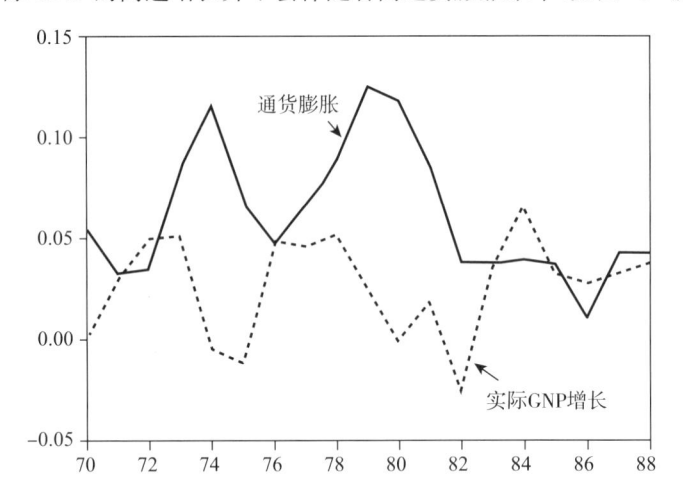

Sources: Bureau of Labor Statistics; *Economic Report of the President*, 1989. Department of Commerce.
A. B. Laffer Associates

图 4.3　实际 GNP 增长与通胀率

(4)超额基础货币增长(即货币宽松)并不会伴随着低利率(如图 4.4 所示)。[2]

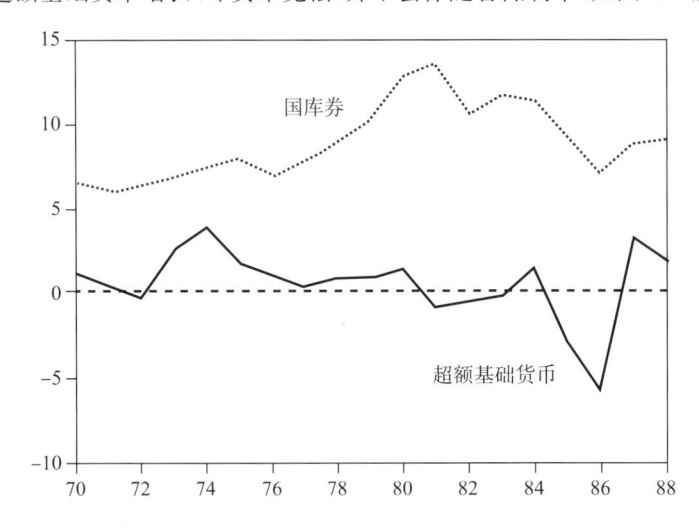

Sources: Federal Reserve.
A. B. Laffer Associates

图 4.4　超额基础货币增长与利率

---

[1] See Arthur B. Laffer, "The Phillip's Buster Filibuster", A. B. Laffer Associates, August 4, 1988.
[2] Canto and Laffer, "And Paul Volcker Smiles"; Canto and Laffer, "Excess Base Growth and Interest Rates".

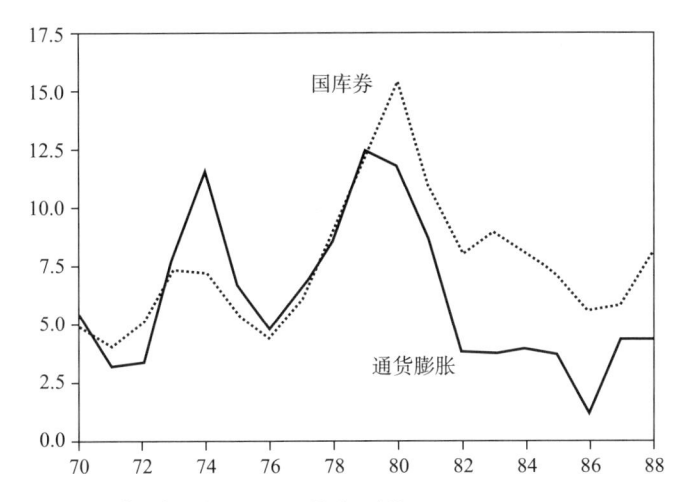

(5)高利率并不会遏制通货膨胀(如图 4.5 所示)。

Sources：Bureau of Labor Statistics；Federal Reserve.
A. B. Laffer Associates

图 4.5　通货膨胀与 3 月期国库券

如果有什么区别的话,那就是在每一个例子中,数据表明相反的命题可能更真实一些。

4.2　货币政策的角色

想象一下,如果美联储准备宣布在接下去的 10 年内基础货币不会增长的话,会发生什么。利率作为市场进行预测的最好指标,会出现下降,而且有可能会大幅下降。美元的外汇价值会大幅飙升。通货膨胀会消退,而只有上帝才会知道股市会涨到什么程度。

换个角度,如果美联储准备事先宣布一项扩大基础货币的政策,比如说,在接下去的 10 年内每年增长 50%,那么利率会上升,并且美元的外汇价值会大幅贬值。此外,通货膨胀水平会上升,而金融市场会剧烈震荡。随着货币政策的宽松和美联储的扩张性政策,更高的利率是肯定会出现的。基础货币增长得越快,货币政策就越宽松；反之亦然。

仅仅在这一直观的水平上,很特别的是,任何人都能提出更高的利率是美联储政策收紧的一个明确信号,更不用说更高的利率会抑制通货膨胀,或者加强美元在世界交易所内的地位。如果提高利率可以抑制通胀,那么可以肯定的是,巴西截至目前能让物价稳定下来,而日本的通货膨胀会失控。如果高利率能形成一个强势货币,那么墨西哥比索会成为基准货币之一,而瑞士法郎早就会被放弃不用了。[1]

面对一些已经公认的"奇闻轶事",上述一些有如神话故事般事件的辩护者反驳称,他们所提到的一直都是实际利率。[2] 确实更高的实际利率能很好地体现美联储政策收紧,既能抑制通货膨胀,又能让本币强势。但这样一个答案在新近得出的经验面前,有点儿是在耍滑头。

过去数十年中出现的更高的名义利率,并不是由更高的实际利率所导致的。物价指数债券的收益非常低,而且这些收益根本不具有波动性。在20世纪50年代和60年代早期,当通胀预期颇具争议地一直处于低位时,利率的年变化率远低于1%,但即使这样,仍会被认为变化幅度太大了。

如今名义利率的变化主要是反映通胀预期的变化,它们并不能反映实际利率的变化。将理论建立在利率变动1个单位,而实际利率也会出现相同幅度的变动的假设之上,是误导性的。

4.3 货币政策:一个古典观点

对于是什么构成了收紧的或宽松的货币政策,有大量不同的意见。甚至对于该使用哪些货币变量——利率、货币供给、没有准备金或者基础货币,也几乎无法达成一致意见。在尝试通过货币均衡数量变动和价格水平变动,得出需求曲线是如何相对于供给曲线变动的过程中,令人产生了困惑不解以及争论。

货币具有和所有其他商品相似的特性。当货币供给曲线向外移动,而需求曲线保持固定时,新的均衡会出现在数量更大、单位价值更低的水平上(如图4.6所示)。由于单位货币的价值是其可以交换到的商品和服务数量,货币价值的下降就相当于一般价格水平的上升(即通货膨胀)。

相应地,如果货币需求曲线向外移动,新的均衡会出现在数量更大且单位货币价值也更高的水平上(如图4.7所示)。货币价值的上升就相当于价格水平的下降(即通货紧缩)。在不存在其他变化的情况下,供给曲线的向内移动会导

---

[1] Laffer, "How Quickly We Forget".

[2] 作者此话颇具讽刺意味,我们知道,巴西和墨西哥都曾出现过经济危机,巴西雷亚尔和墨西哥比索都曾出现过大幅贬值,而日本曾一度使用零利率和负利率(通胀情况则较为稳定),瑞士法郎更是颇为坚挺。这反倒成了"奇闻轶事",体现前文所提到的错误教条与现实完全不符。——译者注

致货币量减少和通货紧缩,而需求曲线的向内移动会导致货币量减少和通货膨胀。[1]

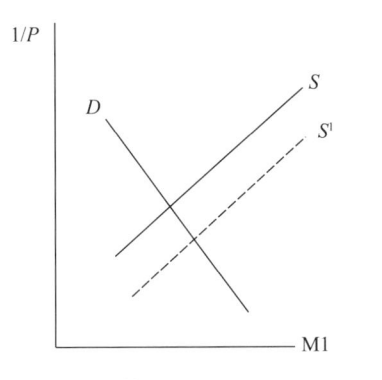

图 4.6　货币供给增加的影响

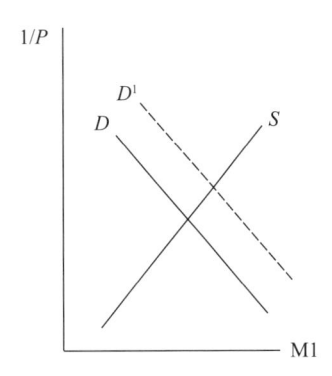

图 4.7　货币需求增加的影响

重要的一点是,我们光靠关于货币量变化的知识,不足以确定价格是会上升还是下降。如果货币量的增加是由货币需求的变动所导致的,那么这会使通货膨胀水平、利率下降,并提高货币的外汇价值;反过来,如果货币量的增加是货币供给变动的结果,那么通胀压力会升高,并导致更高的利率和更弱势的货币。总而言之,没人能说货币量的增加或减少究竟是"通胀性的"还是"通缩性的",或者造成这种变化的政策究竟是"宽松的"还是"收紧的"。关于每一种扰动的原因的知识,即究竟是需求曲线还是供给曲线出现了变动,对于确定相关影响而言是很必要的。

4.4　货币需求和供给的弹性

如果货币需求是具有完全弹性的,货币当局就无法调整价格水平(如图 4.8 所示)。在这种情况下,货币量的变化只依赖于供给情况的变化。如果准货币替代品可以几乎没有或完全没有额外成本随时获得,那么货币需求近乎是完全

---

[1] Arthur B. Laffer and J. Richard Zecher, "Some Evidence of the Formation, Efficiency and Accuracy of Anticipations of Nominal Yields", *Journal of Monetary Economics* 1, no. 3 (July 1975); Arthur B. Laffer and R. David Ranson, "Some Practical Applications of the Efficient-Market Concept", *Financial Management* 7, no. 2 (1978), pp. 63–75; Victor A. Canto and Arthur B. Laffer, "The Measurement of Expectations in an Efficient Market", in *Expectations and the Economy: Hearings before the Joint Economic Committee, Congress of the United States* (Washington, D. C.: U. S. Government Printing Office, December 11, 1981), pp. 70–93.

弹性的。货币市场基金、商业信贷和其他准货币的可得性增加了替代性,并使得货币需求曲线更具弹性。[1]然而,政府通过法定货币要求,限制了替代性水平并不让货币需求变得具有完全弹性。[2]因此,货币需求在某种程度上还达不到完全弹性。

传统分析中假定,美联储会对基础货币保持严格的控制:联邦储备银行所持有的存款机构的存款准备金,加上流通中的货币。由于其拥有设定最低准备金要求的权力,教科书中也会认定美联储能够控制所谓的"货币乘数",即货币量与基础货币的比率。因此在理论上,货币供给是完全无弹性的,对于市场情况的变化不会做出相应的改变。需求的变化会导致价格水平的变化,但货币量仍旧保持不变(如图 4.9 所示)。

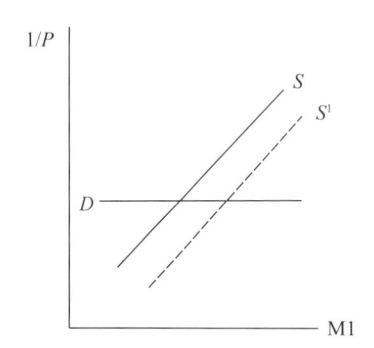

A. B. Laffer Associates

图 4.8 当货币需求是完全弹性时货币供给变化的影响

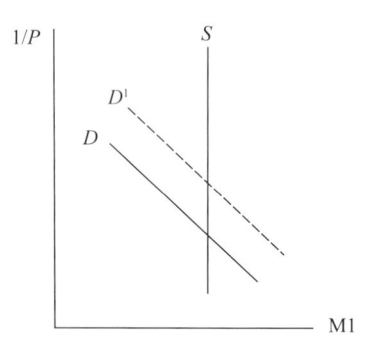

A. B. Laffer Associates

图 4.9 当货币供给是完全无弹性时货币需求变化的影响

传统教科书中的观点是不对的。尽管美联储能影响银行体系和私有部门之间的相互影响,但它不能控制这种相互影响。在市场情况会影响私有部门表现的情况下,货币乘数并不受美联储的完全控制。在极端情况下,如果货币乘

---

[1] 对于这一问题,参见"Trade Credit and Other Forms of Inside Money", ed. Ronald I. McKinnon, presented at the Stanford Conference honoring Edward Shaw, April 1974; Arthur B. Laffer, "Trade Credit and the Money Market", *Journal of Political Economy*, March-April 1970; Arthur B. Laffer, "Substitution of Monies in Demand: The Theory and Cases of Mexico, Chile, and Brazil", presented at the *International Monetary Conference*, Santiago, Chile, March 18, 1977.

[2] 对于法定货币和货币控制是如何影响货币均衡的一个例子,参见 Victor A. Canto and Gerald Nickelsburg, "Currency Crisis and Exchange Rate Instability", in *Dynamic Modeling and Control of National Economics*, ed. T. Baser and L. F. Pau (Elmsford, N. Y.: Pergamon Press, 1984), pp. 7-18; Victor A. Canto, "Monetary Policy 'Dollarization' and Parallel Market Exchange Rates: The Case of the Dominican Republic", *Journal of International Money and Finance* 4, no. 4 (December 1985), pp. 507-22.

数完全是由私有部门决定的,可以相信货币乘数的变化可以抵消基础货币的变化。在这种情况下,货币供给是完全弹性的。那么货币量是由需求决定的,而价格水平仍旧会保持不变(如图 4.10 所示)。

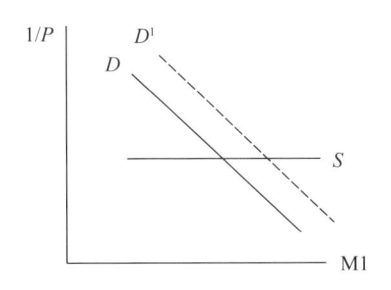

A. B. Laffer Associates

图 4.10　当货币供给是完全弹性时货币需求变化的影响

如果私有部门不能完全抵消美联储的措施,那么货币供给就不会是完全弹性的。考虑到美国货币市场的性质,货币供给既不是完全弹性的,也不是完全无弹性的。保持其他条件不变,货币需求的上升会导致货币量的增加以及更低的价格水平(如图 4.7 所示)。相似地,货币供给的增加会导致货币量的增加以及更高的价格水平(如图 4.6 所示)。

4.5　货币市场中的均衡

尽管有许多经济学家将关注重点放在了货币政策上,但对于是什么构成了紧缩的或宽松的货币政策存在大量的争议。尝试仅仅通过货币均衡数量的变化来得出需求曲线是如何相对于供给曲线进行变动的,造成了人们的困惑不解和争论。货币量的变化反映了需求和供给同时变化时的综合效应,而就其本身而言,无法清楚表明各自的相应影响。实际上,货币量的任何变化都是需求和供给的加权平均变化。

只要我们能了解关于货币需求或货币供给的任何信息,货币量的变化就会变得重要起来。如果能知道货币量的变化大于货币供给的变化,意味着需求变化大于供给变化(如图 4.11 所示)。类似地,如果货币量的变化小于货币供给的变化,那么可以得出需求变化小于供给变化(如图 4.12 所示)。总而言之,尽管货币存量数据被孤立地看待时几乎没什么意义,但如果与其他信息结合起来,它们就会变得非常重要。

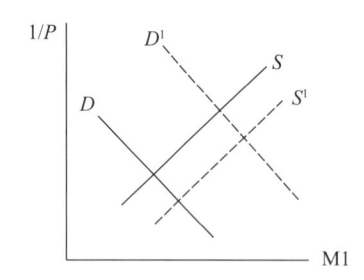

图 4.11　当需求变化超过供给变化时
的货币市场均衡

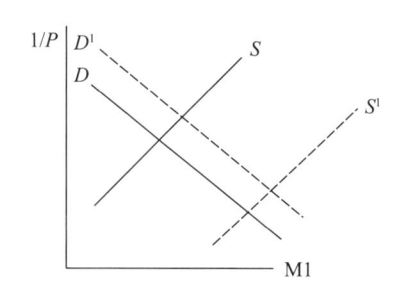

图 4.12　当供给变化超过需求变化时
的货币市场均衡

那些关于货币供给或货币需求的完善的知识都是理想化的，而不那么完善的知识也是有价值的。为了确定货币市场发展过程中通货膨胀和通货紧缩的意义，需要一些区分货币需求变化和货币供给变化的方法。对于货币需求变化和货币供给变化的可行测量方法的发展，对于金融决策是特别重要的，并且可作为评估美联储政策的指导。

4.6　供给变化的替代量

货币供给的变化很大程度上是由美联储措施所导致的。这些措施可以通过基础货币的变化得到最好的总结。[1] 无论是通过对存款机构进行贷款的变化还是公开市场操作进行运作，美联储的措施都会对基础货币产生可以预期的影响，因此，基础货币的变化对于货币总供给的变化而言是个重要的因素。

保持其他条件不变，货币供给曲线的向外移动会造成一个更高的价格水平。在一个动态环境下，基础货币增长率的持续加速提升会导致一个更高的通胀率。

将通胀率对基础货币的同期数据和滞后 11 个月的数据进行回归，同期数据之间为负相关，但在统计上并不显著（如表 4.1 所示）。但是，所有 11 组滞后数据的系数大多为正，并且将同期数据和滞后数据放在一起加总后得到的系数为正，在统计上显著。而这对于熟悉货币理论的人而言，没什么可大惊小怪的。

---

［1］尽管美联储可以通过调整准备金要求来影响货币乘数，但这一权力也很少会使用。

表 4.1　　月通货膨胀与基础货币增长*, 1970.01～1989.02

基础货币滞后期	增长
0	−0.108 (−1.046)
1	0.078 (0.736)
2	−0.108 (−1.027)
3	0.133 (1.228)
4	0.091 (0.839)
5	0.264 (2.443)
6	−0.021 (−0.201)
7	0.022 (0.207)
8	0.022 (0.207)
9	−0.044 (−0.426)
10	0.092 (0.912)
11	0.071 (0.701)
合计	0.491 (1.99)

*括号内为 t 统计量。

4.7　货币需求的来源

用老眼光来看,通货膨胀常被描述为过多的货币追逐过少的商品。如果这是真的,那么商品增多,通货膨胀水平会下降。历史上,经济快速增长时期常常也是低通胀时期(如图 4.3 所示)。对于这种关系的基本解释很简单。实际经济活动的增加会导致货币需求的上升。保持其他所有条件不变,货币需求的上升会使得通货膨胀水平下降。

很清楚,任何对于商品市场与通货膨胀之间关系的简单描述,都忽视了货币市场的重要贡献。除了实际经济活动的增加,利率和通胀预期的下降会使得货币需求上升。货币需求的上升会导致货币量增加,因为货币制度会沿着供给曲线向外移动。货币流通速度和通胀率则会下降。

如果需求变动是导致货币市场变化的决定性因素,那么通货膨胀和 M1 增长是负相关:

(1)通胀预期的上升会导致更高的利率。由于 M1 的特定组成部分并不能赚取利息(如货币和特定活期存款),更高的利率会促使经济部门用生息资产来替代 M1。这种替代有可能会由于预期通胀率的上升而使得 M1 增长放缓。

(2)实际经济活动的增加会使得货币需求上升。货币需求的上升既会使得货币量增加,也会使得通货膨胀水平下降。结果是,M1 增长和通货膨胀,以及实际 GNP 增长和通货膨胀,都为负相关。

4.8 需求变化的替代量

如果 M1 的变化很大程度上是由货币需求变化引起的,那么 M1 增长和通货膨胀之间是负相关的。如果将月通胀率对 M1 增长率的年度差值的同期值和滞后 11 期的数据进行回归,同期值之间负相关,且在统计上显著(如表 4.2 所示)。共同的一点是,同期数据和滞后数据都是显著非零。这一结论表明,M1 的波动(尽管不是完全地)捕捉到了货币需求函数的变动。

表 4.2　　　　月通货膨胀与 M1 增长*,1970.01～1989.02

滞后期	M1 增长
0	−0.121 (−2.56)
1	−0.023 (−0.469)
2	−0.056 (−1.10)
3	−0.002 (−0.044)

续表

滞后期	M1 增长
4	−0.063 −1.224
5	0.013 (0.245)
6	0.014 (0.262)
7	−0.062 (−1.211)
8	−0.020 (−0.403)
9	0.054 (1.069)
10	−0.003 (−0.058)
11	−0.022 (−0.169)
合计 >	−0.292 (−2.766)

*括号内为 t 统计量。

4.9 超额货币增长的替代量

对于货币市场和通货膨胀之间关系的正确描述，需要有一个能反映货币需求和货币供给变动净效应的变量。基础货币的变化意味着货币供给曲线发生了变动。M1 的变化意味着货币需求曲线发生了变化。因此，衡量超额货币增长的一个合适的指标是基础货币增长率与 M1 增长率之间的差值。

自从 1971 年布雷顿森林协议被废弃起，通货膨胀和这种衡量超额货币增长的方法之间的关系就变得紧密起来（如图 4.13 所示）。基础货币相对于 M1 的超额增长表现出与通货膨胀显著正相关的同步关系（如表 4.3 所示）。同期数据与滞后 11 期数据之和的系数为正，且在统计上显著。

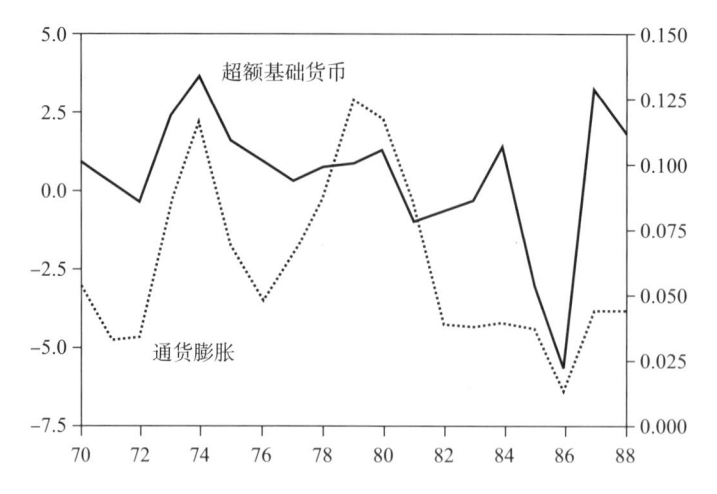

Sources: Bureau of Labor Statistics; Federal Reserve.
A. B. Laffer Associates

图 4.13　超额基础货币增长与通货膨胀

表 4.3　　　　月通货膨胀与超额基础货币增长*，1970.01～1989.02

滞后期	超额基础货币增长
0	0.124 (2.529)
1	0.810 (1.614)
2	0.068 (1.342)
3	0.043 (0.857)
4	0.099 (1.93)
5	0.073 (1.43)
6	−0.013 (−0.252)
7	0.089 (1.74)
8	0.045 (0.903)

续表

滞后期	超额基础货币增长
9	−0.052 (−1.033)
10	0.030 (0.601)
11	0.049 (0.942)
合计	0.634 (4.784)

*括号内为 t 统计量。

表 4.3 中所给出的估计关系,促使 M1 增长和基础货币增长的系数在大小上相等,而符号相反。考虑到两个变量的系数在数值大小上有可能会不同,对通货膨胀、基础货币增长和 M1 增长之间的关系进行了直接估计。表 4.4 中所给出的结论表明,与我们之前的结论一致,基础货币增长的系数之和为正,且在统计上显著。[1] M1 增长的系数之和为负,且在统计上显著。该结论也表明,长期影响(即系数之和)的大小显然与基础货币增长和 M1 增长影响的大小不同。

表 4.4　　月通货膨胀、基础货币增长与 M1 增长*,1970.01～1989.02

滞后期	基础货币增长	M1 增长
0	0.45 (0.38)	−0.13 (−2.68)
1	0.22 (1.85)	0.54 (−1.02)
2	0.12 (1.05)	−0.92 (−1.74)
3	0.23 (1.99)	−0.37 (−0.70)
4	0.26 (2.24)	−0.12 (−2.31)
5	0.41 (3.62)	−0.94 (−1.75)
6	0.06 (0.49)	−0.05 (−0.90)

---

[1] Victor A. Canto, M. Chapman Findlay, and Marc R. Reinganum, "Inflation, Money and Stock Prices: An Alternative Interpretation", *Financial Review* 20, No. 1 (February 1985), pp. 95−105.

续表

滞后期	基础货币增长	M1 增长
7	0.15 (1.33)	−0.11 (−1.94)
8	0.46 (0.41)	−0.07 (−1.25)
9	−0.04 (−0.37)	0.04 (0.81)
10	0.16 (1.46)	−0.06 (−1.01)
11	0.09 (0.89)	−0.07 (−1.33)
合计	1.75 (5.31)	−0.84 (−5.91)

*括号内为 t 统计量。

在解释不同变量之间关系时,必须非常当心。[1] 如果我们的解释是正确的,那么基础货币对于通胀率就是外生的。因此,基础货币的增长会导致一个更高的通胀率,而这反过来会降低对于狭义货币的需求。货币需求的下降继而会有所反馈,导致更高的通胀率。

计量经济学家已经形成另一种统计方法,以研究经济变量间的因果结构(即时间上的先后顺序)。就有一种由格兰杰(Granger)提出的检验方法,我们在文中会用到。该检验被设计用来研究基础货币增长、货币增长和超额基础货币增长对利率和通货膨胀会有什么影响(任何情况都有可能)。[2] 检验方法如下:将通胀率和超额基础货币增长的历史数据对当前的通胀率进行回归。如果通胀率和基础货币增长的历史数据对于当期通胀率有显著的解释力,那么就可以说,基础货币增长会导致通胀率上升。

格兰杰检验对于通货膨胀和 10 年期国库券收益的结果,如表 4.5 和表 4.6 所示。实证结果表明,基础货币增长的历史数据与通胀率的历史数据相结合后,在预测当期通胀率方面,比仅仅通过通胀率的历史数据进行预测表现更优异。因此,就格兰杰检验而言,基础货币增长导致了通货膨胀。而且要再指出一次,这一结论对于任何熟悉货币政策的人而言,并没有什么让人吃惊的。

---

[1] 可参考附录 B 中的描述。

[2] C. W. J. Granger, "Investigating Casual Relations of Econometric Models and Cross Spectral Methods", *Econometrica*, July 1969, pp. 424–38.

表 4.5　　　　　　　对通胀率的格兰杰检验：独立变量的联合显著性

Y	X （自变量）	F （12,205）	显著性
通胀率	基础货币增长	2.52	0.004
通胀率	M1 增长	0.85	0.59
通胀率	超额基础货币	1.47	0.12
基础货币增长	通胀率	0.64	0.80
M1 增长	通胀率	1.11	0.35
超额基础货币	通胀率	1.13	0.33

表 4.6　　　　　对 10 年期国库券收益的格兰杰检验：独立变量的联合显著性

Y	X （自变量）	F （12,205）	显著性
利率	基础货币增长	1.39	0.16
利率	M1 增长	2.09	0.18
利率	超额基础货币	1.48	0.12
基础货币增长	利率	2.11	0.03
M1 增长	利率	4.57	0.000 01
超额基础货币	利率	4.11	0.000 1

这一结果也表明，M1 增长的历史数据和通货膨胀的历史数据相结合后，并不能提高仅使用到通胀率历史数据的回归方程的预测力。因此，就格兰杰检验而言，M1 增长并不会导致通货膨胀。尽管在通常的显著性水平上（如 10%），实证结果没有表明通货膨胀会导致 M1 增长，但表 4.5 中的结果表明，M1 增长更有可能是由通货膨胀导致的，而不是基础货币增长。综合来看，该结果与我们对于货币市场实现均衡过程的描述相一致。

表 4.6 中所给出的利率结果表明，尽管基础货币的变化非常明显，但 M1 增长会导致利率的变化。反过来，利率的变化有可能会导致基础货币和 M1 增长的变化。美联储政策对于利率水平变化的反应，会使得利率与基础货币形成联系。类似地，对于持有货币的机会成本的预期变化，也会导致 M1 增长有所变化。

综合来看，该结果与我们对于基础货币增长会导致一个更高的通胀率的解释相一致。反过来，货币扰动会影响整体货币均衡 M1 增长。基础货币超出 M1 增长部分，捕捉到了超额货币供给，继而会造成利率和通货膨胀的变化。反过来,利率和通货膨胀的变化会改变货币均衡,继而引起超额基础货币增长的变化。

4.10 超额基础货币增长、通货膨胀与国库券收益之间的关系

总而言之,超额基础货币增长相比于基础货币增长或 M1 增长,对月通胀率提供了一个更好的解释。结论表明,超额基础货币增长的历史数据对于月通胀率有着显著的影响。

分析中下一步是研究随着时间序列频率从月度区间下降为季度、半年度和年度区间,其同步关系的强度。假设条件是,随着时间序列频率下降,同步系数的显著性水平会上升,而滞后变量的重要性会下降。

考察变量年度数据之间关系的实证研究,通常会关注 12 月份数据之间的变化或者年度数据之间的变化。然而,通过关注 1 月份数据之间的变化来检验年度关系,也是同样有效的。根据这一思路,也没有理由排除掉对于 2 月份数据之间变化的分析。考虑到时间序列中季节性趋势可能存在区别,我们构建了 12 个年度时间序列,每一个序列都是针对年度中每一个月的。通过某一个月相对于 12 个月前变量水平的变化,计算得出年度变化。

在 1970~1988 年间,年通胀率与超额基础货币增长存在统计意义上的显著关系(如表 4.7 所示)。估计系数的数值范围从最低 0.26 至最高 0.81。这表明,尽管可能只是作为货币总量季节性调整的结果,但仍存在季节性趋势。4 月份数据之间和 5 月份数据之间年度时间序列的估计关系,并没有表现出统计上的显著性。平均而言,系数的大小与表 4.3 中超额基础货币和月通胀率的同期和滞后 11 个月变化之间的估计关系相比,并没有太大的不同。表 4.3 中系数值为 0.63。

表 4.7　　　　年通胀率与超额基础货币增长之间的关系,1970~1988 年

因变量	常数项	超额基础货币增长	MA1	R^2	SE	DW	F	月份
通胀率	0.058 (10.07)	0.702 (2.59)	0.572 (2.13)	0.417	0.024	1.52	7.44	1 月
通胀率	0.057 (11.77)	0.665 (2.73)	0.905 (3.45)	0.577	0.021	1.65	13.26	2 月

续表

因变量	常数项	超额基础货币增长	MA1	R^2	SE	DW	F	月份
通胀率	0.058 (12.00)	0.515 (2.08)	0.915 (3.30)	0.565	0.020	1.50	12.70	3月
通胀率	0.058 (11.01)	0.262 (1.09)	0.888 (2.81)	0.449	0.023	1.69	8.35	4月
通胀率	0.058 (10.88)	0.360 (1.38)	0.853 (2.58)	0.439	0.023	1.71	8.04	5月
通胀率	0.058 (10.68)	0.598 (2.09)	0.619 (2.00)	0.455	0.023	1.76	8.52	6月
通胀率	0.058 (9.94)	0.561 (1.87)	0.566 (1.92)	0.386	0.025	1.83	6.66	7月
通胀率	0.058 (10.10)	0.521 (1.65)	0.626 (2.12)	0.373	0.024	1.85	6.36	8月
通胀率	0.057 (10.00)	0.715 (2.33)	0.548 (2.00)	0.407	0.024	1.56	7.18	9月
通胀率	0.057 (10.67)	0.793 (2.91)	0.756 (2.64)	0.497	0.022	1.42	9.90	10月
通胀率	0.057 (10.98)	0.815 (2.95)	0.768 (2.92)	0.533	0.022	1.45	11.27	11月
通胀率	0.057 (10.37)	0.759 (2.95)	0.665 (2.64)	0.478	0.024	1.71	9.25	12月

分析中构建了6个半年度时间序列。第一个从1月份和7月份开始,第二个从2月份和8月份开始,以此类推。两个变量的半年期变化之间的关系在统计意义上也是显著的。然而,估计系数值更小一些。另外需要再指出一次,数据中的季节性趋势很明显,这反映在估计系数值的变化上(如表4.8所示)。

表4.8　半年度通胀率与半年度超额基础货币增长之间的关系,1970～1988年

因变量	常数项	超额基础货币增长	MA1	R^2	SE	DW	F	时间区间
通胀率	0.029 (13.40)	0.478 (2.82)	0.527 (3.10)	0.348	0.014	1.98	11.12	1～6月 7～12月

续表

因变量	常数项	超额基础货币增长	MA1	R^2	SE	DW	F	时间区间
通胀率	0.029 (13.97)	0.510 (2.77)	0.557 (3.25)	0.374	0.013	1.93	12.34	2～7月 8～1月
通胀率	0.030 (12.37)	0.208 (1.05)	0.413 (2.27)	0.196	0.015	1.89	5.64	3～8月 9～2月
通胀率	0.030 (12.94)	0.299 (1.89)	0.458 (2.65)	0.264	0.014	1.92	7.81	4～9月 10～3月
通胀率	0.030 (14.52)	0.301 (2.24)	0.585 (3.45)	0.399	0.013	1.72	13.59	5～10月 11～4月
通胀率	0.029 (13.71)	0.526 (3.44)	0.558 (3.29)	0.412	0.013	1.90	14.32	6～11月 12～5月

A. B. Laffer Associates

第一个季度时间序列从1月份、4月份、7月份和10月份开始。对于第二个时间序列，季度从2月份、5月份、8月份和11月份开始。对于第三个时间序列，季度从3月份、6月份、9月份和12月份开始。超额基础货币增长与通货膨胀的季度变化之间的关系为正，且在统计上显著（如表4.9所示）。和前面的结论相一致，通过系数大小反映出来的季节性差异非常明显。除此之外，此处的系数值明显小于半年和年时间序列的系数值。

表4.9　季度通胀率与季度超额基础货币增长之间的关系，1970～1988年[*]

因变量	常数项	超额基础货币增长	MA1	R^2	SE	DW	F
通胀率	0.015 (16.49)	0.285 (2.97)	0.456 (3.87)	0.290	0.008	1.84	16.27
通胀率	0.015 (19.50)	0.143 (1.71)	0.799 (6.60)	0.419	0.007	2.01	28.07
通胀率	0.015 (16.43)	0.282 (2.84)	0.519 (4.34)	0.306	0.008	1.86	17.51

[*] 第一个季度时间序列从1月份、4月份、7月份和10月份开始。对于第二个时间序列，季度从2月份、5月份、8月份和11月份开始。对于第三个时间序列，季度从3月份、6月份、9月份和12月份开始。

A. B. Laffer Associates

最后，以月为时间跨度来看，超额基础货币增长超出M1增长的部分与通胀率变化之间呈现出统计上的显著关系(如表4.10所示)。所得到的系数小于以频率更长的数据进行估计得出的系数。按表面上的数值来看,该结论表明,超额基础货币增长1%,会导致通胀率上升0.083%。

表4.10　月通胀率与月超额基础货币增长之间的关系,1970~1988年

因变量	常数项	超额基础货币增长	MA1	R^2	SE	DW	F
通胀率	0.005 (23.69)	0.083 (1.83)	0.469 (6.91)	0.212	0.003	1.847	31.51

A. B. Laffer Associates

综合而言,实证结果表明,超额基础货币增长和通货膨胀之间存在统计上显著为正的关系。该结果也表明,估计系数的大小与估计区间的频率负相关。随着从更低频率(年度)的数据变为更高频率的数据,估计系数的减小与我们的基本假设一致,即随着估计区间频率的增加,回归估计捕捉到了瞬时效应(或同步效应,与长期效应相对)。如果调整的代价很大,超额基础货币增长的长期效应会大于短期(瞬时)效应。所得到的数据与这一解释一致。

基础货币增长超出M1增长部分与利率之间的估计关系,与我们的观点一致,随着时间的推移,通胀率上升,而通胀预期经过修正也会上升。按照表面上的数值来解释,月度回归结果表明,超额基础货币增长1%,会导致10年期国库券收益率下降15.62个基点(如表4.11所示)。

表4.11　10年期国库券月度收益与月超额基础货币增长之间的关系,1970~1988年

因变量	常数项	超额基础货币增长	R^2	SE	DW	F
10年期国库券变化	0.011 (0.376)	−15.625 (−2.526)	0.034	0.447	1.74	6.38

A. B. Laffer Associates

从实证角度来看,季度回归分析无法揭示超额基础货币增长与利率变化之间存在统计上的显著关系(如表4.12所示)。尽管数据中季节性趋势很明显,但半年度回归结果表明,区间越长(如6个月),对应超额基础货币超出M1的增长部分,利率大约会上升25个基点(如表4.13所示)。年回归结果表明,超额基础货币增长1%,10年期国库券收益率大约会上升32个基点(如表4.14所示)。

表 4.12　10 年期国库券收益季度变化与季度超额基础货币增长之间的关系,1970～1988 年*

因变量	常数项	超额基础货币增长	R^2	SE	DW	F	时间区间
10 年期国库券变化	0.018 (0.219)	3.366 (0.386)	−0.011	0.722	1.93	0.149	1～6 月 7～12 月
10 年期国库券变化	0.036 (0.359)	−11.751 (−1.126)	0.004	0.867	2.09	1.27	2～7 月 8～1 月
10 年期国库券变化	0.012 (0.120)	4.558 (0.410)	−0.011	0.892	2.21	0.168	3～8 月 9～2 月

* 第一个季度时间序列从 1 月份、4 月份、7 月份和 10 月份开始。对于第二个时间序列,季度从 2 月份、5 月份、8 月份和 11 月份开始。对于第三个时间序列,季度从 3 月份、6 月份、9 月份和 12 月份开始。

A. B. Laffer Associates

表 4.13　10 年期国库券收益半年度变化与半年度超额基础货币增长之间的关系,1970～1988 年

因变量	常数项	超额基础货币增长	R^2	SE	DW	F	时间区间
10 年期国库券变化	0.12 (0.09)	27.59 (2.25)	0.096	1.01	2.14	5.06	1～6 月 7～12 月
10 年期国库券变化	−0.000 4 (−0.019)	35.13 (2.19)	0.091	1.15	2.24	4.80	2～7 月 8～1 月
10 年期国库券变化	−0.010 (−0.053)	30.75 (2.16)	0.088	1.17	2.00	4.66	3～8 月 9～2 月
10 年期国库券变化	0.053 (0.316)	4.61 (0.420)	−0.022	1.02	1.31	0.176	4～9 月 10～3 月
10 年期国库券变化	0.045 (0.255)	8.341 (0.739)	−0.012	1.08	2.04	0.547	5～10 月 11～4 月
10 年期国库券变化	−0.003 (−0.015)	27.87 (2.18)	0.090	1.12	2.05	4.75	6～11 月 12～5 月

A. B. Laffer Associates

表 4.14　10 年期国库券收益年度变化与年度超额基础货币增长之间的关系,1970～1988 年

因变量	常数项	超额基础货币增长	R^2	SE	DW	F	月份
10 年期国库券变化	−0.013 (−0.041)	28.68 (1.903)	0.127	1.36	2.27	3.62	1 月

续表

因变量	常数项	超额基础货币增长	R²	SE	DW	F	月份
10年期国库券变化	−0.070 (−0.194)	38.41 (2.110)	0.161	1.534	2.34	4.45	2月
10年期国库券变化	−0.079 (−0.209)	42.942 (2.256)	0.185	1.60	2.48	5.09	3月
10年期国库券变化	0.089 (0.206)	11.73 (0.675)	−0.031	1.86	2.357	0.456	4月
10年期国库券变化	0.060 (0.144)	17.946 (1.023)	0.003	1.776	2.528	1.046	5月
10年期国库券变化	−0.028 (−0.067)	32.664 (1.669)	0.090	1.82	2.53	2.784	6月
10年期国库券变化	−0.035 (−0.101)	35.494 (2.261)	1.186	1.455	2.27	5.112	7月
10年期国库券变化	−0.040 (−0.105)	38.81 (2.075)	0.155	1.615	2.337	4.307	8月
10年期国库券变化	−0.073 (−0.172)	34.719 (1.567)	0.075	1.809	2.463	2.454	9月
10年期国库券变化	−0.085 (−0.247)	37.724 (2.125)	0.163	1.459	2.544	4.516	10月
10年期国库券变化	−0.087 (−0.323)	41.676 (2.918)	0.294	1.138	1.818	8.512	11月
10年期国库券变化	−0.080 (−0.25)	35.445 (2.382)	0.206	1.369	2.283	5.673	12月

A. B. Laffer Associates

在对于这种随着估计区间频率增加而出现下降的解释中,部分比较有解释力的是,其所揭示的数据或信息(或两者兼有)是有效可信的。如果没有事先宣布的值得相信的政策,市场则必须从短期数据中获取关于长期政策的信息。市场参与者必须形成一套能将关于货币总量长期表现的正确信号,与数据中逆势的月度变化所导致的"噪声"相区分的方法。

如果系统中不存在"噪声",超额基础货币增长的月度变化可以反映长期市场趋势,在这种情况下,所采用的变量可以提供完美的信号。另外,如果月度变化与长期趋势完全无关,并且远大于长期趋势,超额基础货币增长就会完全成为"噪声",并且无法对货币政策的情况提供信号。然而,如果在更长的区间,随机的月波动相互抵消掉了,那么区间越长,对于货币政策情况所能提供的信息就越多。在一个更长的区间内,可以通过超额基础货币增长的表现来得出信号。

该结论与我们的观点相一致,即通胀预期和价格水平几乎不会受到超额基础货币增长超出 M1 增长部分的月波动的影响,因为时间序列中存在"噪声"。然而,在一个更长的区间内,比如说季度,如果超额基础货币持续增长,"噪声"就会下降,而"信号"会增强。市场参与者会提高对超额货币创造的评估,继而修正他们的通胀预期和货币持有行为。最终结果是,通货膨胀水平和利率会上升。

如果趋势持续,随着区间进一步扩大,比如说变成 6 个月,那么"信号"会更加明确,通胀预期会进一步被修正,超额基础货币增长对于通货膨胀和利率的影响也会上升。如果货币是中性的,超额货币创造能得到准确测量,超额货币创造会全部导致通货膨胀水平上升,在这种情况下,超额基础货币增长 1%,通胀率会上升 1%。

超额基础货币对于通胀率的影响大小,包括并且接近于理论上超额基础货币增长 1% 的预期系数,即会导致通胀率上升 1%。系数小于 1 可能是由于数据中有噪声,或者这样一个事实,即超额基础货币超出 M1 增长部分对于超额货币创造仅仅是一个近似估计量。

4.11 预期的形成

超额货币增长、利率与通货膨胀之间的估计系数,可以通过市场是如何形成通胀预期的来解释。市场在一定程度上是借助客观信息来形成它们的预期。当可以获得额外的信息时,那些预期就会得到修正。实际上,这一过程本质上是连续发生的。因此,我们会关注所报告的超额基础货币增长的一个更短区间,尝试测量出预期是如何形成的。

检验方法是,将利率的年度变化与半年度超额基础货币增长相比较,以及将利率的季度变化与月度超额基础货币增长相比较。截至目前,关于基础货币增长超出 M1 增长的超额部分的新信息对于利率水平的影响,最有用的结论是通过按季度衡量的通胀率和利率以及按月度衡量的超额货币增长得出的(如表 4.15 所示)。按年度进行的检验的结论是,系数之和差不多等于 100 个基点。这意味着如果超额基础货币增长 1%,接下来价格差不多就会上升 1%。

表 4.15　国库券收益季度变化与超额基础货币增长月度变化之间的关系

因变量	常数项	第一个月**	第二个月	第三个月	L2***	L3	R^2	SE	F
10年期国库券季度变化*	−0.017 (−0.346)	14.83 (1.37)	52.77 (4.75)	41.10 (3.82)	—	—	0.190	0.745	18.38
10年期国库券季度变化*	−0.005 (−0.109)	18.88 (1.72)	54.27 (4.92)	39.70 (3.69)	−21.16 (−1.97)	−14.96 (−1.36)	0.209	0.736	12.78

* 对于此处列出的特定因变量,有3个相互重叠的季度时间序列。第一个季度时间序列从1月份、4月份、7月份和10月份开始。对于第二个时间序列,季度从2月份、5月份、8月份和11月份开始。对于第三个时间序列,季度从3月份、6月份、9月份和12月份开始。根据每个时间序列中各个季度的初始日期,3个时间序列按照时间上的先后顺序并在一起。最终的结果是,对于任一给定的年份,都能得出国库券收益的12个相互重叠的季度数据变化。另一种可以直观观察时间序列的考察因变量的方式是,将10年期债券收益的全部变化数据描述为一种3个月移动数据。

** 变量"第一个月"用季度中第一个月的基础货币相对于M1货币的超额增长来表示。例如,对于1月份到3月份这个季度,第一个月表示在1月份基础货币相对于M1的超额增长,第二个月表示在2月份基础货币相对于M1的超额增长,第三个月表示在3月份基础货币相对于M1的超额增长。

*** 变量L2表示基础货币相对于前一个季度第二个月货币量的超额部分。

A. B. Laffer Associates

按季度对利率和通货膨胀进行的检验,对于预期的形成提供了一种很特别的洞见。精确来讲,利率(通货膨胀)的季度变化与同属于一个季度的所有3个月的超额基础货币增长的月变化相关。[1] 此外,超额基础货币增长的季度变化相对于我们所考察的季度情况会滞后1~2个月。

超额基础货币增长的变化与利率变化紧密相关。当有信息出现时,利率似乎能在第一时间就捕捉到。如果关注超额基础货币增长,每个季度的最后一个月会表现出最具有统计上的显著性,而每个季度的第一个月的系数会下降到接近于零。

有大量颇为人们所接受的聪明想法认为,基础货币增长的提升和流动性效应的初期影响会促使利率下降。但在实际中,我们并没有发现相应的结论。当超额基础货币增长第一次被观测到时,利率上升了而不是下降了。此处的关键点是,我们一点儿都没有发现流动性效应。一出现超额基础货币增长,利率就会上升。实际上,在最初能观测到超额基础货币增长时,利率的上升幅度是最大的。

---

[1] 文中所给出的结论是针对并在一起的季度时间序列,其包含了10年期国库券收益全部变化的3个月移动数据。

4.12　20世纪70年代与80年代的对比

在这 20 年里我们所获得的经验表明，区分货币市场中的供给冲击和需求冲击很重要。任何时候，只要货币供给增长超过货币需求增长，货币就会变得过分宽松。通货膨胀水平会升高，利率会上升，而美元会疲软。相比之下，当货币需求增长超过货币供给增长时，货币会紧缩。通货膨胀现象会消退，利率会下降，而相对于外币，美元会变得强势。

在整个 20 世纪 70 年代，基础货币增长远快于 M1 增长。美联储政策太宽松了，通货膨胀水平和利率都出现了上升，而美元相对于许多外币出现了贬值（如图 4.1、图 4.4 和图 4.13 所示）。而在 20 世纪 80 年代，除了 1983 年是个例外，M1 增长快于基础货币增长。美联储政策相对收紧，导致通货膨胀水平和利率出现了下降，而美元得到了增强（如图 4.1、图 4.4 和图 4.14 所示）。

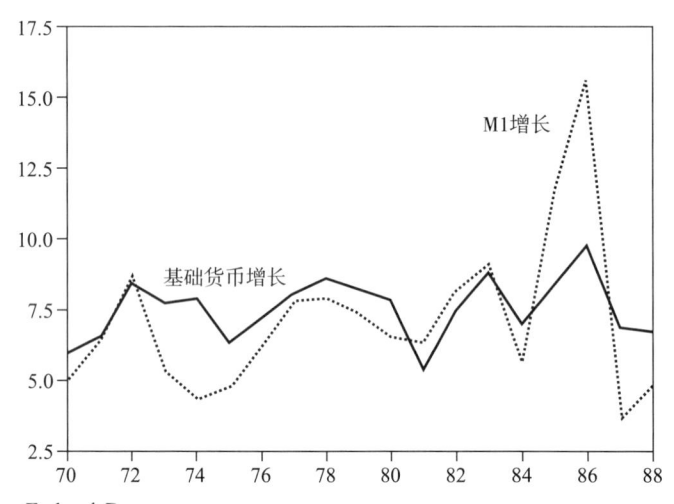

Source：Federal Reserve.

A. B. Laffer Associates

图 4.14　基础货币增长与 M1 增长

4.13　转为完全"相机抉择"的货币政策

1971 年布雷顿森林体系的崩溃以及"黄金窗口"的关闭，移除了一个仅剩的联系，即迫使美国货币当局为了让货币市场在一个不变的价格水平上保持均衡而需要提供相应的货币量。如果美国基础货币增长是超额的，那么美国需要承受国际收支平衡表上的赤字。外国中央银行家会积攒美元以兑换成黄金。通过将其国际储备兑换成黄金，外国中央银行家可以迫使美联储减少对美元（即基础货币）的供给。在 20 世纪 60 年代，法国在查尔斯·戴高乐（Charles de Gaulle）的领导下，对体系中的这一条款进行了频繁运用。[1]

在 1971 年"黄金窗口"被美国关闭之后，不再有机制能迫使美国货币当局去应对基础货币需求的波动。美国对基础货币变化采取了不受约束的相机抉择政策。部分是为了越南战争筹款，基础货币加速增长，导致货币供给曲线向外移动。与此同时，实际经济活动的减少和通胀预期的上升，导致货币需求曲线向内移动。货币需求和货币供给的这些变动的综合效应是，会导致货币超额供给。在 1969～1980 年间，除了 1972 年，基础货币的增长都快于 M1（如图 4.14 所示）。而除了 1972 年这个例外情况，通货膨胀水平在这一阶段一直都在上升。

4.14 货币主义试验

在 1979 年 10 月 6 日，美联储开始实施一项政策，将 M1 和 M2 等作为货币总量目标。截至目前，美联储能够成功控制会导致价格水平波动的货币供给和需求波动（如图 4.7 所示）。

鉴于货币需求波动对于确定货币市场均衡很重要，美联储其实无法控制货币总量的具体数量。结果是，尝试把货币总量作为目标导致在 1980～1981 年间 M1 增长和利率的波动加剧。[2]

4.15 后货币主义

从 1981 年起至保罗·沃尔克离任，美联储不再强调以货币增长率为目标的重要性。相反，其监控了对于经济活动和通货膨胀的不同指标，其中包括敏感商品价格。紧随这一政策变化而来的利率下降、股票价格上升以及黄金相对价格下降表现显著。1983 年和 1984 年的经济呈现出自 1951 年以来最大幅的一次扩张。然而，与最顶尖经济学家的预测相反，伴随着这一波实际经济增长

---

[1] Arthur B. Laffer, "Monetary Policy and the Balance of Payments", *Journal of Money, Credit and Banking*, February 1972; Arthur B. Laffer, "The United States Balance of Payments—A Financial Center View", *Journal of Law and Contemporary Problems*, August 1969.

[2] See Paul D. Evans, "What Monetarism Has Done to Us", A. B. Laffer Associates, February 3, 1984.

飙升的是更低的通货膨胀水平以及利率的下降(如图 4.3 所示)。

尽管从历史上的标准来看,里根执政时期货币增长很快,但是基础货币的增速一般情况下都低于货币供给的增速。这意味着美联储向经济释放货币,是作为对货币需求增长的回应。但是从 1987 年起,基础货币增长超过了 M1 增长。这表明美联储所创造的货币超出了货币需求的增长(如图 4.14 所示)。

在 1987 年 10 月,不幸的事情发生了。显然,我们的贸易伙伴不再愿意支撑美元了,并且同美国一道出现了通货膨胀。结果是,他们放弃了支撑美元的操作。前财政部长詹姆斯·贝克(James Baker)对这一趋势非常不安,威胁要让美元相对于主要货币进行贬值。这一威胁言论昭示了美国想要进行通货膨胀,并且采取以邻为壑政策以改善其认为会出现的贸易问题的意愿。世界股票市场恐慌性抛售随之而来。这一危机最终导致股票被疯狂抛售,继而人们买入债券,并且货币需求飙升。[1]

货币需求的飙升导致利率下降,并且储备金出现暂时性短缺。美联储则立即采取行动,向金融系统提供储备金。然而,随着市场参与者重拾信心回到股票市场中,货币需求下降了。在那一刻,美联储应当将储备金撤出银行体系。但它没有这么做,超额货币供给导致通胀预期上升以及利率的上升。

4.16 结论

关于通货膨胀和更高的利率是超额货币增长的产物的证据,支持了货币政策的角色应当是稳定价格这一立场。无论何时,只要货币供给变动等于货币需求变动,价格稳定就能实现。按照价格规律执行的货币政策能够确保货币供给与货币需求变动相匹配。

对于货币政策仅是用于稳定价格的目的,而不是为政府支出融资的承诺,提供了一个成功的可持续货币体系的基础,而这能确保之后几年的价格稳定。如果美元的购买力真的能获得无限担保,那么几乎每个人都会持有美元,而不是黄金或其他通胀对冲工具。类似地,如果由于通胀预期的下降而使得利率很低,就会出现对美元货币结余的更广泛使用。使用外币以支持国际结算或者仅仅作为价值储藏也会消失。一项成功的货币政策可以扩大货币需求,并使得增加美元货币供给变得必要。

---

[1] Victor A. Canto and Arthur B. Laffer, "Monetary Policy Caused the Crash", *Wall Street Journal*, October 22, 1987, p. 35.

接受价格规律会使得通胀率大约为零。而价格规律也会降低价格水平和利率的波动性。更低的利率波动性会降低所要求的风险溢价,进而使长期利率下降。长期利率的下降会使得实际经济活动增加。因此,接受价格规律最终会导致美国股票价格更高。

附录 A

A1　一个古典模型

该模型可根据如下两个方程,以最简单的形式来描述:

$$EM^s = EB + \varepsilon^s \pi \tag{1}$$

以及

$$EM^d = ED - \varepsilon^d \pi \tag{2}$$

其中,E＝取对数后再做一阶差分的运算符号;M^s＝货币供给函数;B＝基础货币;π＝通胀率;D＝影响需求水平的实际变量(即收入效应);ε^s＝货币供给相对于通胀率的弹性;ε^d＝货币需求相对于通胀率的弹性。

第一个方程描述的是货币供给过程。其假设货币供给的增加是两个变量的产物:基础货币的外生变动(EB),以及货币乘数相对于通胀预期变化而发生的变化($\varepsilon^s \pi$)。后一组关系假设为正相关。

第二个方程描述的是货币需求。其假设货币需求的增加是两个因素的产物:规模效应或收入效应(即需求变动),以及名义货币需求相对于通胀预期变化而发生的变化。

A2　货币市场均衡

将方程 1 和方程 2 结合到一起,读者能轻松解出均衡通胀率:

$$\pi = \frac{EB - ED}{\varepsilon^s + \varepsilon^d} \tag{3}$$

由均衡通胀率的表达式可导出如下假设:

假设 1:基础货币增长率的上升会导致通胀率上升。

假设 2:实际收入(即货币需求)增长率的上升会导致一个更低的通胀率。

A3　货币均衡数量

将均衡通胀率(方程 3)代入货币供给函数(方程 1),读者能解出货币均衡供给:

$$EM = (1+\alpha)EB - \alpha ED \tag{4}$$

其中

$$\alpha = \frac{\varepsilon^s}{\varepsilon^s + \varepsilon^d} \tag{5}$$

方程 4 和方程 5 可用来建立一些假设:

假设 3:货币均衡数量是供给冲击(EB 项)和需求冲击(ED 项)的加权平均值。

假设 4:需求和供给变动的贡献度(权重)取决于需求和供给弹性的大小(即需求和供给曲线的斜率)。

如果货币需求是完全弹性的($\varepsilon^d = \infty$),那么均衡通胀率的表达式(方程 3)和货币均衡数量的表达式(方程 4 和方程 5)可以简化为:

$$E\pi = 0 \tag{3'}$$

在这种情况下,货币当局对于价格水平无法施加影响。

$$EM = EB \tag{4'}$$

$$\alpha = 0 \tag{5'}$$

狭义货币(M1)的数量由供给决定。

假设 5:如果货币需求是完全弹性的,那么货币当局无法改变价格水平。在这种情况下,货币量的变化是由供给条件变化引起的。

如果货币供给是完全无弹性的($\varepsilon^s = 0$),那么均衡通胀率和货币均衡数量的表达式可以简化为:

$$p = \frac{EB - ED}{\varepsilon\delta} \tag{3''}$$

$$EM = EB \tag{4''}$$

$$\alpha = 0 \tag{5''}$$

传统分析中假定美联储会对基础货币(联邦储备银行所持有的储蓄机构的存款准备金,加上流通中的货币)实施严格的控制。由于其能够设定最低准备金要求,教科书中也会认定美联储能够控制所谓的"货币乘数",即货币量与基础货币的比率。

如果货币供给是完全弹性的($\varepsilon^s = \infty$),那么均衡通胀率和货币均衡数量的表达式可以简化为:

$$\pi = 0 \tag{3'''}$$

$$EM = ED \tag{4'''}$$

$$\alpha = 1 \tag{5'''}$$

假设 6:如果货币供给是完全无弹性的,并且不会对市场条件的变化作出相应变化,那么需求的变动会造成价格水平的变化,但是货币量仍旧保持不变。货币量因此就是由需求决定的,而且价格水平会保持不变。

A4 超额基础货币增长与通货膨胀之间的关系

通过将基础货币增长代入货币均衡数量,可以轻松得到超额基础货币增长的表达式:

$$EB-EM=-\alpha(EB-ED) \tag{6}$$

假设7:超额基础货币与超额货币供给成比例。

经过一定的运算,之前的方程可以写为:

$$EB-EM=\varepsilon^s\pi \tag{7}$$

假设8:超额基础货币增长能捕捉到供求变动的净值(即超额货币供给),而这一定会被以商品衡量的货币价格变动(即通胀率)所抵消。

假设9:根据回归分析,通胀率的系数可以作为货币供给相对于通胀率的弹性估计。

附录 B

通货膨胀与 M1 增长之间的短期相关性和长期相关性

实证结果表明,通货膨胀与 M1 之间负相关。而这一结果与我们所接受的货币理论完全不同。然而,部分解释取决于这样一个事实,即实证得出的负相关关系是替代效应所导致的短期关系。反过来,货币主义模型所假定的 M1 增长与通货膨胀之间的正相关性,是由宏观经济模型得出的长期关系。因此,对于这一明显的差别,两者之间也不一定是相互矛盾的。尽管 M1 增长与通货膨胀之间在长期可能是正相关的,但是在短期,替代效应与其他货币需求冲击会导致它们负相关。并没有考虑到这一可能性的实证分析可能是忽视了短期关系,因为这与首先会考虑到的理论模型的长期意义不相一致。如果是这么做,所做的分析就会漏掉分析中有用的信息。

但是,负相关是短期关系的表现这一事实,与长期关系有所不同,这会造成对表 4.4 中基础货币滞后数据、货币增长和通货膨胀的影响(简化系数)的解释变得困难。

根据希姆斯(Sims)的方法,解析出不同效应的一个可能的方法是,对一个更大规模的模型作出估计,就像附录 A 中所介绍的那种,或者运用向量自回归分析。继而可以使用此估计方程来分析不同变量之间的各种相互关系。[1]可以通过模拟一个系统,对其中的变量进行冲击来实现,进而对冲击进行跟踪,得出冲击是如何在系统中传导的。按照格韦克(Geweke)的说法,可以构造一套测量方法,获得对于每一种政策变量进行一系列冲击后在预期通胀率与货币增长上形成的反馈。[2]格韦克的关联性方法能用来检验整个序列的关联性,以及序列分解成不同频率后的关联性。还有对于相关性的时间维度测量方法。对于测量值的大小,由于在计算中进行了平方,所以一直是非负的,这类似于格兰杰因果检验方法中的关系强度。格韦克的方法可以用来分析整个时间序列,以及序列中的频域组成部分。通过将高频率与短期关系、低频率与长期关系相关联,读者可以研究不同经济序列之间的关系。

上述方法在过去用来检验利率与通货膨胀之间的短期关系和长期关系时很成功。相关分析揭示了利率与通货膨胀在短期负相关,而在长期正相关(参考费雪方程)。[3]

[1] Christopher Sims, "Macroeconomics and Reality", *Econometrica*, January 1980, pp. 1–35.
[2] John Geweke, "Measures of Linear Dependence and Feedback Between Multiple Times Series", *Journal of the American Statistical Association*, June 1982, pp. 304–13.
[3] Victor A. Canto, Paul Rizos, and Gerald Nickelsburg, "The Effect of Fiscal Policy on the Short-Run Relation Between Nominal Interest Rates and Inflation", *Economic Inquiry* 25, no. 1 (January 1987), pp. 27–43.

第5章

通货膨胀指标的性质：第三部分

维克托·A. 坎托、阿瑟·B. 拉弗

任何一个投资组合策略都有一个关键要素，即对利率和通胀率的预期。而形成一个框架对关键货币指标和市场预期作出预测，并且确定其对利率和通货膨胀的潜在影响也很重要。

对有效市场与理性预期的争论促成了一个最为重要的发展，即对如下问题达成了共识：市场数据能反映对未来会发生什么的预期。[1] 但这并不是说市场预期什么会发生就真的会发生，而只是表示当前的市场数据包含了对未来的预测。该分析的一个直接含义是，金融价格（如利率、收益曲线的斜率、黄金价格、美元的外汇价值以及股票价格指数）可能共同包含了市场对利率和通胀率未来趋势的隐含预期。受到货币当局影响的政策变量，也会影响经济的通胀率以及市场对于未来的预期。

通过对市场数据和政策变量进行仔细的分析，资产经理对于市场的共同预

---

[1] 一系列发展都涉及如下情况，即理性预期假说和有效市场假说是同时在相同的几所大学发展形成的。尽管这两种假说的关注点有些许不同，但是在概念层面上，两者实际上是相同的。例如，可参见 J. F. Muth, "Rational Expectations and the Theory of Price Movements", *Econometrica* 29 (July 1961), pp. 315–35; R. E. Lucas, "An Equilibrium Model of the Business Cycle", *Journal of Political Economy* 83, no. 6, pp. 1113–44; R. E. Lucas, "Expectations and Neutrality of Money", *Journal of Economic Theory* 4 (April 1972), pp. 103–24; T. J. Sargent, "Rational Expectations, the Real Rate of Interest and Natural Rate of Unemployment", *Brookings Paper of Economic Activity* 2 (1973); R. J. Barro, "Rational Expectations and the Role of Monetary Policy", *Journal of Monetary Economics* 2 (January 1976), pp. 1–32.

期能形成观点。基于这一方法,他们能利用市场的集体智慧将事情看得更清楚,并且将他们自己的观点同市场的观点区分开来。

5.1 金融价格所包含信息的本质

通常情况下,黄金价格上涨、美元下跌和利率上升是通胀压力增大的先兆。然而,这些变量也可能是由于通胀预期变化之外的原因而发生变化。当黄金价格、美元的外汇价值和利率朝不同方向变动时,它们会对通胀的总体情况提供相互矛盾的信号。如何处理这种相互冲突的信号是一项很大的挑战。许多管理者所面临的问题是,价格反映了关于通货膨胀和实际效应的综合信息。

5.1.1 利率

利率包含了当金融工具到期时,针对市场对于通货膨胀和实际利率预期的预测。前面我们已经提出,税率的变化会导致实际利率的变化。因此,在税率变化时期,利率作为通货膨胀预测指标的准确度很可能会下降。美国在20世纪70年代和80年代所经历的情形与我们的观点一致。在20世纪70年代,个人所得税率没有发生过突然性的大幅变动,利率就是通货膨胀非常好的指标。[1] 在里根减税时期,用利率进行预测的准确度下降了。但是在方向上,利率还是反映了通货膨胀的趋势。

5.1.2 收益曲线的斜率

有建议认为,收益曲线的斜率可能可以用来对通货膨胀进行预测。其假设收益曲线斜率的上升,反映了通胀预期的上升;相对应的是,收益曲线斜率的下降,反映了通胀预期的下降。该解释忽视了一个事实,即相对于当前实际利率,未来实际利率的上升也会导致收益曲线斜率的上升;相反,未来实际利率的下降会导致收益曲线斜率的下降。因此,在相对于当前实际利率,未来实际利率

---

[1] 通胀率将人们推向更高的税级。税级的上升会导致实际利率下降和通胀率上升的副效应,继而会使得通货膨胀和实际利率负相关。参见 Victor A. Canto, Douglas H. Joines, and Robert I. Webb, "Taxation Rational Expectations, and the Neutrality of Monetary", *Journal of Macroeconomics* 6, no. 1 (Winter 1984), pp. 69–78; Victor A. Canto and Arthur B. Laffer, "The Measurement of Expectations in an Efficient Market", in *Expectations and the Economy: Hearings before the Joint Economic Committee, Congress of the United States* (Washington, D.C.: U.S. Government Printing Office, December 11, 1981), pp. 70–93.

出现突然波动时期,收益曲线斜率可能无法提供一个明确的通胀信号。[1]

5.1.3　汇率变化

尽管美元的外汇价值的变化可以反映美国的通胀率相对于其贸易伙伴的变化,但这并不是汇率波动的唯一原因:在相对通胀率没有发生任何变化时,贸易方面的变动也会导致汇率的变化。贸易上的变化反映了位于美国的资产相对于世界上其他地方的资产的实际回报率。

5.1.4　黄金和石油

很多年来,贵金属以及尤其是最近几年石油会被用来作为通胀指标。[2] 然而,为了能准确使用这些大宗商品作为通货膨胀的替代量,必须先确定合适的基本价格。围绕基本价格水平的上升或下降,可以反映会改变实际收益继而是此处所讨论的大宗商品基本价格的通胀预期变化、技术变化,或者制度和税率变化。[3] 减税和实际利率的变化,很明显会影响作为通胀对冲手段的黄金的收益(这一点很吸引人)。

5.1.5　股票市场

在一个有效市场中,资产的价值约等于预期现金流的折现值。股票价格反映了市场对于未来归集到当前股票的企业税后净利润的预期。[4]

市场所预测的企业税后利润是指实际经济利润,而不一定是会计人员所报告的利润。例如,相应的折旧价格是基于企业厂房和设备的市场价值,而不是历史成本。换句话说,是以目前的美元来计算成本。与此类似,商品成本的相关价格是按重置价格或市场价格来估算的,而不是历史成本。

在高通胀时期,用历史成本作为折旧值的会计惯例会过分夸大经济利润,进而会导致对实际经济利润的过度征税。因此,通胀率上升会对股票价格产生负面影响。

---

[1] 参见第 6 章。

[2] James C. Turney, "Gold", A. B. Laffer Associates, January 25, 1980.

[3] 对石油解除管制对石油价格影响的分析,参见 Gerald Bollman, Victor A. Canto, and Kevin Melich, "Oil Decontrol, the Power of Incentives", A. B. Laffer Associates, June 12, 1981; Victor A. Canto and Charles W. Kadlec, "The Shape of Energy Markets to Come", A. B. Laffer Associates, October 4, 1985.

[4] Arthur B. Laffer and R. David Ranson, "Inflation, Taxes and Equity Values", H. C. Wainwright & Co., September 20, 1979.

5.2 通货膨胀预测与市场价格

3月期国库券包含了短期预测(如表5.1所示)。股票市场包含了短期与长期预测。收益曲线的斜率包含了对短期与长期通胀预期的预测。美元的外汇价值包含了相对于世界上其他国家的美国通货膨胀的信息。总的来说,这些价格变量包含了关于通胀预期趋势路径的信息。此外,每一种变量都包含了关于实际效应的信息。因此,资产经理所面临的问题是,如何从价格指数中提取出相关的通胀信息。

表 5.1　通货膨胀的本质与金融数据所包含的实际利率信息

	名义效应	实际效应
利率	短期通胀	短期实际利率
收益曲线的斜率	当前通胀与未来通胀之间的差异	当前实际利率与未来实际利率之间的差异
汇率	相比于国外的当前通胀	相比于国外的当前实际收益
股票市场	短期与长期实际利率	短期与长期通货膨胀

5.3 由预期所导致的变量间的相关性

事先宣布基础货币增加,很可能会同时导致对通胀预期、利率和黄金价格向上的修正,以及美元贬值。而这些反过来,通过对税级攀升的影响,会对股票价格产生影响。同样地,税率下调会导致通货膨胀水平、利率和黄金价格下降,而美元更为强势,股票市场大涨。简而言之,很明显,政策变化会造成金融变量波动之间形成错综复杂的联系。因此,在解释变量的波动及其之间的相互联系时,可以对金融变量在未来一段时间的趋势路径得出准确的预测。

5.4 由政策所导致的变量间的相关性

美联储委员约翰逊(Johnson)已经提出,美元贬值、收益曲线斜率上升和黄金价格上升是存在通胀压力的前兆。在这种情况下,让货币总量减少可能是合适的。然而,约翰逊委员从没有特别指出过总量中的哪一部分该减少。而另一位美联储委员韦恩·安杰尔(Wayne Angell)倡导根据大宗商品价格的波动来调节M1增长。最终,美联储主席艾伦·格林斯潘(Alan Greenspan)申明完全相信菲利普斯曲线(即强劲增长会使通胀压力上升)以及货币主义观点。[1] 如果凯恩斯主义观点占统治地位,随着产能利用率上升和经济强势增长,所对应的可能政策是尝试让 M1 增长放缓。然而,如果是货币主义观点占统治地位,那么更高的实际增长会导致货币快速增长。

就约翰逊、安杰尔或者格林斯潘对于货币政策的影响而言,基础货币会对变化的"通胀"指标有所反应。从更长期的角度来看,通胀指标会影响货币政策,而反之亦然。政策反应取决于美联储主席所表达的在货币政策中占主导地位的观点,尽管没有人能有把握确定一个真正的运行模型。通货膨胀与货币总量之间的关系可能可以通过实证方法来估计。

5.5 变量之间的实证联系

本研究中所用到的实证方法一开始包括了上面所提到的所有变量。但最终的分析剔除了那些对预测或者解释利率和通货膨胀表现没有贡献的变量。然而,在进行具体的实证分析时必须非常仔细,这样可能的影响渠道或者不同变量之间的相互联系才不会在分析中被漏掉。向量自回归模型(VAR)已经被证明在预测相互联系的时间序列变量的系统方面是一项成功的技术。尽管对向量自回归模型有很大争议,但其还是会经常被用来分析不同类型的随机扰动和控制对系统变量的动态影响。

---

[1] 在凯恩斯主义框架下,宏观经济分析中一条广为接受的假设条件是,整体经济活动的持续增加最终会耗尽产能,并导致更高的物价。这一观点与菲利普斯曲线并无二致。相反,产能利用率下降(即经济衰退)则被视为可以减轻经济的通胀压力。这一观点的实证含义很明显:产能利用率的提升或者实际 GNP 增长(或者两者同时发生)会导致物价更高;产能利用率的下降或者实际 GNP 增长放缓会导致物价更低(See Chapter 1 and Arthur B. Laffer, "The Phillip's Buster Filibuster", A. B. Laffer Associates, August 4, 1988)。

另一种假设将通货膨胀定义为过多的货币追逐过少的商品。因此,在这种假设下,假定实际 GNP 与通货膨胀负相关。全球视角下的货币观点假定通货膨胀是货币的超额供给。对于这种观点的实证运用,要求找到超额货币供给的替代量。有几种可能的替代性解释也明确得到了证据支持。在之前的研究中我们已经提出,基础货币是在美联储的完全掌控之下的。因此,基础货币的增加可以被正确解释为货币供给的变动;继而随着基础货币增长的提升,通胀率会上升。对此可作如下解释,如果美联储提前宣布了一项基础货币扩张政策,比如说,在接下去的 10 年里,每年增长 50%,那么利率和通货膨胀水平会上升,而美元在外汇市场上会崩溃。

货币主义经济学家对于 M1 增长会作出相似的解释。但是,在之前的结论中我们认为,M1 是反映了需求和供给相互作用的均衡数量。就 M1 波动由需求变动主导这一点来说,通货膨胀和 M1 增长之间的关系与货币主义模型相反。进一步来说,我们的方法指出了,相对于普通货币的超额基础货币才是超额货币增长的更好的替代量(参照第 3 章和第 4 章)。对于宏观经济政策和通货膨胀的不同框架的实证含义,在第 2 章和第 3 章进行了探讨。

向量自回归模型是一个方程组,其中每一种内生变量都用由其自身的滞后变量和系统中的其他内生变量所组成的函数来表示。在附录 A 中给出了对相应实证分析的详细描述。我们设计了一种用以阐述影响的不同渠道的非常简洁的方式。这里要明确三种关系:

(1)单向因果关系。例如,美元的外汇价值对于通胀率的影响用单箭头来标注。

(2)双向因果关系。其揭示了反馈关系。也就是说,通货膨胀的历史数据有助于预测 3 月期国库券;反之亦然。这用双箭头来标注。

(3)不存在因果关系。在这种情况下,不会画出箭头。

图 5.1 给出了实证得出的影响渠道。图中明确了许多人们所熟知的联系。

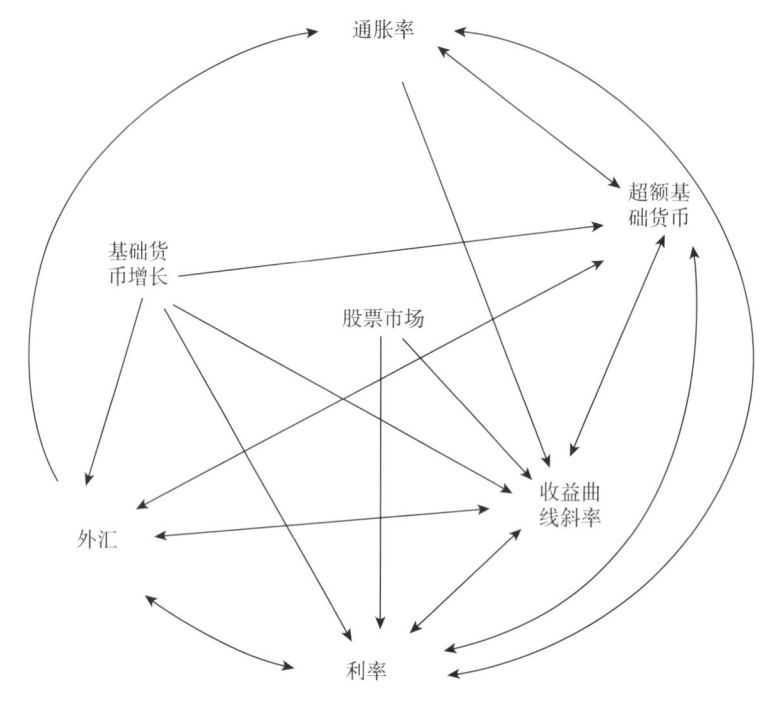

图 5.1 金融变量间的影响渠道

(1)股票市场在预测利率时很有用。[1]
(2)美元的外汇价值在预测通货膨胀和利率时很有用。[2]

---

[1] Canto, Joines, and Webb, "Taxation, Rational Expectations, and the Neutrality of Money".

[2] Arthur B. Laffer, "How Quickly We Forget: Must the Mistakes of the '70s Be Repeated?" A. B. Laffer Associates, November 20, 1987.

(3)利率在预测通胀率时很有用,反之亦然。[1]

(4)虽然在预测未来通货膨胀上没什么用,但是收益曲线斜率在预测利率变化上很有用。

(5)大宗商品价格(如黄金和石油)对分析中包含的其他变量所涉及的额外信息,可能并没有什么贡献。

(6)基础货币增长在预测利率时很有用。

(7)超额基础货币增长在预测利率和通货膨胀时很有用,反之亦然。

5.6 提前一个季度所做的预测:短期问题

结合了金融价格、基础货币增长和超额基础货币增长的模型,对通胀率和3月期国库券变化的解释力很强(如图5.2和图5.3所示)。假设在对模型具体的实证操作中,只用到金融价格的季度数据,而货币总量滞后1~5个季度,则估计方程可以用来提前一步(一个季度)预测出利率和通货膨胀的变化。考虑到所采用的样本,模型在大约75%的时间内都能准确预测出利率的变化方向。对1989年所作的预测是相当鼓舞人心的。[2]

在1989年一季度,3月期国库券上升了75个基点,模型中预测是上升30个基点。对二季度,模型预测会下跌116个基点,而3月期国库券下跌了67个基点。在三季度,3月期国库券下跌了67个基点,模型预测会下跌96个基点。至于在9月1日,3月期国库券下跌了29个基点。

对于通货膨胀的预测也是很鼓舞人心的。在一季度和二季度,模型预测通胀率为5.7%,这与实际通胀率很接近了。对于三季度,模型预测通胀率会下降到4.5%。

---

[1] Canto, Joines, and Webb, "Taxation, Rational Expectations, and the Neutrality of Money".

[2] 预测模型对于大约75%的样本都准确预测出了利率的变化。那些利率变化方向预测错误的季度的数据是:

69.2	72.4	83.2
69.3	73.1	84.4
69.4	77.4	85.2
70.2	78.1	86.1
71.3	78.2	86.2
71.4	79.3	88.1

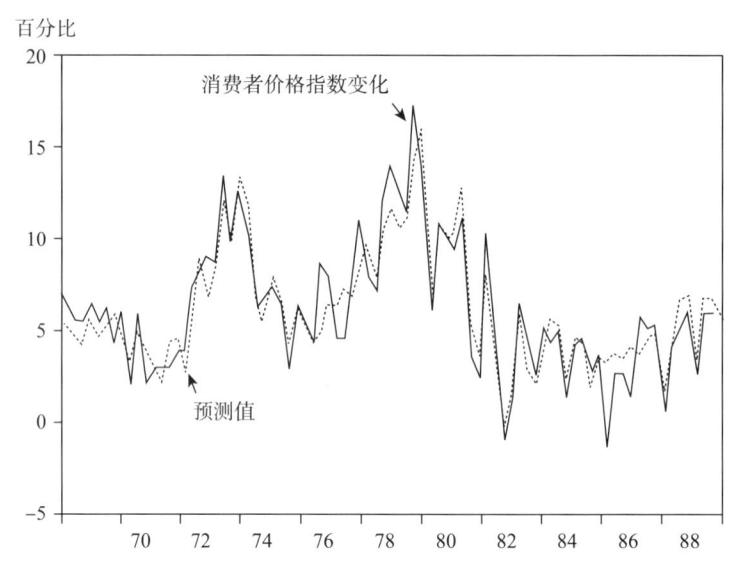

Source: Bureau of Labor Statistics, LCA Analysis.

图 5.2　消费者价格指数年变化率的季度百分比变化,实际值与预测值

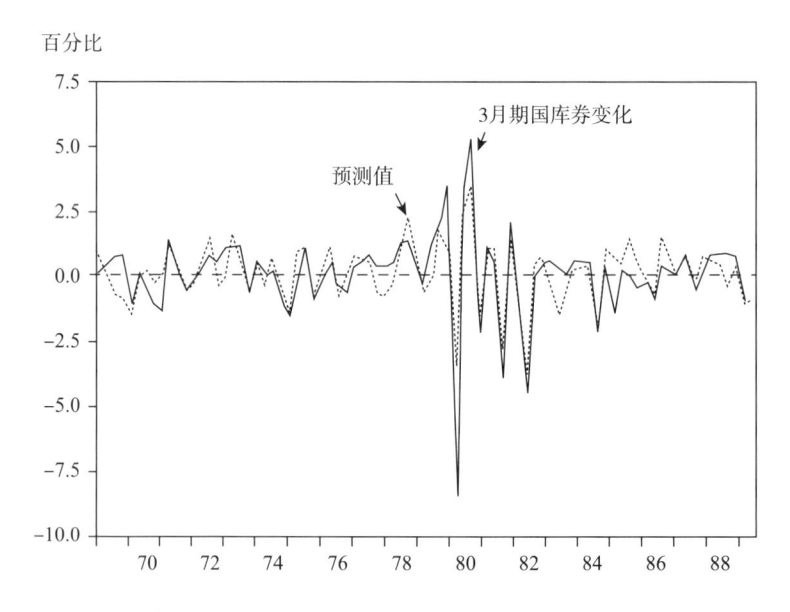

Source: Federal Reserve, *Selected Interest Rates*, LCA Analysis.

图 5.3　3 月期国库券的季度变化,实际值与预测值

附录 A

所构想的实证分析假定，对于不同内生变量的预期的形成都是理性的，而这是因为考虑到基于当前可以获得的信息，每一个市场中的参与者都可以借助经济结构形成最优预测。更进一步来说，正是基于这些预测所采取的行动，才产生了经济结构。我们对这种关系进行估计的方法是，对所讨论序列的向量自回归模型进行估计。向量自回归技术是基于希姆斯的研究成果，其包含了一个方程组，分析中包括了每一个变量。[1]

每一个方程中都包含了相同的一组解释变量。在一开始，实证研究中包含了实际 GNP 增长、预算赤字占 GNP 的百分比、3 月期国库券、收益曲线的斜率、通胀率、美元的外汇价值、标普 500、石油价格、黄金价格、M1 以及基础货币增长与超额基础货币增长。分析中剔除了对预测或解释没有贡献的变量。这些变量是实际 GNP 增长、赤字占 GNP 的百分比、M1 增长以及石油和黄金价格。

另一个问题是在回归分析中所用到的变量的滞后长度。一开始，我们估计了滞后 6 个季度的模型，之后逐步缩短了长度。如果不存在信息丢失，滞后长度可以缩短到 1 个季度。通过这一过程最终得出，5 个季度是最优的滞后长度。

最终模型包含了对每一个方程中如下每一个变量的滞后 5 个季度的一个解释变量：基础货币增长、超额基础货币增长、3 月期国库券的变化、收益曲线斜率的变化、标普 500 的百分比变化以及美元外汇价值的百分比变化。估计方程按此要求可以得出。

变量之间的长期相互关系

对向量自回归的估计系数很难作出解释。因此，人们通常会观察脉冲响应函数和系统的方差分解，以得出向量自回归的含义。脉冲响应函数是用来追踪系统中的内生变量对于所创造出来的冲击的反应。估计关系不仅有助于理解任意变量未预期到的变化的短期效应，而且有助于理解长期动态响应和变量之间的相互关系。

要确定某一个变量对于其他变量的影响程度的一个可能的方法是，将所讨论变量的方差进行分解，再分配到可以归集的或者可以为其他变量解释的部分中。通过这一构造，可以使解释的方差部分之和达到 100%。因此，变量分解对

---

[1] Christopher Sims, "Macroeconomics and Reality", *Econometrica*（January 1980）, pp. 1-35.

于所包含的变量会很敏感。如果所包含的变量(如标普500)与我们想要解释的变量(如通货膨胀)无关(没有影响),那么通货膨胀的大部分方差变化都能用通货膨胀本身来解释。如果没有变量能解释通货膨胀,那么通货膨胀就是外生变量。反过来,如果有一个变量(如利率)能对通货膨胀的很大一部分(如80%)作出解释,那么通货膨胀就是一个内生变量。变量分解分析很明显能用来确定最显著的内生变量,换句话说,这些变量的方差很大程度上能用其他变量来解释。

方差的很大一部分能用其本身的表现来解释这一事实,可能是由一到两种可能性所造成的。第一种,变量可能真的是外生的;第二种,分析中所没有包含的其他变量可能会导致我们所研究的方差出现波动。表5A.1~表5A.7中给出了关于方差分解的结论。具体分析如下:一开始,当变量(如通胀率)出现扰动或者未预期到的变化时,变量的方差100%应归因于扰动(如表5A.1中第7列第1行所示)。随着时间推移,冲击会在系统中传导。例如,经过四步之后,通胀率的方差中只有44.83%是由其本身或者未预期到的冲击所导致的(如表5A.1中第7列第2行所示)。这清楚地显示了,在长期,通胀率并不真的是外生的。

表5A.1 通胀率变化的方差分解分析

步数	基础货币增长*	美元的外汇价值*	标普500*	3月期国库券**	斜率**	通货膨胀*	超额基础货币增长*
1	0	0	0	0	0	100	0
4	13.59	7.07	7.24	8.72	7.79	44.83	5.76
12	8.93	12.52	3.79	32.52	14.71	23.39	4.13
32	8.17	11.64	2.86	35.30	17.53	20.53	3.93

* 变量的百分比变化。
** 变量的百分点变化。

表5A.2 3月期国库券变化的方差分解分析

步数	基础货币增长*	美元的外汇价值*	标普500*	3月期国库券**	斜率**	通货膨胀*	超额基础货币增长*
1	0	0	0	100	0	0	0
4	5.10	2.99	8.17	52.88	12.87	13.19	5.18
12	6.44	3.40	8.93	42.26	17.22	15.60	6.12
32	6.45	4.29	7.65	41.56	18.19	15.61	6.25

* 变量的百分比变化。
** 变量的百分点变化。

表 5A.3　　　　　　　　美元外汇价值百分比变化的方差分解分析

步数	基础货币增长*	美元的外汇价值*	标普 500*	3月期国库券**	斜率**	通货膨胀*	超额基础货币增长*
1	0	100	0	0	0	0	0
4	2.22	75.69	5.08	3.98	0.72	3.74	8.57
12	7.58	32.05	4.68	22.42	23.13	4.67	5.45
32	7.35	26.74	4.16	27.23	22.03	7.55	4.80

* 变量的百分比变化。
** 变量的百分点变化。

表 5A.4　　　　　　　　标普 500 百分比变化的方差分解分析

步数	基础货币增长*	美元的外汇价值*	标普 500*	3月期国库券**	斜率**	通货膨胀*	超额基础货币增长*
1	0	0	100	0	0	0	0
4	2.59	0.78	57.37	24.19	11.59	1.66	1.81
12	5.99	5.82	41.89	25.64	14.29	2.88	3.49
32	8.36	5.98	37.14	26.28	14.40	4.20	3.64

* 变量的百分比变化。
** 变量的百分点变化。

表 5A.5　　　　　　　　收益曲线斜率变化的方差分解分析

步数	基础货币增长*	美元的外汇价值*	标普 500*	3月期国库券**	斜率**	通货膨胀*	超额基础货币增长*
1	0	0	0	0	100	0	0
4	5.90	7.14	4.12	6.80	58.61	14.23	3.18
12	4.72	4.65	4.59	24.19	40.15	16.72	4.98
32	5.58	5.34	4.35	26.10	36.62	16.62	5.38

* 变量的百分比变化。
** 变量的百分点变化。

表 5A.6　　　　　　　　基础货币增长变化的方差分解分析

步数	基础货币增长*	美元的外汇价值*	标普 500*	3月期国库券**	斜率**	通货膨胀*	超额基础货币增长*
1	100	0	0	0	0	0	0
4	38.99	1.06	2.82	27.73	27.62	1.27	0.48
12	30.75	3.62	4.59	29.24	27.51	2.45	1.82

续表

步数	基础货币增长*	美元的外汇价值*	标普500*	3月期国库券**	斜率**	通货膨胀*	超额基础货币增长*
32	26.94	4.08	4.27	31.92	26.35	4.50	1.95

* 变量的百分比变化。
** 变量的百分点变化。

表 5A.7　　　　超额基础货币增长变化的方差分解分析

步数	基础货币增长*	美元的外汇价值*	标普500*	3月期国库券**	斜率**	通货膨胀*	超额基础货币增长*
1	100	0	0	0	0	0	0
4	0.85	2.11	1.42	46.14	30.65	5.76	13.06
12	3.44	2.90	1.54	45.33	25.90	10.46	10.36
32	3.97	3.82	1.76	44.57	24.94	11.62	9.32

* 变量的百分比变化。
** 变量的百分点变化。

美元价值、股票市场、基础货币增长和超额基础货币增长的变化对于通胀率几乎没有或者根本就没有影响。相比之下,国库券和收益曲线斜率的变化会很快就反映在通胀率上。经历了 4 个阶段之后,两个变量对基础货币增长的方差的解释度超过了 20%。然而,随着时间的推移,比如说在 32 个季度之后,两个变量加起来对基础货币增长的方差的解释度超过了 50%。

对其余变量进行方差分解可以进行类似的描述。除了标普 500 是个例外,利率和收益曲线斜率的变化对变量方差的解释度加起来都超过了 50%。对于标普 500,解释度下降至 40%,下降幅度很明显。[1] 实证结论支持了美联储委员曼纽尔·约翰逊的假设,即美元的外汇价值和收益曲线斜率包含了关于通胀预期方面的信息。这一结论也与如下观点一致,即除了金融价格,基础货币增长和超额基础货币增长提供了有助于预测通胀率和利率的额外信息。总的来说,该结论意味着,在货币当局掌控之下的政策变量(如基础货币)会对通胀率和利率的变化做出相应调整。在长期,利率可能才是关键变量。

---

[1] 误差通过柯列斯基(Cholesky)分解进行正交化,因此相应变化的协方差矩阵是下三角矩阵,尽管柯列斯基分解得到了广泛运用,但是在对普通效应进行归集上,这种方法其实很随意。对方程的顺序作出调整会使脉冲响应产生大幅变化,并且在解释脉冲响应函数时应当非常仔细。将基础货币列在第一位有可能会使对于基础货币的结论是有偏的。基础货币贡献率下降这一事实,与我们在文中所陈述的内生性观点是一致的。

第6章

收益曲线：长期型与短期型

维克托·A.坎托、阿瑟·B.拉弗

最近一段时间，分析师都忙于讨论反向收益曲线的意义。从1982年起这是第一次，收益曲线真正出现了反转迹象。而根据传统教科书中所描述的，一旦收益曲线出现反转，经济衰退就会紧随而来。

为了确定是否能揭示出任何的系统趋势，具体而言，就相当于我们能否准确地断言反向收益曲线就是衰退的先兆，我们选择考察美国在20世纪的历史数据。就本章的研究目的而言，当短期收益曲线（3月期收益）超过20年期或30年期债券的长期收益时，收益曲线就应当被称为出现了反转。从1920年起，短期收益曲线有10次超过了长期收益曲线（如图6.1所示）。反转的跨度从1个月到24个月，平均持续时间为14.5个月（如表6.1所示）。

表6.1　　　　　　　　从1920年起反向收益曲线情况

起始时间	截止时间	CIP* 之前年份	CIP* 之后年份	实际S&P* 之前年份	实际S&P* 之后年份	实际GNP* 之前年份	实际GNP* 之后年份	月均变化** 短期	月均变化** 长期
1920年6月	1921年3月	23.67	−8.74	−37.72	21.22	−4.37	15.81	−1.20	−3.10
1927年4月	1927年5月	−3.35	−1.15	27.13	37.20	−0.11	0.58	6.50	−3.00
1928年1月	1929年11月	−1.14	−5.20	31.96	−14.04	0.58	−9.87	1.30	0.78
1959年11月	1959年12月	1.38	1.36	7.63	−5.19	3.62	0.58	22.00	8.00
1966年1月	1967年2月	1.92	3.95	6.44	−0.07	7.58	3.89	−0.25	0.25

续表

起始时间	截止时间	CIP* 之前年份	CIP* 之后年份	实际 S&P* 之前年份	实际 S&P* 之后年份	实际 GNP* 之前年份	实际 GNP* 之后年份	月均变化** 短期	月均变化** 长期
1968年4月	1970年3月	3.93	4.71	1.25	7.64	5.13	2.78	6.08	4.17
1973年4月	1974年12月	5.06	6.94	−3.68	25.31	5.92	2.19	5.05	2.76
1978年9月	1980年4月	8.31	10.00	−0.34	20.49	4.55	3.44	34.85	14.80
1980年10月	1981年9月	12.77	5.04	11.83	−1.58	−0.77	−2.96	38.58	26.67
1982年2月	1982年2月	7.62	3.49	−18.45	24.72	−1.98	0.51	137.00	−10.00

* 百分比变化。
** 基点。

Sources: Bureau of Labor Statistics; *Standard and Poors Security Price Index Record*; Department of Commerce, *Historical Statistics of the United States*; Federal Reserve System, *Banking and Monetary Statistics 1914-1941*; Department of Commerce, *Business Statistics*, 1984.

A. B. Laffer Associates

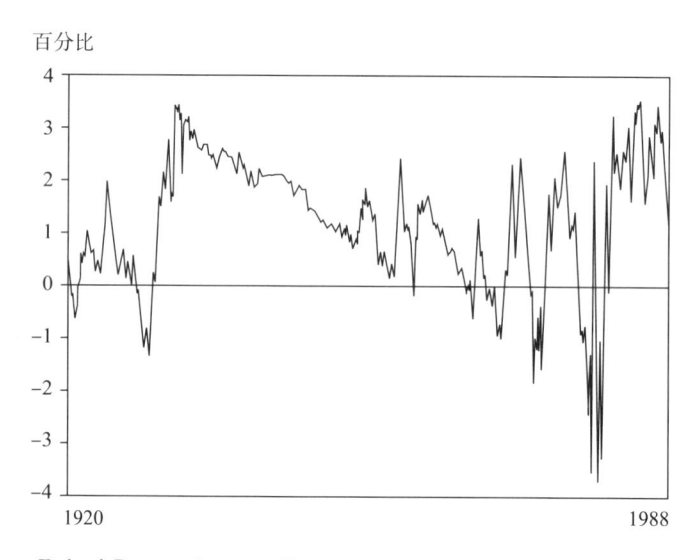

Sources: Federal Reserve System, *Banking and Monetary Statistics 1914-1941*, *1941-1970*; Federal Reserve System, *Selected Interest Rates*; Department of Commerce, *Business Statistics 1984*; *Wall Street Journal*.

A. B. Laffer Associates

图 6.1 收益曲线斜率:长期利率减去短期利率(月度)

6.1 框架

政府证券名义利率反映了市场参与者对于所研究证券的整个投资期限长度内通货膨胀和实际利率的共同预期。反过来,收益曲线斜率反映了市场对于通胀率和实际利率共同变化的预期。

收益曲线反转意味着,市场相信未来的名义收益相比于当前会下降。预期的这种变化包含了关于通货膨胀未来趋势路径、经济活动和股票价格的信息。反转是否是通胀率下降或者经济衰退的信号,取决于扰动或者导致反转的政策变化的本质。

通常来说,收益曲线之所以会反转,是因为短期利率上升或者长期利率下降。这会通过如下两种途径中的一种而发生:通胀预期出现差异性变化,或者预期的实际收益率出现差异性变化。

(1)如果长期利率下降是因为未来的预期通货膨胀水平下降,那么反转会导致股票价值上升。另外,如果反转是由更高的当前通胀预期所导致的,那么股票价值预期会下跌。

(2)如果反转是由暂时更高的短期实际收益预期所导致的,那么随着经济向长期均衡调整,短期实际收益会超过长期实际收益。在向长期均衡转换的过程中,股票价值会上升。

然而出现反转时,生产计划也会发生变化。一般来说,收益曲线反转要么会导致更大程度的经济扩张,要么会导致经济衰退。为了利用反向收益曲线可能存在的效应,有必要形成一种机制,从而能从实际利率变化中辨析出通胀预期变化。货币体系组织对于这样一种机制提供了一种启发性观点。

6.2 货币扰动

经济的通胀可能性取决于货币体系组织。保持货币量不变,实际经济活动的增加会导致货币需求的上升。超额货币需求预示通胀率会下降,继而通胀预期会下降。该效应也可以简单用另一种方法来解释,即过少货币追逐过多商品。

然而,对于通货膨胀水平上升要反过来解释:过多货币追逐过少商品。通货膨胀水平上升会导致更高的边际税率和经济活动放缓,可以观察到通胀率和经济活动之间的反向菲利普斯曲线关系。通胀预期上升会伴随着未来经济活动的减弱。

由货币政策变化所产生的反向收益曲线,会导致通胀率和实际经济活动之间负相关。对于股市从长期来看,在出现反转期间,预期经济衰退会从股价下跌上反映出来。

6.2.1 法定本位

基于我们对历史事件的阐述,从20世纪60年代中期到80年代一直是法定本位货币体系。而在其他所有时期,价格规律体系的变体形式在发挥作用。

在法定本位下,利率上升预示着通货膨胀水平和通胀预期的上升,经济会放缓。在法定本位时期,实证证据表明,相比于长期利率变化,短期利率在未来较短一段时间内是预测通货膨胀更好的指标。我们分析的意义得到了数据的支持。在1966年1月至1980年4月间,发生了4次反转:

(1)短期利率上升预示了通货膨胀;

(2)相比于反转前几年,反转后几年通胀率更高(如表6.1所示);

(3)相比于反转前几年,反转后几年实际GNP增长更慢;

(4)更高的通货膨胀水平伴随着更慢的经济增长,通货膨胀和实际GNP之间的关系与菲利普斯曲线情况相反;

(5)在所有情况中,标普500在反转期间按实际值来看,出现了下跌。

6.2.2 价格规律

在价格规律的不同形式发挥作用的那段时期(在第二次世界大战之前金本位制、布雷顿森林体系、20世纪80年代的价格规律),有一些实证规律也很明显:

(1)相比于反转前几年,反转后几年通胀率更低(如表6.1所示),1927年出现反转时的情况是个例外;

(2)在反转时期,股市按实际值来看,出现了上涨;

(3)在反转前几年和后几年,实际GNP增长并没有出现很明显的系统性趋势。

从货币角度来看,并不能看出有系统性趋势,但是并不能排除实际扰动会导致系统性趋势出现。

6.3 实际扰动

实际经济冲击会对实际收益率产生不同的影响。例如,税率下调会暂时让实际税后收益率上升。更低的税率和更高的实际收益会增加对生产和投资的刺激。随着时间的推移,经济会调整至其长期利率和实际GNP增长趋势路径上。因此在初期,由于实际收益上升,相对于长期利率,短期利率会上升。

在紧挨着税率下调发挥效应的那一段时间内，实际利率会是最高的。同样，在处于扩张路径上时，实际利率会下降。这一分析的意义是，在价格规律下，长期利率对于预测未来经济活动而言可能是一个很好的指标。实际利率上升是经济扩张的信号，而实际利率下降则伴随着经济活动衰减。

实证证据与模型的预测相一致。在采用价格规律时期，有两个阶段的反向收益曲线伴随着利率的整体上升。从 1928 年 1 月到 1929 年 11 月，以及 1980 年 10 月到 1981 年 9 月，在反转发生后的几年内，实际经济活动和实际股价出现了下降。

在 1920 年 6 月到 1921 年 3 月这段时间里，短期利率和长期利率都出现了下降。在反转情况再次出现反转后的几年里，经济实现扩张，股价实现上涨。在 1927 年 4～5 月以及 1982 年 2 月，出现了两次长期利率下降和短期利率上升的情况，可以观察到类似的结论。

6.4　1988～1989 年的收益曲线

在 1988 年整个一年中，短期利率稳步上升。反过来，长期利率在第四季度下降，而之后又表现出稳步上升，尽管比短期利率上升得更慢（如图 6.2 所示）。这表明如果即将发生反转，可能是由于短期利率比长期利率上升更快所导致的。

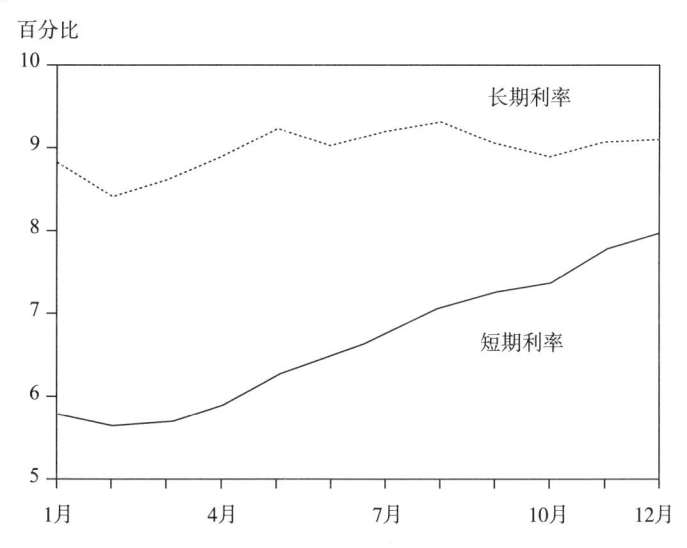

Source：Federal Reserve，*Selected Interest Rates*.
A. B. Laffer Associates

图 6.2　长期利率和短期利率，1988 年（月度）

在法定本位下，如果反转伴随着短期利率上升，这将是通胀预期上升和经济活动放缓的信号（即反向菲利普斯曲线）。在反转期间，股市按实际值衡量出现了下降。相比之下，在价格规律下，如果反向收益曲线伴随着长期利率下降，这将是在未来经济会扩张的信号。在反转时期，股票价值按实际值衡量出现了上升。

第二篇

财政政策

第7章

在供给侧框架下的布什经济议程

维克托·A.坎托、阿瑟·B.拉弗

很大程度上是由于众议员杰克·肯普(Jack Kemp)的努力,对所得税和资本税减税的时代现在已经到来了。尽管对税率下调的批评者一直在对这种减税提出反对意见,但他们的争论现在体现了另一种很紧迫的形势。如果批评者所指出的情形是令人信服的,那么进行税率下调的巨大动力就会被延缓甚至停止。美国复兴悬而未决。

如果众议员肯普有自己的解决办法的话,任意所得形式的最高边际税率到1984年末会调整为36%,而最高资本利得税率为14%。我个人完全相信奔向"发展主义经济学"的动力不会遇阻,并且从历史角度来看,20世纪80年代会和20年代和60年代初期的飞速发展一样表现惊艳。

总而言之,税率和股票价值在很大程度上会背道而驰。对于如今股票市场的糟糕状况,也可以从我们更为熟知的道琼斯工业平均指数上得到体现。道琼斯工业平均指数目前差不多是960点。如果仅仅对通货膨胀进行调整,1965年所达到的顶峰(约为1 000点)相当于如今的2 650点;如果对当前的道琼斯工业平均指数参照1965年的国民生产总值进行调整,将差不多是4 000点。

阿瑟·B.拉弗,"在众议院筹款委员会前的证词"(1981年3月4日)

主张财富再分配论者的常年呼吁,无论其属于自由派还是保守派,都是为了使政府支出增长放慢以及延缓减税。税率下调就像是掏出一根永远都够不到的胡萝卜一样,只会诱使选民选择这一经济紧缩项目。然而,这类项目已经在一段时间内表现出只是又一次失败。无论是从概念上还是实证上,这种项目的基础都很差。在减少政府对私人部门干预方面最为成功的方式,主要是通过税率下调,而不是将政府支出的减少放在优先地位。

大家都知道,政府支出中有很大一部分都是被浪费掉的。我们每一个人都能说出一个个该被取消或者规模该缩减的项目。每一任总统和总统候选人都信誓旦旦地承诺会减少浪费,并提高政府效率。但几乎所有人都失败了。原因很简单,每一位都没能理解政府的核心作用。

各种各样的经济刺激都是商品市场中的推动力,并且可以发现边际税率调整是会影响刺激的一个很重要的因素。民众工作和企业生产是为了赚取税后利润。正常来说,他们不会因为喜欢缴税而去工作和生产。随着税率上调,通过参与市场活动所获得的税后收益会减少。结果是产出减少和就业下降。

与上述相反,随着税率下调,其他市场活动的吸引力会下降。个人和企业会对市场活动投入更多精力。因此,随着税率下调,会有更多劳动力和资本进入市场,产出会扩大。产出增长放缓与货币快速增长一样都会带来通胀。产出增长越慢,通胀率越高。

批评减税的人所举出的情形有几个要素。他们的观点可按如下方式展开:反对减税的人提出,税率全面下调实际上不能让股票价值上升、经济增长和储蓄提高。此外,那些反对税率下调的人认为,所得税率全面下调会导致通货膨胀水平更高和赤字扩大,这会损害穷人。

7.1 税收、经济增长和股票价值

从历史上来看,经济快速增长、低通胀和股市上涨时期常常也是税率较低的时期。可能如果考虑到高税率、低实际增长、低储蓄和资本形成之间的紧密联系,很显然,股票价值和税率之间也该是紧密相关的。实际上它们就是这样!

真正让人吃惊的是,税率和经济指数之间是如此紧密相关。在下面的图片中,用实际 GNP 年增长率和标普 500 指数年增长率对美国最高边际所得税率进行了计算。时间跨度是从 1919 年到 1989 年(如图 7.1 和图 7.2 所示)。

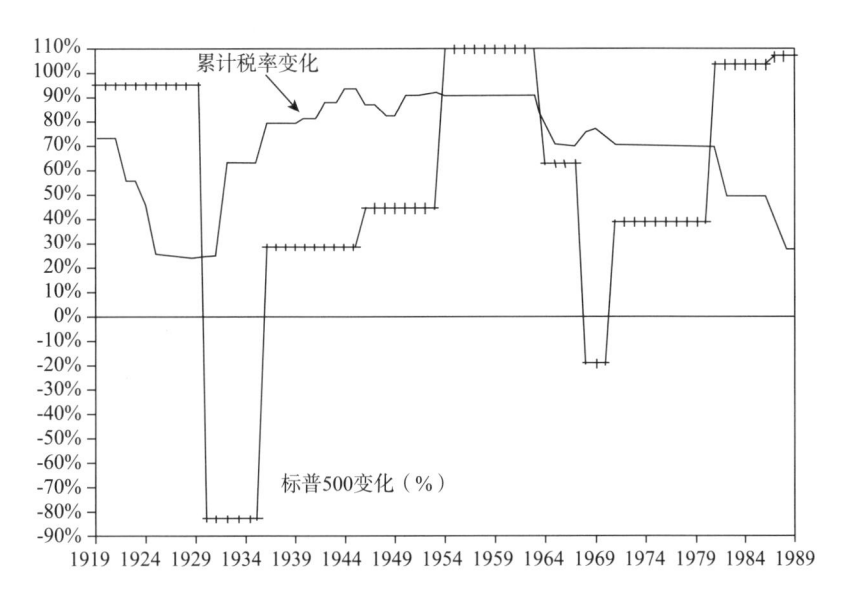

图 7.1 股票价值和最高所得税率，1919～1989 年

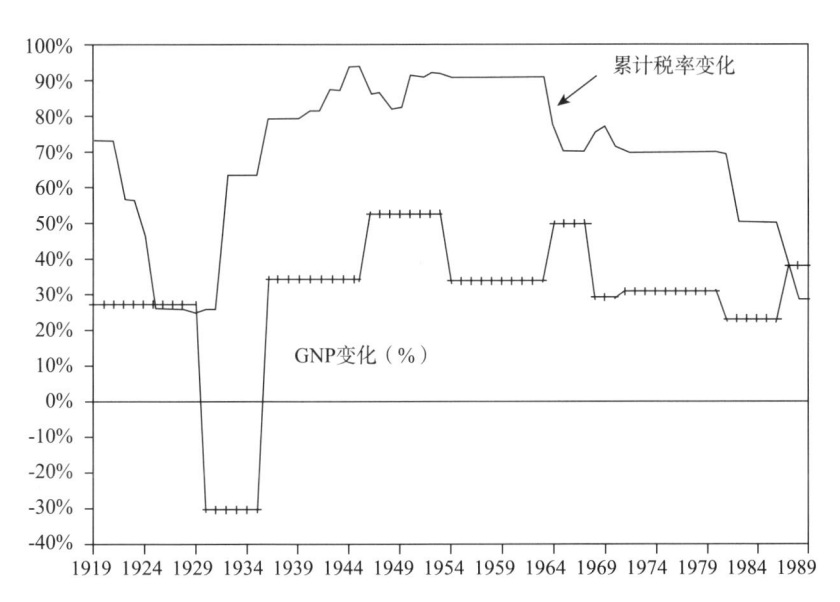

图 7.2 经济增长和最高所得税率，1919～1989 年

即使是对于未经处理的税收指数，如最高边际所得税率的变化，这种联系也是非常紧密的。在 1916～1918 年，最高边际所得税率从只有 7% 上升到了 73%。其他税率变化也和最高税级税率的大幅上升情况保持一致。股票价格

下跌。随着哈丁在1920年击败考克斯取得了压倒性胜利(哈丁获得了所有选票中的60%),一个税率快速大幅下调的时代来临了。

在1919~1929年,最高边际税率从77%跌至24%,最低税率则从6%跌至0.375%。实际GNP年增长率为2.7%,年通胀率下降至0.36%,股票价值以人们所称的"咆哮的20年代"的方式上涨。标普500年均涨幅达到9.5%。

在1929年,一轮税率上调如火如荼地开始了。在一份非常详尽的分析中,裘德·万尼斯基用数据证明了,为通过《斯姆特—霍利关税法案》而做出政治上的努力与大崩盘是同时发生的。在30年代见证了最高税率从1929年的24%上升到1940年的81.1%。在1930~1935年这段时期,实际GNP以每年3.6%的速度下降,并且股市也急速下跌——年跌幅达8.3%。

40年代初见证了最高边际税率甚至调得更高。最低边际税率从1940年的4.4%上升至1945年的23%。这一时期,股市按名义值衡量年上涨幅度达10.5%。然而通货膨胀水平年上升幅度约为5.1%,这吞噬掉了大部分的股票升值。

基本上就是在战争之后,税率出现了下降。在1953~1963年这段时间里,经济持续增长,股票快速升值,并且税率几乎没发生过什么变化。在这段时间,GNP的平均实际增速达到3.4%,股市年上涨幅度达到10.9%。艾森豪威尔时代的适度增长也证明了税率的温和上升。从通货膨胀和利率的角度来看,在艾森豪威尔担任总统时期可谓风平浪静。在1953~1960年这段时间里,国库券收益率从2.09%上升至2.25%,长期国库券收益率从2.75%上升至3.88%,同时以消费者价格指数测量的平均通胀率每年都低于1.4%。

在肯尼迪和约翰逊执政时期,随着税率的下调,经济活动的步伐开始加速。在1964~1967年这段时间,实际GNP增速几乎每年都达到了5%。标普500的年均涨幅则达到6.3%。肯尼迪实施的减税政策可谓效果非常明显,看一下所实现的实际快速增长就清楚了。从肯尼迪时代结束时起,税率开始稳步攀升(尽管最高法定税率还没出现这一情况)。在1961~1968年间,消费者价格指数平均每年上升2.2%。国库券收益率从2.25%升至5.96%,长期政府债券收益率从3.88%升至5.65%。增长是适度的,而相应的证据也和经济学中所能提供的一样清楚。税收抑制了经济增长。

尼克松—福特—卡特时期则被贴上了一系列破坏性经济政策的标签。美元与黄金脱钩,对工资和物价实施了控制,联邦政府支出大幅上升,并且有效税率因为通货膨胀所促使的税级攀升而出现了上调。经济状况百出,而通货膨胀水平急剧上升。

在1971~1980年间,标普500年均涨幅为3.9%。然而,消费者价格指数的年均上升幅度为7.7%。因此,通货膨胀远远抵消了名义股票价格的上涨。一桶石油的价格上涨了19倍多,从1.80美元涨到了超过34美元。黄金价格在1980年1月触及每盎司850美元——与1968年初的42美元相比,上涨幅度超过1 900%。

利率也出现了攀升。国库券收益率从5.96%升至15.49%,长期国库券收益率从5.65%升至11.89%。类似地,在1968~1980年间,基准利率从6.60%飙升至21.5%,而住房抵押贷款利率从6.90%升至12.53%。

里根政府所接手的是一个经济烂摊子,急需对之前12年所遭受的破坏进行修复。税率被下调,能源价格得以放松管制,对行业放松了监管,货币稳定性得到了维护。

如果要记录下20世纪80年代初那段历史,与税收和立法形成联系这一特点同样重要的是,可以观察到预期的税率变化也会对经济趋势产生深远影响。在1981年的税法中,对税率下调进行了指数化。当时所设想的是,在1981年10月1日下调5%,在1982年7月1日下调10%,在1983年7月1日最后一次下调10%。

但事实上,根本不会有年内税率下调这种事发生。很简单,美国联邦税务局不会对1月份所赚取的收入和同年12月份所赚取的收入进行差别化对待,因为大多数纳税人是根据公历年来上报所得的。因此,年内"税率下调"会在整个一年中按比例进行分摊。例如在1981年,所设想的本应在10月1日生效的税率下调5%,会在该公历年内分摊,这样全年税率下调1.25%。1982年这一公历年是从1月1日开始,而不是7月1日,则累计税率下调10%。在1983年1月1日和1984年1月1日,累计税率下调分别为18%和23%。[1]

对税率下调所采取的这一方法的缺点是,其忽视了对于个体行为的刺激作用。常识告诉我们,人们不会在一家上周还满世界宣传打折的商店购买东西。当税率还很高时,对于未来几年税率会下调的预期激励了个人和企业在1981年和1982年减少自身收入,这样当税率真的下调时,就可以在1983年和1984年实现收入。但经济放缓了,失业率上升了,赤字扩大了。讽刺的是,政府企图通过推迟税率下调以延缓赤字扩大,但实际上,只是导致赤字规模猛增。

当然了,在1981年和1982年华盛顿特区的专家所声称的供给侧经济学(特别是税率下调)失败了,完全就是个弥天大谎,毫无价值。税率下调只有在

---

[1] Charles W. Kadlec and Arthur B. Laffer, "The Ways and Means to an Inadequate Tax Cut", A. B. Laffer Associates, July 23, 1981.

生效时才会发挥作用，这一点对任何人来说都应当没什么好惊讶的。

真正让人吃惊的是经济对于刺激的反应速度。事实上在1983年1月1日，当税率大幅下调开始发挥作用时，经济开始复苏。这一复苏是完全符合供给侧逻辑的，并没有造成沃尔特·赫勒非常自信地预测的"通货膨胀爆发"，而是有效地提供了就业、更高的产能利用率和生产力提高。[1] 甚至刺激政策的细微差别也开始起作用。1983年第4季度经济出现下滑，随后在1984年第1季度实现反弹，这和预期的完全一致，之后实施了最后一次5%的税率下调。

1983年1月，总就业人数达到了99 161 000人，而到了1989年1月，就业人数达到了118 407 000人。也就是说，在这6年中增加了19%。里根的供给侧工作创造机器真的运转起来了。以1982年美元衡量的实际GNP，从1982年的31 660亿美元增加到了1988年的40 240亿美元，实际GNP增长了27%。

随着在1981~1986年间消费者价格指数年均增速达到4.1%，通货膨胀还在控制之下。在1986年底，石油价格每桶低于18美元，黄金价格每盎司低于400美元。

在20世纪80年代初，利率达到了顶峰，而之后开始下跌。国库券收益率在1981年5月达到最高值(16.30%)，而在1989年10月为7.61%。长期国库券收益率在1989年10月跌至8.10%之前，曾于1981年10月达到14.68%。

随着贾维斯—斯泰格尔—里根的改革，政治力量的平衡出现了巨大的变化。供给侧共和党人有能力实现改变。他们自己从实现国家福利的税务员，转变为实现一个充满机会的社会的减税专家。对此的政治反应可谓势不可挡，选民对这一税收政策表示坚决支持。新的所得税率在1988年1月1日开始生效，其促进了经济增长。个人和企业所得的最高联邦边际税率分别是28%和34%。1988年开始启用的税收结构是美国自哈丁政府和柯立芝政府将个人所得最高边际税率从73%降至25%之后，最能促进生产的一个结构。

7.2 储蓄、政府支出和赤字

凯恩斯主义和供给侧方法都预测，税率下调能刺激经济。然而，刺激的来源迥然不同。在凯恩斯主义框架中，税收减少和可支配收入的相应增加会导致更高的消费总量，而这通过乘数效应会促使整体经济活动增加。在供给侧框架中，由税率下调所形成的刺激会使得市场活动的回报率更高，继而能增加产出。

---

[1] Walter Heller, "The Kemp-Roth-Laffer Free Lunch", *Wall Street Journal* (July 12, 1978), p. 20.

所得税率下调也会使得储蓄回报率上升,这会造成延迟当期消费。更高的实际税后收益使得人们预期,消费总量会下降至其本该达到的水平之下。更低的税率会使得目前已有的和新的机器的税后回报率更高。扭曲程度的下降会使得经济体系更为有效,结果是现有的实物资本和人力资本的产出水平会更高。而更高的产出水平会使得现有的实物资本和人力资本向上修正。税率下调会促使私人财富增加。

私人财富的增加会使得经济中的长期消费水平提升,而这会导致当期所得中的储蓄部分减少。税率上调则会产生相反的效应。美国在20世纪70年代和80年代的经历表明,家庭净财富的变化和个人储蓄率变化之间负相关。在20世纪70年代,当由通货膨胀所造成的税级攀升将经济推向一个更高的税级水平时,财富遭受了破坏。而为了让财富重新得到积累,使得储蓄率提高了。反过来,在20世纪80年代创造财富时,通过更高的个人储蓄让财富得到积累的意愿则下降了(如图7.3所示)。

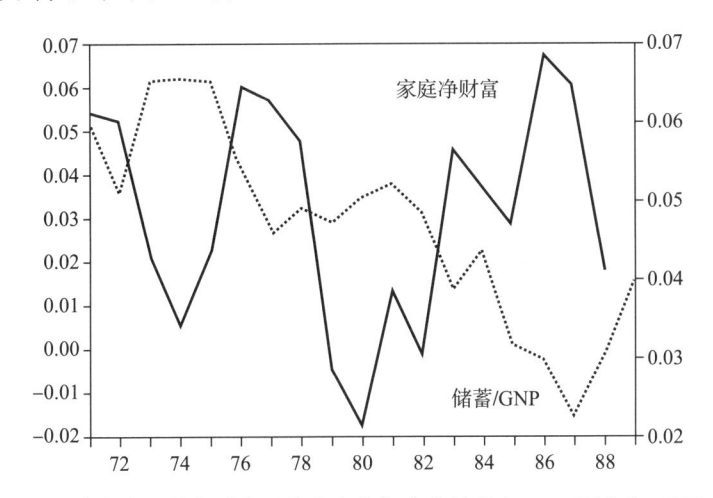

图7.3　实际家庭在本国的净财富百分比变化与个人储蓄占GNP百分比,1971～1989年

7.2.1　个人储蓄

根据我们的观点,个人储蓄率从1971～1980年的5.53%下降至1983～1989年的3.35%直接是由经济政策变化所导致的。这些政策抑制了由通货膨胀所导致的税级攀升对于财富的侵蚀和破坏,并且维持了对于美国经济的刺激(如表7.1所示)。

表 7.1　　　　　　　　　　美国储蓄的组成部分占 GNP 的份额　　　　　　　　单位：%

	1983～1989 年*	1971～1980 年
个人	3.35	5.53
企业	1.98	2.43
私人总计	5.33	7.96
州和地方	1.05	0.87
联邦	−4.11	−1.84
私人和公共总计	2.27	6.99

* 前两个季度的均值。

Sources：*Economic Report of the President*，1989；*National Income and Product Accounts*，U. S. Department of Commerce.

当经济调整至低税率环境时，储蓄率会再一次上升至其长期水平。与我们的分析框架一致，个人储蓄率的下降得到了抑制：个人储蓄率占 GNP 的比重从 1988 年的 2.96% 和 1987 年的 2.30% 上升至 1989 年的 3.97%。

7.2.2　政府减少储蓄

总储蓄率中与 20 世纪 70 年代的经历明显不一致的唯一部分是政府减少储蓄或出现预算赤字。保持其他所有条件不变，消除预算赤字会使得经济的总储蓄率提升至相当于 20 世纪 70 年代的水平。

对这种情况的一个有力解释是，美国储蓄率下降的始作俑者就是联邦政府。为了解决这一问题，必须先确定政府减少储蓄、收益下降或者支出增长不受控制的原因是什么。如果收益下降是原因，那么解决方法就是增加税收。反过来，如果原因是对支出失控了，那么对支出施加限制就是正确的解决方法。

通过对数据进行密切观察可以得出，政府收入占 GNP（基于全国收入和产出项目）的百分比高于里根执行税率下调之前那段时期（如表 7.2 所示）。从 1985 年起，政府支出占 GNP 的百分比下降了（如表 7.3 所示）。数据清楚地表明了，政府支出才是问题所在，而不是收入。然而，最新数据表明，支出占 GNP 的百分比下降了，而收入则维持在最近的水平上。如果该趋势得以延续，预算赤字继而政府减少储蓄的规模在接下去几年里都会下降。

第7章 在供给侧框架下的布什经济议程

表 7.2　　基于全国收入和产出项目的政府收入

财政年度	联邦* (10亿美元)	占 GNP 的百分比	州/地方净值** (10亿美元)	占 GNP 的百分比	占 GNP 的总百分比
1977	384.1	19.3	232.6	11.7	31.0
1978	441.4	19.6	253.0	11.2	30.8
1979	505.0	20.1	274.8	11.0	31.1
1980	553.8	20.3	301.3	11.0	31.3
1981	639.5	20.9	337.7	11.1	32.0
1982	635.3	20.1	365.5	11.5	31.6
1983	641.1	19.4	391.9	11.9	31.3
1984	704.7	19.2	430.4	11.8	31.0
1985	788.7	19.6	482.1	12.0	31.6
1986	827.9	19.6	519.5	12.3	31.9
1987	911.4	20.1	553.5	12.2	32.3
1988	972.4	19.9	590.2	12.1	32.0
1989***	1 044.1	20.2	618.9	12.0	32.2

* 对预算进行了调整；总支出低于对州和地方政府的补助。
** 总收入低于联邦补助。
*** 前两个季度的平均值。

表 7.3　　基于全国收入和产出项目的政府支出

财政年度	联邦净值* (10亿美元)	占 GNP 的百分比	州/地方 (10亿美元)	占 GNP 的百分比	占 GNP 的总百分比
1977	362.6	18.2	273.2	13.7	31.9
1978	393.4	17.5	301.3	13.4	30.9
1979	440.6	17.6	327.7	13.1	30.7
1980	526.4	19.3	363.2	13.3	32.6
1981	615.4	20.2	391.4	12.8	33.0
1982	697.3	22.0	414.3	13.1	35.1
1983	733.4	22.2	434.1	13.1	35.3
1984	787.3	21.5	470.7	12.9	34.4
1985	885.9	22.1	516.7	12.9	35.0
1986	928.0	21.9	563.5	13.3	35.2

续表

财政年度	联邦净值*（10亿美元）	占GNP的百分比	州/地方（10亿美元）	占GNP的百分比	占GNP的总百分比
1987	970.2	21.4	604.8	13.4	34.8
1988	1 006.9	20.6	651.9	13.4	34.0
1989***	1 073.4	20.8	689.6	13.4	34.2

注：表注同表7.2。

Sources：U. S. Department of Commerce, Bureau of Economic Analysis, *Survey of Current Business* and *The National Income and Product Accounts*, 1929-1982; *Statistical Tables*.

A. B. Laffer, V. A. Canto & Associates

表7.2中所给出的数字只是部分描述里根时代到底发生了什么。在1978~1987年间，税率大幅下调。从1983年1月1日起，当供给侧议程付诸实施时，税收收入占GNP的百分比上升了。很确切的是，在1983年政府税收总收入占GNP的31.3%。1983年联邦税收收入占GNP的比重为19.4%，州和地方税收加起来占GNP的11.9%。而就在前一年，同一数据分别为31.6%、20.1%和11.5%。然而到了1989年，联邦税收收入占GNP的比重上升至20.2%，联邦、州和地方税收加起来占GNP的比重达到了32.2%，这是一个空前的高度。

我们在这里对税收所做的全部讨论其实很简单。在实行减税后，一开始税收收入占GNP的份额会下降，但之后又会上升，因为进行了相同幅度的税率下调。总收入会受到双重影响——首先是其占GNP的比重，其次是实际GNP超速增长的影响。通货膨胀水平下降和就业大幅增加使得全世界实现了共赢。而在此之前从没有实现过能以如此小的代价，获得如此大的收益。

7.3 黑人经济：一份记录

在1983年1月1日第一次税率下调生效后的几年里，黑人就业水平上升了28.2%，而总就业水平上升了16.6%。所达到的水平和差异让人很吃惊。在税率下调这段时期，黑人的表现非常优秀。

如果对这些数据进行正确观察的话，还是应当记住黑人在就业上所取得的成功和其余人口相比，显然程度依旧偏低。并且，成功也有绝对和相对两种维度。相比于其他美国人，黑人的命运有没有得到改善，从绝对规模上来看，毫无疑问情况是非常好的。过去7年的情况对于所有美国人而言都是不错的。

失业率和劳动参与率数据对于就业人士所诉说的情况而言,也提供了另一种维度和素材。从 1983 年黑人失业达到顶峰至 1989 年,黑人失业率下降了 8.6 个百分点,而全部人口的失业率下降了 4.9 个百分点。根据我们的观点,因为税率下调和供给侧修复真正意义上是从 1983 年 1 月 1 日而不是 1981 年 1 月 20 日开始的,所以这是正确的测量方法,并且捕捉到了政策的所有影响。

然而也应当考虑到这样一种合理观点,即黑人失业率相比于全部人口失业率的快速下降,实际上是完全抵消了 1980~1983 年黑人失业率相比于全体美国人失业率的异常上升:5.2 个百分点对 2.5 个百分点。对于劳动参与率的解释相比于失业率要清楚多了。对于黑人,无论是单独来看还是相比于其他美国人,劳动参与率都上升了。

相比于其他美国人,黑人所赚取的工资的提高幅度明显偏低(如表 7.4 所示)。从绝对规模来看,黑人周收入的中位数在过去 9 年中上涨了 49%。然而剔除通货膨胀之后,收入上涨实际上是不存在的。这一数字对于真正发生的变化的描述是错的,因为在这一段时期所得税显著减少了,而工资税显著上升。黑人周收入的中位数与全部美国人周收入的中位数的比率也实现了大幅回归。这意味着在此基础上,黑人收入的中位数远远低于其他美国人收入的中位数。

然而,如果是孤立地来看这一数据也会被误导。随着在过去几年,黑人就业相对实现了大幅上升,很显然这些新的就业者从平衡上来讲,将是收入更低者,因此会使平均值下降。考虑到就业的增长,黑人收入表现也如此优异实在是让人吃惊。

尝试运用综合测量方法是值得鼓励的,但是其忽视了细节中的很多丰富和微妙之处。不仅如此,如果读者能非常仔细地审视我们所做的尝试,便会发现我们是把就业、人口和收入中位数结合到一个指标中,以预测黑人的人均总收入和所有人口的人均总收入(如表 7.4 所示)。

就算是在最好的情况下,想要对美国黑人所体现出的努力和其他要素的多样性作出总结,也是太低估问题的难度了。尽管如此,综合来看,在里根时期黑人的经济表现还是得到了大幅改善。

即使把黑人与全部美国人口进行比较,这一改善也是很明显的。然而,黑人经济水平的表现仍旧是远远落后于其他人口的。自 1983 年 1 月 1 日宣布供给侧税率下调时起,美国黑人的相对表现与绝对表现都更为突出。在这一时期,黑人的实际人均收入上涨了 13.3%,与此同时,总人口的人均收入从 1982 年的 69.8%上升至 1989 年的 73.8%,相对上升了 4%。所有这一切都证明了,没有什么比一个健康的、充满活力的经济更能实现平等。当 15 名应聘者竞争一份工作时,雇主会区别对待;但如果是 15 份工作和一名应聘者,那个人就被录取了。

表 7.4 相比于总体人口，黑人就业和收入

年份	就业 总人口*	就业 全部黑人*	就业 黑人占总人口的百分比(%)	人口 总人口*	人口 全部黑人*	人口 黑人占总人口的百分比(%)	周收入中位数 总人口（美元）	周收入中位数 全部黑人（美元）	周收入中位数 黑人收入占总人口收入的百分比(%)	人均周收入总计 普通人口（美元）	人均周收入总计 黑人（美元）	人均周收入总计 黑人收入占总人口收入的百分比(%)
1980	99 303	9 311	9.4	167 745	17 397	10.4	266	218	82.0	157	117	74.5
1981	100 397	9 355	9.3	170 130	17 824	10.5	289	238	82.4	171	125	73.1
1982	99 526	9 189	9.2	172 271	18 219	10.6	309	247	79.9	179	125	69.8
1983	100 834	9 375	9.3	174 215	18 584	10.7	322	264	82.0	186	133	71.5
1984	105 005	10 119	9.6	176 383	18 925	10.7	326	269	82.5	194	144	74.2
1985	107 150	10 501	9.8	178 206	19 348	10.9	343	277	80.8	206	150	72.8
1986	109 597	10 814	9.9	180 587	19 664	10.9	358	291	81.3	217	160	73.7
1987	112 440	11 309	10.1	182 753	19 989	10.9	373	301	80.7	229	170	74.2
1988	114 968	11 938	10.4	184 613	20 842	11.3	385	314	81.6	240	180	75.0
1989**	117 541	12 023	10.2	186 329	21 012	11.3	398	324	81.4	251	185	73.7

* 千人，16 岁及以上。
** 第二季度。
Source: *Employment and Earnings*, U.S. Department of Labor.

7.4 布什执政时期的政策意义

如果过去指明了未来的方向，那么1988年的税率下调预示着之后几年经济的持续强劲增长、股市上涨，以及能相应控制住通货膨胀。其实可以或多或少想到一些重要的刺激政策，而如果采用了，会让20世纪90年代的情况完全不同。

美国不需要再来一位梦想家：罗纳德·里根已经这么做了。一个新时代已经来临。当时真正需要做的是通过优秀的管理，将里根的改革理想转化为公众能够理解的智慧。如何通过巩固使里根的理想获得持久生命力是当务之急。布什总统是这个工作的不二人选。

里根和布什在性格上有一点根本的不同。鉴于里根总统更具对抗性，布什总统更像是一位和事佬。他的策略是，通过找出相比于民主党人目前的立场而言另一个被隐藏的立场，让他们二选一：要么全力以赴，要么退回到布什总统的立场。关于最低工资和资本利得的立法就是两个例子。布什总统在最低工资立法上获胜了。

在布什团队对于经济学的观点中，生产力、储蓄和投资是标语。那些能够提升三个概念中任何一个或全部三个的政策很受青睐。

7.4.1 政府支出

衡量政府对于经济干预程度的一个指标是政府支出占GNP的百分比。支出减少意味着受公共部门控制的资源减少了。而这些资源现在可能为私有部门所用。整体政府支出负担减轻对于经济而言是重大利好。在布什团队主政的20年内，他们对于政府支出下降所付出的精力，远远超过了其他执政者。在里根时期出现了巨大的赤字，而这一情况似乎也是布什逆转性的政策目标所要解决的问题。预算赤字情况的改善可以减缓增税的压力，并且能为讨好支持者的政治拨款项目进行融资。预算约束会使因资源该如何分配而爆发的政治斗争白热化。

支出约束会使得对于不同项目的相对优点的争论升级。政治争论对于经济是有益的；一旦确定了优先顺序，资源会在不同项目之间作出重新分配。这一重新分配，对那些受到所发生变化影响最大的部门的利润，作用是显著的。

7.4.2 整体税收增加

那些保证不再会增加税收的运动，不该被轻易忽视。在布什个人否认这一保证之前——短期内似乎根本不太可能——也不会发生严重的税收增加情况。布什团队并不是由财富再分配论者拼凑而成的，因此他们会避免进行税率上调。如果他们的理想世界方案能被通过,那么他们会喜欢上一个涉及储蓄/投资免税、抵扣、豁免和补贴的有广泛基础的消费税。

剩下的问题是,这些目标能否通过降低所鼓励的活动的税率,或者提高所有其他活动的税率得到实现。在这两种情况下,所鼓励的活动的相对吸引力都会增加。在前一种选择下,整体刺激会增加;而在后一种选择下,整体经济刺激会减少。我们相信布什政府会选择增加刺激这一选项。

7.4.3 资本利得税削减

如果减税是针对长期资本利得,那么"最好"的投资形式将会得到鼓励。进行指数化是法案中很重要的一部分。这能让资本利得中不含虚增利润。对资本利得立法所带来的刺激增加,会使得产出、就业和资产价值增加。资本利得法案体现了对于布什总统会如何扩展和巩固罗纳德·里根所发起的改革的一次测试,而这一改革维持了对于私有部门的激励。一场胜利预示着在未来一段时间会有更大的收获;而一场失败则能让参议院多数党领袖乔治·米切尔重拾信心,再次尝试推行之前在国会和大选中被否决的民主党项目和理念。

7.4.4 强制性福利

强制性福利是民主党对于实施支出削减和/或税收增加的一个替代方案。这些强制性福利增加了在美国做生意的成本,因此会使美国的竞争力下降。如果布什能成功地坚持执行当时的支出政策,那么民主党会尝试通过强制性福利来绕开支出和税收限制。强制性福利会对经济和市场产生负面效应,而且可以预期在不同的行业会出现不同的影响。

7.4.5 加速折旧、折耗备抵和投资税收优惠

随着布什团队日趋成熟并逐渐融入其注定要承担起的角色中,其密切关注着折旧方案、折耗备抵和投资税收优惠有没有再次兴起的苗头。这些类型的提案一直都为商业界所青睐,而且可以看到许多经济学家对此津津乐道。如果只就这些政策本身而言,它们当然不是有害的。但这些类型的提案也就如此,并不会对投资收益产生实质性影响。如果经济中边际税率没有提高,那么对于经济的其余部分不会产生抑制性影响。有针对性地进行刺激会使刺激增加,也就是说,产业集群的收益率能直接从这些政策中受益。

7.4.6 研发、出口以及教育税收优惠

正如之前所提到的,所有的投资形式是不平等的——有些形式相比于其他

形式更为平等。研发支出、出口以及教育支出确实很特殊。就像投资通常会得到特殊对待一样，上述这些类型也需要受到特殊对待。重新采用这些刺激会改变产业集群的不同收益率对特殊项目的敏感性。

7.4.7 储蓄计划

这届政府[1]对个人退休金账户、基奥计划和401K计划表现得相当温和。同时也可以期待一些其他提案，如在竞选活动中所提出的教育储蓄账户。如果许多人把能存的钱都存起来，或者根本不进行储蓄，那么很难对这些提案会对储蓄产生的影响进行评论。就算是在最好的情况下，这一影响也是很小的。由于不会造成什么损害，那么这些政策也顶多算是个小小的加分。

7.4.8 社会保障和医疗保险

迈克尔·博斯金（Michael Boskin）对于社会保障体系及其是如何降低储蓄和投资的写了很多文章。无论他自己记不记得这么写过，但布什政府中的其他重要官员相信，与他所写的相同的情况就是真实的。如果社会保障福利减少了，无论是预期的还是现在就发生了，或者如果收益增加了，那么这就会被视作一次重大的胜利。可能发生的事包括延长退休年龄，或者对退休福利征税。这一原则的缺点是，对此在政治上和竞选活动中会再一次作出承诺。

7.4.9 经济开发区

市中心的困境是美国如今所面临的最严重的也是长期存在的一个问题。作为一个不断上演的悲剧，这个问题所得到的关注比本应得到的少得多。解决这一问题对我们的未来很重要。

为了能将企业吸引到市中心来，应该让这些企业对税后利润有所期待。企业的厂房设施之所以不能落地，是因为这牵扯到了社会道德问题。考虑到目前在市中心无利可赚，税率的大幅下调对于企业的应税收益不会造成什么影响。如果一些失业者能找到工作，而一些接受福利救济者能赚得更多，联邦、州和地方的支出会下降。

与让企业在市中心落户同样重要的是，有必要确保不存在"缺位企业"——企业坐落于市中心，但雇用的是郊区居民。这意味着对于那些位于市中心的企业，其所雇用员工的主要居住地如果也是在市中心的话，要求将雇主和雇员的工资税率下调至15 000美元年工资税率水平。这一工资税率的大幅下调对于

---

[1] 这里指乔治·H. W. 布什总统任期。——译者注

净收益还是不会造成什么损失。每一名新找到工作的人员,相比于他按之前的税收方案所要支付的,现在能在福利和失业补偿金上省下很多。房地产价格抬高会为城市增加收益,也会实现更高的收入、销售和其他税收收入,因为产出增加了。贫穷与绝望销声匿迹最终会促使教育支出更为高效,也不太需要警察的保护。

7.4.10 对于通货膨胀的展望

尽管货币政策并不处于行政管理范围之内,但是布什政府的经济政策会对美国的通胀率产生影响。根据传统形式,通货膨胀是由过多的货币追逐过少的商品所导致的。为了评估通货膨胀水平上升的未来情况,分析需要分别从商品市场和货币市场展开。商品供给的扩张速度越快,通胀率就越低。对里根经济政策的持续推行,可以让经济增长更快而通货膨胀水平更低。如果产出紧缩或者经济增长放缓了,通货膨胀水平会变得很高(如图7.4所示)。在通货膨胀等式的商品侧一端,通货膨胀水平上升预期根本就不存在!实际上,通过对美国商品市场的分析,可以直接得出低通胀这一结论。

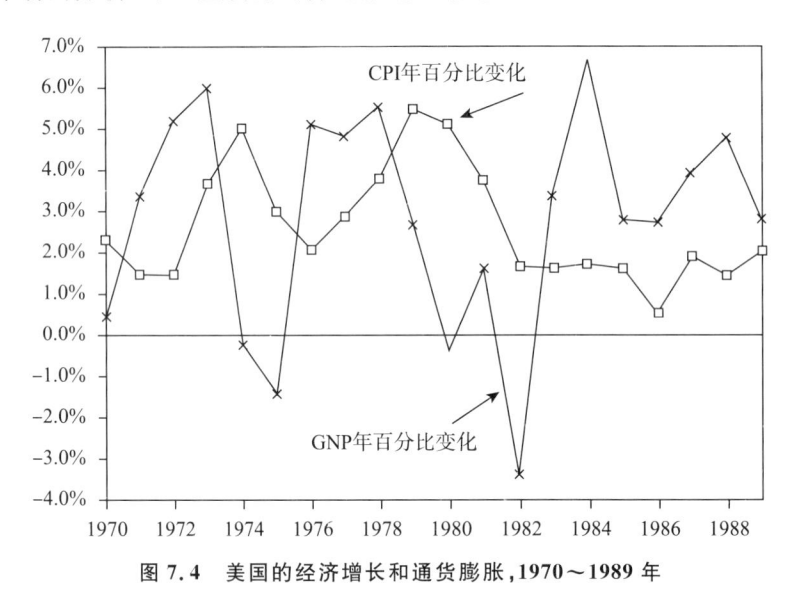

图7.4 美国的经济增长和通货膨胀,1970~1989年

在通货膨胀等式的货币侧一端,低通胀情形同样也是非常明显。现在有些时候,美联储不再将货币增长作为目标,而是更倾向于将价格作为目标。这使得利率更低,商品价格更为稳定。[1]

---

[1] Arthur B. Laffer and Charles W. Kadlec, "The Monetary Crisis: A Classical Perspective", A. B. Laffer Associates, November 12, 1979.

第8章

税收特赦:缺失的环节

马丁·G.拉弗(Martin G. Laffer)、阿瑟·B.拉弗

"上帝告诉我不要提交纳税申报表。""当我被要求提交时,我根本没钱。""从我离开高校后的第一份工作起,就没拿到过工资单。""我实在是太忙了,没时间提交,下次我会考虑的,现在太晚了。""我没车没房,甚至有10年没登记投票过了。"这些是税务人员可以从那些没有提交过所得税申报表的人那儿听到的一些辩解。许多市民没有提交过哪怕一次纳税申报表,理由常常都是我们无法理解的。对逃避提交纳税申报表进行特别立法已经成为一种趋势,因为这样人们就会害怕一次或多次逃避提交纳税申报表将导致被判刑。

在本章,基于上述已经实实在在发生的情况,对于截至目前虔诚的供给侧学者仍旧清白的记录,我们会施加一些不太寻常的改变。本篇文章是想通过各种说服方式,恳请政治家们能提高税收,并且现在就提高。可以这么说,这里要做的是忏悔,并不是基于过去10年所完全正确采用的税率/税收收益二分策略;也不是基于那些熟练的手法技巧,即对那些所谓的"罪恶"或者其他被视作对国家有害的活动提高税收。这种对毒品交易者、造成污染者或者甚至还包括律师的征税,完全能够产生使每个人始终都能得到改善的收益。

本章所提倡的是真正意义上的增税,在第一年的任意时间点上从400亿美元提高至600亿美元,之后在一个稳定的基础上数额逐渐减少。

这一不太慎重的提案真正让人吃惊的特点有两个层面:

(1)所针对的纳税人,他们自己也承认,相比于他们没有缴税的时候,现在条件改善了。

(2)不考虑隐秘的双重思想和经济学中并不合逻辑的复杂约束,税收的增加照道理会让产出、就业和生产力上升。

这一提案包含了一个联邦税收减免项目,其需要每个州的配合,并且政府要和纳税人订立合同协议,这需要政府付出巨大努力,不仅要在纳税义务上做出妥协,而且要通过分期付款协议来筹集税收。一旦个人能确定他们不会面临刑事处分,而他们的房屋和其他资产也不会被夺走,他们会愿意迈出一步,加入纳税人群这一主流中。

8.1 理论

供给侧经济学的基本原则是,人们会趋向于那些令他们感到愉快的活动,而避开那些他们不喜欢的活动。就这点来说,供给侧经济学就是一种"愉快—痛苦"原则,而在实际运用中,就成为一种"胡萝卜加大棒"政策。这一概念很简单,对于供给侧经济学的基本运用就是,政府政策通过让参与者更乐于或者更不乐于参加活动来影响变化,继而使得参与者改变他们的行为。

对一项活动征税或者对通过参与一项活动所赚取的收益征税,会使得相应活动的吸引力下降,同时人们有可能会减少对该活动的参与次数。与此对应的是,对一项活动进行补贴,有可能会刺激得到补贴的活动超过其未得到补贴时的水平。税收会减少商品均衡数量,而补贴则会起到完全相反的效果。就这点来说,对工作、产出和就业征税会使得工作、产出和就业下降。无论这一阐述在学术上有多么复杂,但是与上述所给出的答案相悖的任何答案都是不对的。

错误答案会以各种各样的、从最显而易见的错误到花言巧语的谬论的伪装形式表现出来。对于后一种情况,我比较喜欢的一个例子是由里根总统的经济顾问委员会主席马丁·费尔德斯坦(Martin Feldstein)所给出的。他认为对工人和生产者增加税收能提高收益、降低联邦预算赤字,而这反过来能使挤出效应和利率下降,继而增加投资。更高的投资水平可以通过凯恩斯勋爵所提出的著名的乘数效应来创造出更多的工作岗位。费尔德斯坦只是证明了欧文·克里斯托尔(Irving Kristol)的那句格言:一个拿到过经济学博士的人竟然无法理解这样一个显而易见的问题。

根据相同的逻辑,对于不工作的人进行补贴,会增加不工作的人、游手好闲的人以及失业者的数量。这一显而易懂的道理,与在衰退时期增加转移支付和在扩张时期减少转移支付以使经济稳定相比,差了十万八千里。尽管从人道主义立场来看,上述做法显然很公正,但所谓的自动稳定器实际上是自动不稳定器。

退税本质上是基于人们在上一年应承担的纳税义务而对其进行的支付。上一年的纳税义务是由上一年所赚取的收入和付出的工作努力所形成的。因此,退税是对人们在上一年所进行的工作的支付。很显然,人们不可能增加他们上一年的工作量。因此,退税是基于一些无关当前工作努力的特征而进行的支付。

用来进行退税的资源并不是凭空创造出来的。它来自当前的工人和生产者。总的来说,退税是从当前工人和生产者那儿拿出一部分资源来进行转移支付,但是不会对产出和就业增长形成任何刺激。退税就其特点来说,会使产出、就业和生产水平下降。可以追溯到乔治·麦戈文(George McGovern)的向全民发放补助提案,以及从杰拉尔德·福特(Gerald Ford)总统的平均每人退税50美元政策到吉米·卡特(Jimmy Carter)的退税提案,我们是反对退税理念的,因为这会抑制生产并导致通货膨胀。[1]

但是根据我们脑海中的这个框架,为了增加产出而实施的"邪恶计划"会使得对上一年的收入和工作努力的税收增加。如果可能的话,这样一种税收增加能让当前工人和生产者的负担减轻,而且没人可以减少自己在上一年的工作时数。正如我们所说的,这样一种提案是根本站不住脚的,而且也不在可行方案的考虑范围之内。然而有一种方法能使逆向税收增加概念完全是可行的,并最终能付诸实践。

8.2 税收改革的一个目标

税收改革中一直有一个梦想,就是减少税收法规中人们认为不道德的东西。在降低个人和企业税率的过程中,这样一个逻辑渐渐浮现:逃税带来的好处会递减,而对于逃税的惩罚则不会改变。因此,我们认为,有人会彻底重新计算如何逃避所得税,到那时,地下经济中频繁出现的能带来收入的交易,会以一种合法的、摆得上台面的应税所得的形式重新出现。我们都大错特错了。

没人会相信,地下经济中非法活动的逃税收入部分会在联邦审计员面前暴露无遗。但是人们对这样一个观点坚信不疑,即地下收入中有很大一部分仅仅是出于逃避缴税的直接动机。政府拿得太多了。那么如果政府税收得少了,会

---

[1] Charles A. Parker, "A Post-Mortem on the Tax Rebate", *Economic and Investment Observations*, H. C. Wainwright & Co., April 20, 1977; Truman A. Clark, "The Good, the Bad, and the Ugly", *Economy in Perspective*, A. B. Laffer Associates, May 29, 1987.

有大量的收入被公布于众；但现在的情况还不是这样。

所犯的错误在于，低估了过往经历和恐惧交织所产生的力量。那些曾经在自己纳税上作假的人发现，即使他们从没有在新的税法下作假，也不可能再有机会坦白和补缴了。第一次汇报收入被视作接受联邦审计必要的开始。过去的税收异常已经尘封，联邦税务局的耀眼光环早晚会造成刑事指控或者民事欺诈指控，以及上帝才知道的情况。更好的情况是，这些不应吸引人们的注意力，无利可图的逃税还在继续。除此之外，对于第一次被指控逃税的处罚力度，逃税超过一年和少于一年的处罚力度相比之下差别很小。

尽管在理论上，降低税率显然能减少逃税，但是在实践中效果不太明显。问题明显在于，并没有渠道让逃税者重新浮出水面。他们被困住了，没有办法让实际情况与理论相一致。

问题并不在于地下经济的情况有多严重。据说地下经济的规模很大；真要分析的话，要花费很大精力。这一情况真实存在，还很严重，现在是时候来解决了。

8.3 传统措施

尽管联邦政府已经对复杂的数据处理设备投入重资，以让收入报告与纳税申报表相匹配，但我们还是会很吃惊地得知，有那么多的人仍不提交所得税申报表。那么多年来，我们都会看到医生频繁收到医疗保险提供者的付款、承包商为联邦政府提供设备，以及有银行账户和职业证书的商人没有提交过所得税申报表。还有些雇员需要缴纳所得税，并对其发放了 W-2 表，但是他们却没有提交纳税申报表。有许多拿到 W-2 表的人仅仅是因为没有提交纳税申报表而失去了退税机会。

8.4 税收特赦——目的

制定税收特赦是为了达到这两个目标：

(1)通过将税收和利益相结合（但不涉及处罚）来提高直接收入。

(2)通过将那些因各种原因没有提交纳税申报表的人纳入纳税人群体中来提高依法纳税的基础。

8.5 折中方案

所谓折中方案，即纳税人与联邦税务局之间所达成的契约。这是双方之间的协议,以此纳税人同意支付一笔固定总额,而财政部同意免除其未结清税款、处罚和到期利息。只有当联邦税务局对纳税义务的正确性或者税收的可征收性存有疑虑时,才会订立这样的合同。

在美国国内税收法规和规章中提供了折中方案。然而,每一个地方的联邦税务局对于方案的处理都有自己的过程和政策。实际上,有些地方并不接受这一方案,还有些地方只是将这一方案作为结束征税的公正方式。

8.6 折中方案与特赦项目的结合

订立方案的基础和动机都非常复杂。对纳税人的年龄、健康状况、教育程度和未来收入能力这些因素都要予以考虑。对方案所涉及的金额也要予以考虑。然而就特赦项目而言,联邦税务局可以形成一套全国性指导标准,将有经验的税务员纳入这一项目,并且大规模地和民众订立契约,对到期应付金额作出承诺和/或创建支付协议。

通过付出大量最终能收获成功的努力,可以与外部私人征税机构签订协议,让其行使征税机构职能,接受分期付款。通过引入私人部门,联邦税务局能够以更低的成本分配资源,同时也能创造出更多的就业。

8.7 税收特赦——经验

在过去的 5 年,在州一级,具有不同规模和特点的税收特赦项目已经变得很常见。总体来看,已经有 26 个州在运用税收特赦形式。各个州的税收目标有所不同,但是都包括个人所得税、企业所得税、消费税和营业税。所取得的成功并不太大,因为联邦政府在州作出努力的过程中并没有提供什么帮助。尽管如此,这些项目在各个州自己看来还是非常成功的(如表 8.1 所示)。

表 8.1　　　　　　　　各个州税收特赦项目的比较

州	特赦时期	所覆盖的主要税种	总收入（百万美元）	是否包括应收账款
纽约	11/01/85-01/31/86	全部/d	401.3	是
亚拉巴马	01/20/84-04/01/84	全部	3.15	否
亚利桑那	11/22/82-01/20/83	全部	6.0	否
阿肯色	09/01/87-11/30/87	全部	1.3	是

续表

州	特赦时期	所覆盖的主要税种	总收入（百万美元）	是否包括应收账款
加利福尼亚	12/10/84-03/15/85	个人所得税,营业税	146.8	是/f
科罗拉多	09/16/85-11/15/85	全部	6.4	否
佛罗里达	01/01/87-06/30/87	无形的个人财产税/a	6.0/b	是
爱达荷	05/20/83-08/30/83	个人所得税	0.3	否
艾奥瓦	09/02/86-10/31/86	全部	35.1	是
伊利诺伊	10/01/84-11/30/84	全部	152.4	是
堪萨斯	07/01/84-09/30/84	全部	0.6	否
路易斯安那	10/01/85-12/31/85	全部	1.2	是
马里兰	09/01/87-10/31/87	全部	34.0/b	是
马萨诸塞	10/17/83-01/17/84	全部	85.5	是
密歇根	05/12/85-06/30/86	全部	102.0	是
明尼苏达	08/01/83-10/31/83	全部	12.1	是
密苏里	09/01/83-10/31/83	全部	0.9	否
新泽西	09/10/87-12/08/87	全部	179.7/b	是
新墨西哥	08/15/85-11/12/85	全部/c	13.9	否
北达科他	09/01/83-11/30/83	全部	0.15	否
俄克拉何马	07/01/84-12/31/84	全部	13.9	是
罗得岛	10/16/86-01/12/87	所得税,营业税	1.9/b	是
南卡罗来纳	09/01/85-11/30/85	全部	8.8	是
得克萨斯	02/01/84-02/29/84	全部/e	0.5	否
西弗吉尼亚	10/01/86-12/31/86	全部	8.0/b	是
威斯康星	09/15/85-11/12/85	全部	26.8	是
			1 248.7	

a. 对于个人、合伙公司、社团和企业的无形的个人财产税。佛里达州在1986年1月1日至1986年6月30日推行了第二个项目,其包含了第一个项目中未包含的其他所有税收项目。

b. 初步数据。

c. 开采税(包括6种石油和天然气开采税)、资源消费税、企业专利税以及特别燃油税都没有得到特赦。

d. 在美国,当税收特赦政策生效时,对于那些企业员工人数在500人及以下的,其企业所得税、石油公司税、运输和传输公司税、石油总收入税以及非公司企业税都不能得到特赦。

e. 得克萨斯州并未征收企业和个人所得税。特赦的实际影响仅限于营业税和其他消费税。

f. 只得到了对个人所得税的评估结论。

8.8 联邦政府并未参与

每一个州都和联邦税务局有共同条例，允许共享关于提交纳税申报表、修改收入和税务当局对强制性项目（如审计报告、刑事和民事立案登记等）做出调整的信息。所有作为州特赦项目的一部分提交给州的收入报告和收入修改报告，也都应该能让联邦政府获得，这是常识（实际上，在大多数特赦项目推行的过程中，这一想法都得到了传播）。我们应该相信，联邦政府未参与这一项目造成了每一个州并没有获得很大的成功。

加利福尼亚州仅一次税收特赦项目就持续了94天，从1984年12月10日到1985年3月15日。从14.7万多人那里征得的个人所得税约达1.54亿美元。为实现这一成果，花费了520万美元的人事费用和130万美元的额外运作费用。加利福尼亚税收特赦项目的成本效益比率为，每征收到24美元税收就需要支出1美元。

8.9 对于数额的估计

通过将联邦、州和地方税收特赦项目相结合来估计额外税收收益的可能大小，是一项非常艰巨的任务。这种项目以前从未在美国实施过，因此无法在历史先例的基础上进行这种估计。此外，对于地下经济的规模（在本质上作为征税的税基），很难划定范围。所做的估计缺乏精确性也很容易理解，因为地下经济的参与者的目的就是不想被发现。无论这一点好不好理解，但至少有一个事实很清楚（一定要考虑到此情况的性质），即所做的任何估计都更像是一种猜测而不是科学的推论。

在过去的5年，征收到的联邦个人所得税总计达到了1.992万亿美元，联邦企业所得税为0.397万亿美元。此外，联邦政府征到了0.178万亿美元的消费税、1.119万亿美元的就业税，以及0.034万亿美元的赠与税和遗产税。1983~1987财年，联邦政府所征得的税收总额达到了令人难以置信的3.719万亿美元。州和地方政府的收入在过去5个财政年度也非常庞大。总的来看，这一数字和联邦政府总收入的规模差不多大。个人税和企业税的份额有点儿小，而财产税和营业税的份额更大一些。

尽管如此，我们所讨论的税收在过去5年还是超过了6万亿美元。假定额外收入占联邦、州和地方税收收入的1%，而让地下经济吐出其中的3/4，那么按所假定的额外收入占税收收入的1‰（600亿美元）计算，额外收入总计将达到400亿美元[1]。我们认为，税收特赦项目与折中方案项目相结合在第一年能创造出500亿美元的收入，而在之后所提供的收入将逐年递减。

尽管已经有26个州成功实施了项目，获得了更多的收入并扩大了纳税人基础，但它们的成功还是很有限的，因为联邦政府并未参与。如果能将联邦特赦与全国性项目结合起来，让其参与到折中方案和征收分期付款协议中，那么将有助于降低联邦赤字，让人们能更好地依法纳税，并且最让人吃惊的是，这样能提高产出、就业和生产。

---

[1] 按照作者的算法，地下经济能吐出600亿美元额外收入的3/4，应为450亿美元，而此处400亿美元应为保守估计。——译者注

第9章

15%很不错，但能进行指数化就更好了

维克托·A.坎托、哈维·B.赫希霍恩（Harvey B. Hirschhorn）

乔治·布什总统重新开启了关于资本利得税的讨论。在1988年总统大选时期，布什提出持有超过一年的资产的最高资本利得税率，应从当时的28%降至15%。他认为，随着时间推移，资本利得税率的下调会提升投资、国民收入、劳动生产率、资本存量以及整体生活水平。布什相信，他所提出的降低税率甚至可能会增加联邦税收收入。有报道指出，通过这样的两轮税率下调，也能降低股市的波动性。

历史上，资本利得税收入包含了5%的个人所得税收入和不超过2%的全部联邦收入。而且经计算，股票交易的资本利得只占全部资本利得的1/3。因此，如果从静态框架来看的话，资本利得税对经济的影响似乎很小。如果税率下调要使经济实现所希望的效果，则必须通过增加刺激来对经济行为产生深远影响。

9.1 回顾一下证据

研究者和决策者一直都在争论，资本利得税率下调究竟会让资本利得税收入增加还是减少。想对税收收入做出准确估计，需要理解对刺激变化的正确测量方法，而该变化是由资本利得税率调整以及对于刺激的不同反应程度所导致的。

有一些研究尝试测量资本利得税收入对于资本利得税率下调的反应。由

美国财政部长助理迈克尔·达尔比（Michael Darby）负责进行的一项财政部研究中，对相应问题的研究发现和结论作出了很好的回顾。下面内容节选自达尔比的报告：

  本论文给出了最新的财政部样本，其反映了更新的"真实经历"，并推翻了米纳里克（Minarik）的结论。当我们将原来设定的财政部回归模型延长至1985年时，所得到的结果意味着，1978年颁布的法案带来了巨大且持续的直接收入。将财政部报告中通胀性GNP测量样本扩大，并对缺点进行修正，可以使1981年所出现的变化的估计损失大幅下降。最终，通过替换成1988年国会预算局（CBO）研究报告中一个显然更优的设定回归模型，可以得出两种法案都是显著"收入增强型"的这一结论。我们进一步发现，国会预算局自己得出的结论，即资本利得偏好有可能会导致收入损失，实际上是由他们的模型人为造成的，而不是他们的回归模型的一个直接含义。[1]

  尽管不同的作者做出了有点儿不同的假设，但大体上所有的研究都使用了平均边际税率作为解释变量。尤其是在财政部对于资本利得税率变量的研究中，用到了只适用于高收入纳税人的平均税率。所估计的边际税率，就是调整后总收入超过2万美元的纳税人的平均边际资本利得税率（如图9.1所示）。在国会预算局的研究中，使用的是对6组不同的调整后总收入的加权平均资本利得税率的估计。可惜的是，这些资本利得的计算基础并没有对从资产购买时起价格水平的变化进行调整。因此，这些对有效税率的测量方法大大低估了资本利得税率对于刺激的影响。如果使用的是这些税率，会使税收收入对于刺激变化的估计反应（即弹性估计）偏低。

  因此，得出如下结论毫不奇怪，即使用更高的有效税率进行研究可以得出，资本利得税率下调可以扩大收入基础，而相应数额完全可以通过自融资实现。根据我们的观点，运用更高的有效税率可以形成一套测量刺激效应的更好的方法。"拉弗曲线"真实存在且表现良好。

  计算得出的资本利得中有一部分是由通货膨胀导致的收入虚增形成的。通过对价格水平变化进行调整，可以估计出实际经济资本利得。通过将缴纳的

---

[1] Michael R. Darby, Robert Gillingham, and John S. Greenlees, "The Direct Revenue Effects of Capital Gains Taxation: A Reconsideration of the Time-Series Evidence", *Treasury Bulletin*, Spring 1988. The two studies cited by Darby are: Joseph Minarik, "Raising Federal Revenue through a Reduction in the Capital Gains Tax", Statement before the Ad Hoc Committee on the Taxation of Capital Gains, February 2, 1988; and Congressional Budget Office, "How Capital Gains Tax Rates Affect Revenues: The Historical Evidence".

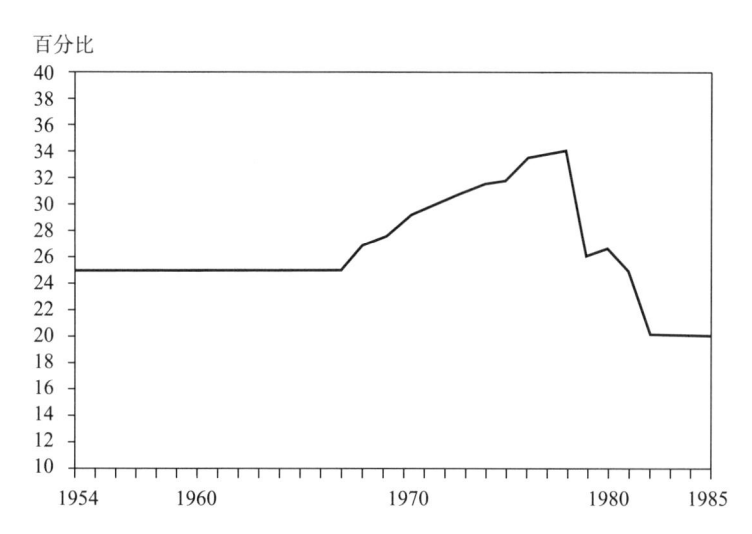

*边际税率:以1982年美元计,调整后总收入超过2万美元的纳税人的预期资本利得数额的平均边际税率。

Source:Michael R. Darby, Robert Gillingham, and John S. Greenlees, "The Direct Revenue Effects of Capital Gains Taxation:A Reconsideration of the Time-Series Evidence", *Treasury Bulletin*, U. S. Department of the Treasury, Office of the Assistant Secretary Economic Policy, Spring 1988.

A. B. Laffer Associates

图9.1 资本利得税率:财政部对边际税率的估计,1954～1985年*

资本利得税运用到实际经济资本利得中,可以估计出实际有效资本利得税率。这解释了所有这些研究中,对于未对资本利得税进行指数化而不利于经济发展的意义的低估程度。

通货膨胀、持有期限以及法定边际资本利得税之间的相互影响,对于不同投资的有效边际税率有着其他的显著影响。考虑这样一个例子,某一资产的原始价值为100美元。假定在第一年末资产升值到120美元。如果出售,名义资本利得就是20美元,并且根据目前的法律,最高资本利得税会是5.60美元(0.28×20美元)。如果在该年,资本利得中有10美元是由通货膨胀导致的,那么实际经济资本利得就是10美元,并且在这种情况下,平均有效资本利得税率会是56%,而不是法定税率28%。如果通货膨胀所带来的资本利得为20美元,那么资产的名义价值会增加至130美元,而实际价值只会增加至110美元。名义资本利得是30美元,而最高纳税义务为8.40美元(0.28×30美元)。因此,有效平均税率会升至84%。

根据当前对资本利得税的处理方式,通胀率上升会使得有效资本利得税率上调。这意味着当通胀率上升至某一点时,对实际资本利得的税率会变为100%。表9.1中给出了会使得有效边际税率变为100%的通货膨胀和实际收益组合。在实践中,实际临界值会通过税法中的一些条款而增大,这使得纳税人可以用资本利得来抵消资本损失(如折旧冲销;出售业主自住房时,可以获得对12.5万美元免扣资本利得税这一千载难逢的好机会;展期条款)。对于特定资产可以选择不同的折旧方案,因此也会有不同的合理避税手段。所有这些效应都能帮助减少通货膨胀和税法相互之间的负面影响。通过计算得出,通胀率即使是温和增长也会导致有效税率的大幅上升。例如,20%的资本利得税率、2%的年实际收益率以及1%的通胀率,会带来30%的有效资本利得税率(如表9.2所示)。通胀率上升会使得有效税率大幅上升:当通胀率为8%时,实际资本利得的有效税率会达到100%。

表9.1　　在实际收益率和法定资本利得税率的不同组合情况下,
会使得有效资本利得税率变为100%的通胀率

实际收益率(%)	28%资本利得税	20%资本利得税	15%资本利得税
		通胀率(%)	
1	2.57	4	5.67
2	5.14	8	11.33
3	7.71	12	17.00
4	10.28	16	22.67

A. B. Laffer Associates

表9.2　　在不同通胀率、实际收益率和法定资本利得税率情况下的有效资本利得税率

通胀率(%)	实际收益率(%)	在28%法定税率下的有效税率(%)	在20%法定税率下的有效税率(%)	在15%法定税率下的有效税率(%)
1	1	56.0	40.0	30.0
1	2	42.0	30.0	22.5
1	3	37.3	26.7	20.0
2	1	84.0	60.0	45.0
2	2	56.0	40.0	30.0
2	3	46.7	33.3	25.0

续表

通胀率 (%)	实际收益率 (%)	在28%法定税率下的有效税率(%)	在20%法定税率下的有效税率(%)	在15%法定税率下的有效税率(%)
3	1	112.0	80.0	60.0
3	2	70.0	50.0	37.5
3	3	56.0	40.0	30.0
4	1	140.0	100.0	75.0
4	2	84.0	60.0	45.0
4	3	65.3	46.7	35.0
5	1	168.0	120.0	90.0
5	2	98.0	70.0	52.5
5	3	74.7	53.3	40.0
6	1	196.0	140.0	105.0
6	2	112.0	80.0	60.0
6	3	84.0	60.0	45.0
7	2	126.0	90.0	67.5
7	3	93.3	66.7	50.0
8	2	140.0	100.0	75.0
8	3	102.7	73.3	55.0
9	2	154.0	110.0	82.5
9	3	112.0	80.0	60.0
10	2	168.0	120.0	90.0
10	3	121.3	86.7	65.0
11	2	182.0	130.0	97.5
11	3	130.7	93.3	70.0
12	3	140.0	100.0	75.0
13	3	149.3	106.7	80.0
14	3	158.7	113.3	85.0
15	3	168.0	120.0	90.0
16	3	177.3	126.7	95.0
17	3	186.7	133.3	100.0

A. B. Laffer Associates

9.2 预期资本利得税率上调的影响

法定资本利得税率的上调也会对有效税率产生显著的影响。假设实际收益率为2%，通胀率为4%，资本利得税率从20%上调至28%会使得有效边际税率从60%上升至84%。因此，预期资本利得税率上调会促使对资产出清，这样就能在税率上调之前，在当期实现资本利得。这一分析的意义在于，在短期，尝试避免对税率的法定上调会使得税收收入出现增加。随着时间的推移，投资和资本利得会下降。在更高的税率使得潜在税基缩小的情况下，税收收入也有可能会减少。

一般而言，实证证据表明，资本利得税率下调确实会对经济表现产生巨大的影响。1987年最高资本利得税率从20%上调至28%，极大地激励了投资者在1986年就实现资本利得。而所处税级位于最高税率之下的人们也会受到激励去实现资本利得。供给侧经济学家发现了这些激励的作用，预测由于应纳税投资者会采取行动以应对资本利得税率上调，这将使得资本利得税收收入出现一次大幅增加。[1]

各个州都经历过资本利得税收入的大幅增加，而联邦政府在更高的28%税率生效之前，也有过这一经历。传统经济学家没能预测到1987年资本利得税收入会实现大幅增加。而之后，由于他们怀疑唯一一次减税机会是否会造成如此深远的影响，他们一错再错，认为这一让人"吃惊"的税收增加趋势会一直发展下去。这造成他们预测在接下去的10年里，资本利得税收入会越来越高。然而，1987年使人们兑现资本利得的特别激励只是暂时的，预期收入并没有实现。由于资本利得税收入出人意料地减少了，现在差不多有12个州面临着预算压力。[2]

9.3 资本利得税率与通胀率同时上升的影响

1986年《税收改革法案》中明确提出的资本利得税率上调至28%，与通胀预期上升（反映在1987年前9个月长期债券收益率上升上）相结合，可以部分

---

[1] Truman A. Clark, "When to Realize Capital Gains", A. B. Laffer Associates, September 26, 1986.

[2] Dan Walters, "Which One Is Reaching for Taxes in Budget Pitch?" *Wall Street Journal*, June 2, 1988, p. 22.

解释 1987 年 10 月及之前一段时间股票价值出现的下跌。[1] 更进一步来说，如果我们的分析是正确的，那表示投资者对于通货膨胀的预测会对资本利得估值产生显著影响。通胀预期的变化会使市场估值出现变化，而这可以解释为市场的投机性增加了。

提出如下观点似乎很合理：资本利得税率上调与货币政策变化（不再遵循价格规律，而是关注"实际"经济情况）相结合，可能会使得通胀预期进而对股市预期的有效资本利得税率的波动性上升，并抑制股票价格。可以通过使投资者的预期有效资本利得税率下降的政策，解决股市剧烈波动问题。具体可以通过资本利得税率下调、对资本利得税基进行指数化、制定注重价格规律的货币政策使通胀预期下降，或者综合运用这些刺激手段来实现。

9.4 资本利得税率下调的影响

假定实际收益率为 2%、通胀率为 5%，表 9.2 中所给出的结果表明，资本利得税率下调至 15% 会使得有效税率大幅下降，从 98% 下降至 52.5%。假定通胀率下降至 2%，有效资本利得税率会进一步下降至 30%。资本利得税率和通胀率下降所带来的刺激增加，在一开始会使得资本利得税收入减少。但随着时间的推移，收入会增加。这些含义与财政部所估计的 1978 年资本利得税率下调可以从其自身效应得到补偿相一致。资本利得税率是在拉弗曲线的闭合区域内。尽管资本利得税率下调经过很长一段时间，可以使由通货膨胀和税法相互影响所导致的跨期税级攀升问题减轻，但是无法彻底消除这一问题。

9.5 指数化与有效税率下降

有 3 种方式可能可以解决税级攀升问题。第一种是，取消所有资本利得税。尽管这也可能会取消对收入的一些重复征税，但是从目前来看，其在政治上不具有可行性，因此也没什么好多讨论的。第二种是，通过将资本利得税基指数化来解决税级攀升问题。第三种是，采取能消除价格通货膨胀的货币政策。为了阐述指数化的潜在影响，表 9.3 中给出了在资本利得税率为 28%、

---

[1] 法定资本利得税率从 20% 上调至 28% 会使得有效税率上升至 84%。很明显，这会使得对一些资产去进行清算，但不是大规模出清。通胀预期上升会进一步使得有效税率上升。预期通胀率为 6% 时，有效边际税率会上升至超过 100%。这意味着法定资本利得税率的上调与通胀预期上升相结合，会造成大规模出清，同时股票价值会得到大幅修正。

20%和15%的指数化情形下,投资者会面临的有效税率下降情况。

假定通胀率为4%、实际收益率为2%,在当前资本利得税结构下有效税率将为84%(如表9.2所示)。进行指数化可以使有效税率降低至其法定水平28%。因此,指数化使得有效税率降低了56个百分点(如表9.3所示)。指数化对于有效税率的影响很大。在进行指数化之后,对于每1美元资本利得,投资者可以留下72美分的实际资本利得,而不是没有指数化条款时的16美分。在这种情况下,指数化会使得刺激增加4倍。

表9.3   指数化所促成的有效资本利得税率下降

通胀率(%)	实际收益率(%)	有效税率从28%起的下降情况(%)	有效税率从20%起的下降情况(%)	有效税率从15%起的下降情况(%)
1	1	28.0	20.0	15.0
1	2	14.0	10.0	7.5
1	3	9.3	6.7	5.0
2	1	56.0	40.0	30.0
2	2	28.0	20.0	15.0
2	3	18.7	13.3	10.0
3	1	84.0	60.0	45.0
3	2	42.0	30.0	22.5
3	3	28.0	20.0	15.0
4	1	112.0	80.0	60.0
4	2	56.0	40.0	30.0
4	3	37.3	26.7	20.0
5	1	140.0	100.0	75.0
5	2	70.0	50.0	37.5
5	3	46.7	33.3	25.0
6	1	168.0	120.0	90.0
6	2	84.0	60.0	45.0
6	3	56.0	40.0	30.0
7	2	98.0	70.0	52.5
7	3	65.3	46.7	35.0
8	2	112.0	80.0	60.0

续表

通胀率(%)	实际收益率(%)	有效税率从28%起的下降情况(%)	有效税率从20%起的下降情况(%)	有效税率从15%起的下降情况(%)
8	3	74.7	53.3	40.0
9	2	126.0	90.0	67.5
9	3	84.0	60.0	45.0
10	2	140.0	100.0	75.0
10	3	93.3	66.7	50.0
11	2	154.0	110.0	82.5
11	3	102.7	73.3	55.0
12	3	112.0	80.0	60.0
13	3	121.3	86.7	65.0
14	3	130.7	93.3	70.0
15	3	140.0	100.0	75.0
16	3	149.3	106.7	80.0
17	3	158.7	113.3	85.0

A. B. Laffer Associates

9.6 GRH法案与资本利得税改革

在具体操作上，葛兰姆—拉德曼—霍林斯（Gramm-Rudman-Hollings，GRH）法案所施加的约束具体如下：对于所提出的税率变化的收入效应，如果是从预算角度展开讨论，则必须是基于"静态"收入分析。对资本利得税率下调所造成的静态收入损失，在本章一开始已经做出了精确描述。可以回忆一下，所有股票中最重要的1%部分和税收收入中最重要的1%部分所提供的资本利得占到了50%以上。因此，这样一种观点似乎比较合理，即通过税率的大幅下调（从28%下调至15%），静态收入损失中至少有一半可以避免。于是可以得出，所避免的静态收入损失占全部资本利得税收入的25%。这会导致个人所得税收入大约减少1%，因为资本利得税收入占到了全部个人所得税收入的5%。由于各种原因所造成的收入损失差不多为0.5%。

对资本利得进行逆向指数化会造成收入大幅受损。举个例子来说，假定对某一项资产的资本利得为100美元，其中有10%是由过去的通货膨胀所产生的。根据目前未提出指数化的税法,资本利得税是 28 美元。在没有进行指数化条件下,实际资本利得的有效税率是 31.1%（$28/$90）。在逆向指数化条件下,税基会下降 10%,因此指数化会导致收入减少 2.80 美元（如表 9.4 所示）。

表 9.4　　　　　　　　对资本利得收入进行逆向指数化的影响

通货膨胀所引起的增值百分比（%）	未指数化资本利得税（美元）	有效税率（%）	在指数化制度下的税收收入损失（美元）
10	28	31.10	2.80
20	28	35.00	5.60
40	28	46.67	11.20
60	28	70.00	16.80
80	28	140.00	22.40

A. B. Laffer Associates

比如,通货膨胀对于资本利得的贡献度上升至 80%,那么对于 100 美元名义资本利得,逆向指数化所造成的收入损失将是 22.4 美元（如表 9.4 所示）。进一步来说,由于已经实现的资本利得是基于之前的行为和通胀率,逆向指数化不会对生产增加刺激。这相当于是基于非当前或未来生产刺激性质而进行的转移支付。逆向指数化会造成收入损失,并且不会增加对于生产的边际刺激。因此,从刺激角度来看,并不推荐进行逆向指数化。

对资本利得税进行逆向指数化会使得静态收入出现大幅减少,因此在 GRH 法案下要将政策调整为逆向指数化不太现实。但是将此观点推进一步,有这样一种对于指数化的替代性方法：遵循国内价格规律以确保价格稳定。根据这样一种价格规律,通货膨胀可以被消除。因此,根据这样一种更进一步的观点,通货膨胀对于资本利得税率的影响可以被消除。显然之前所做的投资仍然要承受超过法定税率的有效税率。并且基于这种观点,对资本利得无须征收超额有效税率。因此,随着时间的推移,之前所做投资的平均资本利得会减少,并且对其会以法定税率来征收。而对于新的投资,有效税率和法定税率完全相等。

再考虑这样一个例子,一开始某一资产按 100 美元购得,然后价值升至 105 美元。在未进行指数化的税收体系下,资本利得是 5 美元,资本利得税是 1.40 美元（$5×0.28）（如表 9.5 所示）。指数化会扩大资本利得按照下一财政年度比如说 5% 的通胀率进行计算的基础。在这种情况下,资产基础会上升至 105

美元,而价格水平变化所导致的"虚增"资本利得会被消除。在对通货膨胀进行调整之后,就不再有资本利得了。指数化所导致的收入损失是1.40美元;指数化使得所有的资本利得收入都损失掉了。

表9.5 在通胀率为5%、资本利得税率为28%情况下,对CPI进行指数化后的收入损失估计

资本利得 (美元)	指数化资 本利得税 (美元)	未指数化 资本利得税 (美元)	税收收入损失 占未指数化资本 利得的百分比 (%)
5	0.00	1.40	100.00
10	1.40	2.80	50.00
20	4.20	5.60	25.00
30	7.00	8.40	16.67
40	9.80	11.20	12.50
50	12.60	14.00	10.00
60	15.40	16.80	8.33
70	18.20	19.60	7.14
80	21.00	22.40	6.25
90	23.80	25.20	5.46
100	26.60	28.00	5.00

A. B. Laffer Associates

相比之下,如果资产价值上升20%(从100美元升至120美元),那么在未进行指数化的税收体系下,资本利得将是20美元,并且能产生5.6美元的资本利得税收入。在指数化条件下,资本利得是15美元,资本利得税是4.20美元。在这种情况下,指数化导致资本利得税收入减少了25%。随着"虚增"资本利得比重的减少,估计的收入损失也会减少(如表9.5所示)。在极端情况下,如果一年期资本利得达到了资产价值的100%,指数化所导致的收入减少将接近于通胀率(如5%)。指数化的替代方案并不需要考虑消费者价格指数先前的变化,而只需要考虑从这一立法被通过时起所发生的变化。因此,指数化条款所造成收入损失的数量级,差不多就等于最高税率下降至15%时的情况。

表9.6中给出了在未进行指数化的15%资本利得税率下,能产生28%有效税率的通胀率和实际收益率组合。因此可以得出,对于合适的实际收益率(如不超过5%)以及超过4%的通胀率,在指数化条件下,投资者收益情况更佳。

表 9.6　在未进行指数化的 15% 资本利得税率下，能产生 28% 有效税率的通胀率和实际收益率组合

通胀率(%)	实际收益率(%)
0.87	1
1.74	2
2.61	3
3.48	4
4.35	5

A. B. Laffer Associates

9.7　通货膨胀、税收与最低回报率

通过一个方法可以研究前面所提到的资本利得税率变化的影响：估计一下为了得到 3% 的实际税后股票收益，投资者的税前股票收益该是多少。投资者的税前股票收益，是股利税和资本利得税、通胀率以及在剔除通货膨胀后所要求的税后股票收益的函数。

在接下去的分析中，需要考虑 4 种不同的情况：

(1)最高个人所得税率为 50% 以及最高资本利得税率为 20%。这是 1981 年《经济改革法案》(Economic Recovery Act)中所提出的税率。

(2)最高个人所得税率为 28% 以及最高资本利得税率为 28%。这是 1986 年《税收改革法案》中所提出的税率。

(3)最高个人所得税率为 28% 以及最高资本利得税率为 15%。这是布什总统在竞选中所提出的税率。

(4)最高个人所得税率为 28% 以及最高资本利得税率为 28%，对于个人所得税基和资本利得税基都充分进行指数化。这是我们的提案。

由于所有股票中最重要的 1% 部分和税收收入中最重要的 1% 部分所提供的资本利得占到了 50% 以上，因此这里会用到个人最高边际税率。为了能解释不同变量间相互影响所产生的效应，假定剔除通货膨胀后所要求的税后股票实际收益率为 3%。根据历史情况来看，基于我们所讨论的内容，股票年收益在 2%～4%。假定通胀预期为 4%，所要求的税后名义收益率为 7%(如表 9.7 所示)。假定在当前法律条件下，股利收益为 3% 以及留存率为 72%，通过股利支付可以带来 2.2% 的税后名义收益。这使得所要求的 7% 的税后名义收益中，

有 4.8％是由资本利得产生,在这种情况下,所要求的税前名义增值率通过资本利得税率得到了提高。因此,在当前税收体系下,税前名义增值率是 6.7％。税前股利收益和税前名义增值率组合会使得税前名义收益率为 9.7％(表 9.7 中的第 2 列)。在资本利得税率为 15％的情况下,所要求的税前收益会下降至 8.6％。

表 9.7   对税前收益率征收资本利得税率的影响   单位:％

	资本利得税率为20％	资本利得税率为28％	资本利得税率为15％	资本利得税率为28％(指数化条件下)
剔除通货膨胀后所要求的税后股票收益	3.0	3.0	3.0	3.0
预期通胀	4.0	4.0	4.0	4.0
所要求的税后名义收益	7.0	7.0	7.0	7.0
股利产生的所要求的税后名义收益部分 [3％收益×(1−所得税率)]	1.5*	2.2	2.2	2.2
资本利得产生的所要求的税后名义收益部分	5.5	4.8	4.8	4.8
资本利得产生的所要求的税前收益	6.9	6.7	5.6	5.2
所要求的税前名义收益(资本利得加股利)	9.9	9.7	8.6	8.1
所要求的税前实际收益	5.9	5.7	4.6	4.1

* 表示资本利得税率为 20％,个人所得税率为 50％。随着在 1986 年《税收改革法案》中将最高个人所得税率下调至 28％,资本利得税率上调至 28％。在所有其他情况中,都假定最高个人所得税率为 28％。

A. B. Laffer Associates

相比之下,对当前税率进行指数化会使得只对所要求的实际增值部分征收资本利得税。因此,只会对 4.8％中的 0.8％这一所要求的股票增值部分征收资本利得税。指数化会消除税级攀升问题,并且使所要求的税前名义收益率从 9.7％降至 8.1％。

根据 1981 年《经济改革法案》,在最高个人所得税率为 50％的情况下,根据股利政策,3％的股利收益会产生 1.5％的要求税后收益。这使得 7％的税后名义收益中有 5.5％是由资本利得产生的(表 9.7 中的第 1 列)。当边际资本利得税率为 20％时,要求的税前股票增值率为 6.9％。这与税前股利相结合后,会带来 9.9％的税前名义收益。

这些计算可用来证明一些观点。例如,可以得出 1986 年《税收改革法案》中,个人所得税率从 50％降至 28％而资本利得税率从 20％升至 28％,会使得要求的税前名义收益从9.9%降至9.7%。根据我们所假定的通胀率为4%,要求的实际收益率会从5.9%降至5.7%。因此,当前的变化可以有效降低要求的最低收益率。

布什的提议是,将最高边际资本利得税率从28%降至15%,可以提升人们的投资意愿。根据他所提出的改革,要求的税前实际收益率会从5.7%降至4.6%,下降幅度达到24%。

有趣的是,根据我们所提出的在税法中引入指数化,并保持边际税率为28%,可以使要求的税前实际收益率降至4.1%。这甚至比在所提出的最高资本利得税率为15%下要求的税前实际收益率为4.6%更低。这一计算表明,在税法中引入指数化会对要求的最低收益率产生更有利的影响,并且刺激增加会对经济产生更大的影响。无论是布什所提出的将最高资本利得税率降至15%,还是对当前税率结构进行指数化,都显然优于当前的体系。如果进一步比较这两种可选方案的话,明显指数化是更优选择。

在过去9年里,美国的税收政策都在稳步迈向低税率环境。对詹金斯(Jenkins)的资本利得法案所进行的讨论,与之前对税率下调进行的讨论非常相似。[1]对于更低的指数化资本利得税率的支持者关注的是立法的刺激效应,并且提出詹金斯的计划会带来更快的经济增速和更高的就业率。反对者关注的是收入效应,继而认为詹金斯的计划无非是对富人减税,并不会使整体经济情况有所改观。

减少资本利得税是否真的能加强经济或股市表现是个实证问题。对市场如果看得长远些,其实股价反映的是未来利润的贴现值。从1969年起,对资本利得税率进行了5次重要的修正。在这3年中有效税率出现了上升:1969年、1976年和1986年;而在1978年和1981年这余下的2年里,有效税率出现了下降。有证据表明,股票市场在税率下调之后一段时期上涨幅度更大,而在有效税率上升这段时期下跌幅度更大。在税率下调之后12个月内,超额收益平均增长率为6%;而在资本利得税率上调之后一段时期,平均下降了10.5%。

对于詹金斯的计划,通过指数化条款可以使有效资本利得税率下降。[2]

---

[1] Arthur B. Laffer, "Reagan's Economic Proposals within a Supply-Side Framework", A. B. Laffer Associates, March 13, 1981; Arthur B. Laffer, "Economic and Investment Observations: Capital Gains Tax Rate Reduction", in Arthur B. Laffer and Jan Seymour, eds., *The Economics of the Tax Revolt* (New York: Harcourt, Brace, Jovanovich, 1979), pp. 95–105.

[2] See Chapter 10; Victor A. Canto and Arthur B. Laffer, "Capital Gains", A. B. Laffer Associates, May 4, 1989.

根据先前对于资本利得税率变化的经验，可以期待在接下去的 6~12 个月内，股价收益会超出平均水平。

9.8 对于资本利得立法的历史回顾

从 1921 年《税收法案》起，对资本利得就一直实行非常优惠的低税率：从 1942 年至 1978 年，对 50% 的资本利得免税；从 1979 年至 1986 年，对 60% 的资本利得免税。在大部分时间里，税率最高都不会超过 25%。

在 1969 年《税收改革法案》中，对那些有数额巨大的资本利得收入以及受益于优惠条款的人群设置了"最低"税率。该法案也将最高所得税率从 70% 降至 50%。此外，该法案规定用 3 年时间以另一种税率来逐步替代当前税率，这使得在 1972 年最高边际资本利得税率有效提升至 35%。到了 1972 年，按"最低"税率缴税的处于最高税级的纳税人，其所面临的有效资本利得税率为 45.5%。

1976 年《税收改革法案》通过提高最低税率，有效提高了资本利得税率，并且通过运用最低税率进行计算，使可抵扣数额减少了。因此，按"最低"税率缴税的处于最高税级的纳税人的有效资本利得税率为 39.875%。如果对这些纳税人也按最高税率计算，那么他们的有效资本利得税率将是 49.125%。1976 年的法案也延长了资本利得持有期限的"长期"概念，1977 年从 6 个月调整至 9 个月，1978 年调整至 12 个月。

对于 1978 年《税收法案》：(1) 不再对资本利得的最低税额与最高税额进行计算；(2) 将长期资本利得免税比例从 30% 提升至 60%。结果最高有效资本利得税率下降至 28%。1981 年的《经济复苏税收法案》将一般所得的最高税率从 70% 降至 50%，最高资本利得税率从 28% 降至 20%。

1986 年《税收改革法案》结束了资本利得免税政策，但将最高收入纳税人的一般所得的边际税率分别降低至 1987 年的 38.5% 和 1988 年的 28%。在 1987 年，所有纳税人的最高资本利得税率都为 28%。而到了 1988 年，那些处于 33% 边际税率一级的纳税人，对于他们的资本利得仍适用 33% 的税率。

9.9 股票价值从资本利得税减少中获益了吗？

通过一个方法可以估计出资本利得税立法的影响，即可以尝试在不存在有效税率变化的情况下，确定股市会如何表现。要做到这一点，可以观察下市场的历史表现,并使用其平均上涨率作为预期值。历史平均表现(预期值)和股市实际表现之间的差异,可以归因于资本利得措施。[1]尽管该技术并不完善,但是能让我们估计出资本利得税率变化的影响。如果资本利得立法能改善本国行业的盈利性,那么股市表现会超出平均水平。

由于没有确定的步骤可以用来选定一段时期以计算出累计超额收益,因此可以在事件期间选择两个不同的区间。第一个区间从事件发生月份(在该月立法生效)之前 12 个月开始;第二个区间在事件发生月份之后 12 个月结束。每个月的超额收益通过将特定月份所观测到的股市表现减去平均股市收益计算得出。累计超额收益通过将区间内每个月的超额收益累加起来计算得出。

结果表明,在有效资本利得税率上升后的 12 个月内,股市出现了下跌。累计超额收益在 1969 年下降了 6.59%,在 1976 年下降了 16.40%,在 1986 年下降了 8.53%。平均来看,市场下跌了 10.50%。在有效资本利得税率下降后的 12 个月内,股市出现了上涨。累计超额收益在 1978 年上升了 6.06%,在 1981 年上升了 6.44%。对于每一种情况,在 12 个月内,有效资本利得税率上升都造成了股市下跌,而有效税率下降都伴随着股市上涨。[2]

9.10 资本利得:一个提案

布什政府所提议的下调资本利得税率,最终成为财经新闻中最引人关注的一条。其中一些关键要素包括:

(1)对于短期和长期资本利得进行差别化征税;
(2)将长期资本利得税率从当前水平下调至 15%;
(3)对于缩小的税基征收 15% 的税率,但不包括艺术品、古董和住房;
(4)忽略指数化条款。

很明显,无论做出什么样的资本利得税率下调,本身都是好的。但是要在现实世界中实现资本利得税率下调,需要付出大量的政治资本。只要政府愿意付出,那么也会颇有收获。执政者由于没有问过什么才是对的而犯了错误——对所

---

[1] 对于该方法更为详细的描述,可参见 Victor A. Canto, J. Kimball Dietrich, Adish Jain, and Vishwa Mudaliar, "Protectionism and the Stock Market: The Determinants and Consequences of Trade Restrictions on the U. S. Economy", A. B. Laffer Associates, March 20, 1985.

[2] 唯一留下的问题是我们所做的估计在统计上的显著性。在大多数情况下,所估计的 t 统计量都低于一般显著性水平(具体数值为 2)。然而,这一结果并不是完全出乎意料。假定方差在事件发生月份前后出现了上升,那么很有可能在计算 t 统计量的时候,我们高估了标准误差。

有资产(包括艺术品、古董和住房)的资本利得税率都进行了下调(长期和短期)。

我们发现,即使如果我们是国会议员也会勉强投出赞成票,但执政者的下调资本利得税率提案是有严重缺陷的。我们相信的是:

(1)对于短期资本利得和长期资本利得不该进行差别化征税;

(2)应完全覆盖艺术品、古董和住房;

(3)应覆盖每一类投资者;

(4)可以预期到会对资本利得指数化;

(5)对一些资产的超额折旧部分可以相应按普通税率征税。

9.11 执政者提案的问题

执政者的提案就其所处的立场而言,至少会产生3个意想不到的影响:

(1)对于短期资本利得和长期资本利得进行差别化征税,会有效导致在不同时期持有相似资产也存在差别化税率。无论何时出现差别化税率,都会有力刺激经济主体将在正常情况下按更高税率缴税的收入,转变成按更低税率缴税的收入。差别化征税会造成避税和逃税活动,这会使经济效率下降,并且使政府的税收收入减少。短期资产持有者会被锁定在那些对所有方面都造成损害的投资项目上。这些问题显然可以通过对所有到期资产使用统一税率来消除。

(2)对一些资产的超额折旧部分可以相应按普通税率征税。如果真的存在这种情况,那么从逻辑上,住房作为一种逃税方法就很危险,因此为了避免对这一政策的过分滥用,应当将这些资产从资本利得税率下调项目中剔除出去。错了!如果超额折旧才是问题所在——这确实是个问题,那么对折旧的超额部分可相应按普通所得税率征税,而对实际资本利得按更低的税率征税。有两个错误,尽管很恼人,却没对其妥善处理好。

(3)通货膨胀、持有期限和法律规定的边际资本利得税率之间的相互影响,对于不同投资的有效边际税率会产生额外的显著影响。

考虑一项资产的原始价值为100美元。假定在第一年末,资产升值到120美元。如果出售,名义资本利得为20美元,而在当前的法律下,最高资本利得税为5.60美元(20美元的28%)。如果在该年,通货膨胀占到了资本利得中的10美元,那么实际经济资本利得就是10美元,在这种情况下,平均有效资本利得税率为56%,而不是法定税率28%。

在当前资本利得税条款下,通胀率上升会提高有效资本利得税率。表9.6中给出了在未进行指数化的15%资本利得税率下,能得到28%有效税率的通胀率和实际收益率组合。因此可以得出，对于合适的实际收益率（如不超过5%）以及超过4%的通胀率，在指数化条件下，投资者收益情况更佳。

所提出的未进行指数化的税收体系的另一个未意料到的影响是，它"锁定"了资产持有者。当前税收体系并不会对资本利得进行累加，而由于没有进行套现，资产持有者会按照税前收益率对资本利得计算复利。反过来，如果投资者兑现了资本利得，那么只会对税后收益计算复利。类似地，如果在实行低税率时剔除住房这一项，那么只会更加刺激人们坚决持有住房所带来的资本利得，直到房东到了年纪，符合条件享受那千载难逢的一次对12.5万美元资本利得免税的机会。这种免税机会显然是当前税法在处理由通货膨胀所导致的收入虚增时的一种非常粗糙的方法。

如果运用的是逆向指数化，那么很可能会造成巨大的收入损失。进一步来说，对过去的通货膨胀进行修正并不会改变未来的刺激或者行为。因此，从收入和刺激的角度来看，正确的处理方法应当是进行预期性指数化，而不是逆向指数化。预期性指数化可以使未来税级攀升幅度减小，并且能刺激人们为了获得长期资本利得而进行投资。

指数化并没有完全解决"锁定效应"。唯一能"解锁"的方法是对资本利得进行累加。然而在政治上和具体实践中，存在太多争议了。直接的解决办法（即指数化）更优，并且能带来额外的好处，即显然能减小"锁定效应"（尽管无法完全消除）。所提议的下调最高税率可以对过去的通货膨胀做出一定修正，但是也无法保护投资者免受未来会出现的通货膨胀的影响。还有一点，即使相对来说存在很小的反馈效应，但预期性指数化丝毫不会扩大赤字，这样对所有人来说也更公平。[1]

9.12　预算的影响

收入的影响是最具争议的话题。尽管我们相信，资本利得税率应当为零，但是这样一种税率在政治上是不可行的，因为其显然会造成短期的收入损失。尽管我们相信资本利得税率下调所造成的损失会通过政策本身及时得到补偿，但是在当前的GRH法律程序下，会不得不立即弥补这些收入损失。

---

[1] Alan Murray and Michael McQueen, "Bush to Unveil Big Package of Proposals on Taxes Next Week, Including Capital-Gains Levy Cut to 15 Percent", *Wall Street Journal*, January 30, 1989, p. 43; David Wessel, "Bush Sees ＄5 Billion Revenue Gain from Cut in Tax on Capital Gains", *Wall Street Journal*, February 8, 1989, p. A3.

从历史上来看，资本利得税收入包含了5%的个人所得税收入和不到2%的全部联邦收入，而且股票交易所带来的资本利得只占到了全部资本利得的1/3。因此，如果从静态框架角度来看，资本利得税对于经济的影响可能很有限。如果要让税率下调对经济产生所希望的效果，那么必须通过增加刺激来对经济行为产生深远的影响。

所有股票中最重要的1%部分和税收收入中最重要的1%部分所提供的资本利得占到了50%以上。因此，这样一种观点似乎比较合理，即通过税率的大幅下调（从28%下调至15%），静态收入损失中至少有一半可以避免。于是可以得出，所避免的静态收入损失占全部资本利得税收入的25%。这会导致个人所得税收入大约减少1%，因为资本利得税收入占到了全部个人所得税收入的5%。由于各种原因所造成的收入损失差不多为0.5%。

就长期资本利得税率下调是有效的这一点而言，最好的投资形式会得到鼓励。我们赞同政府的这一观点，即资本利得税率下调本身会得到补偿。然而反对者提出，长期资本利得税率下调是会造成净收入损失的政策。只有在短期，由于释放了过去的资本利得，收入才会增加。这一观点上的差异导致人们对任何形式的资本利得税率下调都有所误解。如果根据GRH方法来计算的话，可以预期税率下调会产生赤字。在这种情况下，动态GRH可能会迫使政府考虑其他税收项目，因为按照法律规定会要求减少其他支出。这造成如果只是单独进行资本利得税率下调的话，那就相当于只是做做样子。但它如果是和更宽泛的一揽子政策一起推出的话，能否发挥作用又实在是很难确定。

我们目前所讨论的一个建议是，通过提高联邦汽油税来抵消资本利得税率下调的影响。[1] 汽油税牵涉面相当广，如果人们尝试对此避税会扭曲对于工作的激励。汽油税上调会对不同地理区域和不同收入人群产生不同的影响。显然，这会提高那些汽油费占其支出很大一部分的人群的累进税有效税率。尽管很难做出评估，但是很明显汽油税的经济效应将会出乎人们的意料。有建议认为，应将税负从一部分人身上移至另一部分人身上。上面所提出的"抵消"策略并不能提高经济效率，因此也就不可能被接受。即使所提议的是对每加仑征收5美分汽油税，并且获得了里根政府的通过，但我们还是持和总统截然相反的意见。他的那封表示愤怒的回信至今仍贴在我们办公室的墙上。

---

[1] 在《华尔街日报》的一篇文章中，艾伦·穆雷（Alan Murray）和杰弗瑞·H.伯恩鲍姆（Jeffery H. Birnbaum）对于我们针对布什的提议而提出的上调汽油税给出了建议。但是，他们的陈述不对。我们并不赞成进行这种抵消。See Alan Murray and Jeffery H. Birnbaum, "Opposition Stirs to Possible Boost in Gasoline Tax", *Wall Street Journal*, May 2, 1989, p. A2.

9.13 供给侧备选方案

有一个更简单的方法可以提高必要收入，同时能修正当前所提出的资本利得税率下调所造成的抑制效应。可以思考一下1986年《税收改革法案》的影响。最高资本利得税率从20%上调至28%，极大地激励了投资者在1986年就实现资本利得。投资者原本打算持有的时间越长，激励的效果就越大。而所处税级位于最高税率之下的人们也会受到激励去兑现资本利得。供给侧经济学家发现了这些激励的作用，预测由于应纳税投资者会采取行动以应对资本利得税率上调，将使得资本利得税收入出现一次大幅增加。[1]

在全国的各个州议会大厦中，传统经济学家都没能预测到1987年资本利得税收入会实现大幅增加。而之后，由于他们怀疑唯一一次减税机会是否会造成如此深远的影响，那些按照标准方法对税收收入进行预测的经济学家们一错再错。他们认为，这一让人"吃惊"的税收增加趋势会一直发展下去而不是暂时的。这造成他们预测在接下去的10年里，资本利得税收入会越来越高。然而，1986年使人们实现资本利得的特别激励之后没有出现过，预期收入并没有实现。事实上，收入减少了。

类似的效应也可以在联邦一级发现。1986年税收收入增加幅度前所未见。收入翻了一倍都不止，从1985年245亿美元增加至1986年497亿美元。大约有60%的收入增加直接是由于提前宣布税率上调而激励人们实现资本利得所导致的。1986年《税收改革法案》所带来的经历可以让我们了解到，如果提前宣布税率会发生变化，"锁定效应"会有多么敏感。这也提供了一种方法可以诱使人们提前实现资本利得：暂时在1年内将资本利得税率降至低于长期完全指数化的28%税率水平。这样的调整可以部分消除先前的虚增资本利得，同时也能"解锁"资本利得，使其流入资本市场。一次性下调会在短期产生收入的意外增加，并且不会存在动态反馈效应。实际上，那些认为资本利得税率下调是一项会造成净收入损失政策的反对者，也会同意由于存在"解锁效应"，该政策的短期效应为正。

我们的目标是，对一些目前已经发现的预算约束找到可行的解决办法。我们的提案是，设计一种方法捕捉到"解锁效应"，从而能为资本利得税率指数化

---

[1] Truman A. Clark, "When to Realize Capital Gains", A. B. Laffer Associates, September 26, 1986.

提供资金,具体如下:

一年一次性下调至15%。这可以减轻"锁定效应",并且能部分减少通货膨胀所导致的虚增资本利得。

在一年里实行15%的资本利得税率,会激励资产持有者将他们已经锁定的资本利得兑现。这样的资本利得税率下调会促使收入出现一次大幅增加。如果参考一下1978年和1986年的经历,从静态收入角度进行评估的话,这样一次收入大幅增加可以减轻GRH法案导致的预算压力。[1] 在1986年所增加的资本利得税收入中,有60%(150亿美元)应归因于人们受到激励提前兑现了资本利得。

然而,对于宣布税率下调应非常当心。例如,如果税率下调要在下一年的1月1日才开始实行,那么从当前起至年末,资本利得的实现会减少。因此,要到下一年初才能观测到所实现的资本利得大幅增加。避免这个问题的一个方法是,可以让税率下调能追溯到引入立法之时起。

在一年过去后,资本利得税率会回到它当前的水平上,完全可以进行预期性指数化。指数化可以消除税级攀升问题,并能直接刺激资本形成。

这些措施的影响是,可以使新投资的要求回报率下降,进而为投资增加、生产力提高和生活水平提高创造条件。此外,这可以使美国在世界上变得更有竞争力。考虑到日本和西德的税法都已对资本利得免税,指数化可以使美国更接近于这些国家的税法。

9.14 结论

所提出的将最高资本利得税率从28%下调至15%会对经济产生一些有益的影响:这能使投资者所要求的最低回报率下降,从而扩大投资并提高当前利润(资本利得)流的估值。这可能会使股票价值上升、税基扩大。在长期,这能增加资本利得税收入。然而在《葛兰姆—拉德曼—霍林斯法案》下,对任何程度的静态收入损失都要立即进行弥补。尽管采取资本利得税率下调政策正是美国经济所需要的,但是还可以采取另一种可能更优的方案:在资本利得税法中明确规定指数化,同时遵循能降低通胀率的国内价格规律,这甚至会对美国经济产生更为有益的影响。

---

[1] Arthur B. Laffer, "Capital Gains Tax Rate Reduction", H. C. Wainwright & Co., August 1, 1978; Michael R. Darby, Robert Gillingham, and John S. Greenlees, "The Direct Revenue Effects of Capital Gains Taxation: A Reconsideration of the Time-Series Evidence", *Treasury Bulletin*, June 1988.

第10章

程式化事实以及资本利得税率下调和指数化谬误

维克托·A.坎托、阿瑟·B.拉弗

如果投资的实际收益超过了通胀率,那么将资本利得税率从当前的28%下调至15%且不进行指数化,应当优于单纯进行指数化。而在通胀率高于实际收益的情况下,应优先考虑进行指数化。当资本利得税率为20%时,如果通货膨胀占到了实际收益规模的40%,可以得到均衡点。

这解释了为什么在"大屠杀"之后,人们更倾向于几乎任何程度的税率下调,而不是指数化。我们永远不该让"最好的事"与"好事"之间互相冲突。总的来说,我们的观点是,相比于现实中的税率下调,我们可以通过指数化的资本利得税率下调受益更多。未来国会更有可能再把税率调上去,而不是实施指数化。最后要提到的一点是,似乎对于我们来说,指数化建议相比于税率下调覆盖面更宽。[1]

无论情况如何,是实施税率下调还是指数化,抑或是两种政策的一定组合,我们所有人的情况都会得到大幅改善。无论是什么形式的资本利得税,相对于核心要点而言,在逻辑基础上都是有点儿问题的。尽管赫伯特·斯坦(Herbert Stein)在《华尔街日报》社论版上做了一次激动人心的讨论,但是他将篮球运动员捞金百万美元和企业家赚取百万美元资本利得进行类比是不对的。[2]这两种情况不是一回事。资本利得既不是收入,也不是资产收入的价值。将资产价

---

[1] 参见第9章。
[2] Herbert Stein, "Common Sense on Capital Gain", *Wall Street Journal*, August 23, 1989, p. A11.

值的变化当做收入来处理太想当然了。如果对收入征税了,那么对资本利得就不该再征税。政府可以选择是对资产价值还是对其产生的收益征税,但不可以对两样都征税!这么做就是在重复课税。

根据字面意思,资本利得是现有资产价值的升值部分。因此,升值仅仅反映了资产税后收益率的增长情况。资产未来税后收益中所蕴含的税收意义,已经完全反映在了资产价格或者价格的变化中。对资产收益征收50%的所得税,会使得任意资产的税前资本利得减少50%。征收任何其他的税,严格来讲就是在重复课税,因此是完全不对的。

我们已经表明了正确的态度,任何程度的有效资本利得税率下调都是为了使情况得到改善。相应的预期以及资本利得税率下调已经对股市和经济增长做出了贡献,并且还能继续做出更大的贡献。

目前在媒体上,至少对3种不同的提案进行了讨论。[1]

(1)根据布什的计划,将长期资产的资本利得税率下调至15%,且不进行指数化。该提案不涉及房地产、木材和收藏品。

(2)根据詹金斯的计划,将持有超过1年的资产(如果是在1991年底前出售)的税率下调至19.6%。之后该计划会将最高税率回调至28%,并进行指数化。该提案涉及房地产和木材,但仍旧不包括收藏品。[2]

(3)根据罗斯滕科斯基(Rostenkowski)的计划,对在1989年7月31日后购买的资产进行指数化。对在1989年7月31日前购买的资产都不进行指数化。对于那些持有超过5年并且也是在1989年7月31日后购买的资产,出售者可以选择是进行指数化,还是在不考虑实际资本利得的情况下,基于出售价格的75%缴税。在10年之后,出售者可以运用指数化方法,或者选择基于出售价格的50%缴税。该计划中不包括优先股、债券、外国公司股票以及无形资产,但包括房地产、公司股票和木材。

10.1 程式化事实

资本利得税立法所传递的信息会对有效税率和企业的资本成本产生显著影响。根据当前税法,是对名义资本利得征收资本利得税。因此,资本利得不

---

[1] David Wessel, "Competing Capital Gains Plans in Congress Pit High-Rolling Investors against Cautious Crowd", *Wall Street Journal*, August 9, 1989, p. A12.

[2] 詹金斯的提议与我们之前所提出的实施资本利得税率下调非常像。See Victor A. Canto and Arthur B. Laffer, "Capital Gains", A. B. Laffer Associates, May 4, 1989.

会对价格水平的变化进行调整。结果是,法定税率远远低估了资本利得税对于刺激的影响。

由于存在通货膨胀,所计算得出的资本利得有一部分是虚增的。通过对价格水平进行调整,可以估计出实际资本利得。再通过将所有资本利得税收入与实际资本利得相比较,可以估计出有效资本利得税率。

为了阐述所有法定税率对于未进行指数化的资本利得税率的抑制作用的低估程度,可以考虑一项资产原始价值为100美元,假定在第一年末,资产升值到120美元。如果出售,名义资本利得就是20美元,并且根据当前的税法,最高资本利得税将是5.60美元(0.28×$20)。如果在该年,资本利得中有10美元是通货膨胀带来的,那么实际资本利得就是10美元,在这种情况下,有效资本利得税率就是56%,而不是法定税率28%。如果在另一种情况下,资产升值到130美元,而通货膨胀占到了20美元,那么实际价值仍旧是升至110美元。然而名义资本利得将是30美元,最高税负将是8.40美元(0.28×$30)。因此,有效平均税率将升至84%。

只要通胀率等于实际收益率,有效资本利得税率就将是名义资本利得税率的2倍。类似地,当通胀率为实际收益率的2倍时,有效税率就将是法定税率的3倍,或者说达到了84%,并可以此类推计算。通胀率、实际收益率和相应的有效税率的组合见表10.1。表中给出了可以发挥相等影响、使资本利得税率为15%的组合,而这也正是布什总统所提出的税率。

10.2 资本利得税率下调的影响

无论在何种情况下,资本利得税率从28%下调至15%都会使有效收益增加46.4%。但是,如果实际收益占到了全部收益的28%,也就是说,通货膨胀占到了全部收益的72%,那么资本利得税率从28%下调至15%会使得有效税率从98%降至52.5%。这样的例子包括通胀率为5%、实际收益率为2%,或者通胀率为2.5%、实际收益率为1%的情形。

换个角度,当通货膨胀水平较低,比如说只占到了全部收益的50%,那么资本利得税率从28%下调至15%会使得有效税率从56%降至30%。很明显,如果不存在通货膨胀,有效税率会从28%降至15%。

表 10.1 通胀率和资本利得税率(加粗的为 28%,其余的为 15%)相互影响下所得出的有效资本利得税率

实际收益	2	4	6	8	10	12	14	16	18	20	22	24
24		**30.3**	**32.7**	**35.0**	**37.3**	**39.7**	**42.0**	**44.3**	**46.7**	**49.0**	**51.3**	**53.7**	**56.0**
24		16.3	17.5	18.8	20.0	21.3	22.5	23.8	25.0	26.3	27.5	28.8	30.0
22		**30.5**	**33.1**	**35.6**	**38.2**	**40.7**	**43.3**	**45.8**	**48.4**	**50.9**	**53.5**	**56.0**	**58.5**
22		16.4	17.7	19.1	20.5	21.8	23.2	24.5	25.9	27.3	28.6	30.0	31.4
20		**30.8**	**33.6**	**36.4**	**39.2**	**42.0**	**44.8**	**47.6**	**50.4**	**53.2**	**56.0**	**58.8**	**61.6**
20		16.5	18.0	19.5	21.0	22.5	24.0	25.5	27.0	28.5	30.0	31.5	33.0
18		**31.1**	**34.2**	**37.3**	**40.4**	**43.6**	**46.7**	**49.8**	**52.9**	**56.0**	**59.1**	**62.2**	**65.3**
18		16.7	18.3	20.0	21.7	23.3	25.0	26.7	28.3	30.0	31.7	33.3	35.0
16		**31.5**	**35.0**	**38.5**	**42.0**	**45.5**	**49.0**	**52.5**	**56.0**	**59.5**	**63.0**	**66.5**	**70.0**
16		16.9	18.8	20.6	22.5	24.4	26.3	28.1	30.0	31.9	33.8	35.6	37.5
14		**32.0**	**36.0**	**40.0**	**44.0**	**48.0**	**52.0**	**56.0**	**60.0**	**64.0**	**68.0**	**72.0**	**76.0**
14		17.1	19.3	21.4	23.6	25.7	27.9	30.0	32.1	34.3	36.4	38.6	40.7
12		**32.7**	**37.3**	**42.0**	**46.7**	**51.3**	**56.0**	**60.7**	**65.3**	**70.0**	**74.7**	**79.3**	**84.0**
12		17.5	20.0	22.5	25.0	27.5	30.0	32.5	35.0	37.5	40.0	42.5	45.0
10		**33.6**	**39.2**	**44.8**	**50.4**	**56.0**	**61.6**	**67.2**	**72.8**	**78.4**	**84.0**	**89.6**	**95.2**
10		18.0	21.0	24.0	27.0	30.0	33.0	36.0	39.0	42.0	45.0	48.0	51.0
8		**35.0**	**42.0**	**49.0**	**56.0**	**63.0**	**70.0**	**77.0**	**84.0**	**91.0**	**98.0**	**105.0**	**112.0**
8		18.8	22.5	26.3	30.0	33.8	37.5	41.3	45.0	48.8	52.5	56.3	60.0
6		**37.3**	**46.7**	**56.0**	**65.3**	**74.7**	**84.0**	**93.3**	**102.7**	**112.0**	**121.3**	**130.7**	**140.0**
6		20.0	25.0	30.0	35.0	40.0	45.0	50.0	55.0	60.0	65.0	70.0	75.0
4		**42.0**	**56.0**	**70.0**	**84.0**	**98.0**	**112.0**	**126.0**	**140.0**	**154.0**	**168.0**	**182.0**	**196.0**
4		22.5	30.0	37.5	45.0	52.5	60.0	67.5	75.0	82.5	90.0	97.5	105.0
2		**56.0**	**84.0**	**112.0**	**140.0**	**168.0**	**196.0**	**224.0**	**252.0**	**280.0**	**308.0**	**336.0**	**364.0**
2		30.0	45.0	60.0	75.0	90.0	105.0	120.0	135.0	150.0	165.0	180.0	195.0

通胀率

相等影响换算系数:1.17*、1.25*、1.33*、1.5*、2*、3*、4*、5*

* 相等影响换算系数:相等影响射线描述了会对有效税率产生相等影响的实际收益率与通胀率组合。

注:将换算系数乘以名义资本利得税率可以得出有效资本利得税率。

A. B. Laffer Associates

另外,如果对通货膨胀进行指数化,会使得全部有效税率降至法定税率水平。因此,指数化可以使有效税率从 98%(可参考前面的例子)降至 28%;而将资本利得税率降至 15%,只能使有效税率从 98% 降至 52.5%。在另一种极端情况下,如果不存在通货膨胀,指数化不会产生任何影响。

每一个希望实际收益占全部收益比重超过 53.6％（略超过一半）的人，都会更倾向于将税率从 28％降至 15％，而不是在 28％的税率水平上直接进行指数化。如果预期实际收益占全部收益的比重不到 53.6％，那么进行指数化会更受青睐。如果实际收益占全部收益的比重超过 70％，那么人们会更倾向于采取詹金斯所提议的在最初两年将资本利得税率设定为 19.6％，而不是对当前 28％的税率水平进行指数化。

10.3　罗斯滕科斯基所提供的选择

简单来说，罗斯滕科斯基所提供的另一种缴税方案很不同寻常。但是，对罗斯滕科斯基所提供的方案需要进行仔细的审视。在我们看来，最大的问题是，国会是否会让这种选择方案一直延续到 20 世纪 90 年代末期？每一个多少有些了解政治的不切实际特点的人都知道，要让国会把政策一直持续实施下去就是种奢望。为什么罗斯滕科斯基会提出如此异想天开的方案，值得推敲一番。

就像詹金斯的提案一样，罗斯滕科斯基的提案可以让资产持有者在如下两种方案中做一选择：资本利得税率为 28％，并对通货膨胀进行指数化；或者对于持有 5 年的资产，基于资产价值（原始价值加上资本利得）的 75％征收一般所得税。10 年后，对于升值 50％的部分免税。

如果一项资产是按 100 美元购得，5 年之后升值了 100 美元，资产持有者可以选择是出于缴税目的对资本利得进行指数化，或者是基于资产价值的 75％缴税。在这两种选择下，税率都维持在 28％。对于后一种选择，税负是 42 美元（0.75×＄200×0.28）。如果价格水平在 5 年内保持不变，那么实际资本利得将是 100 美元，相应的税负为 28 美元。甚至在不存在通货膨胀的情况下，纳税人也不会选择罗斯滕科斯基的方案。如果存在通货膨胀，资本利得和税负会按照价格水平上升的幅度下降。在这个例子中，资产持有者还是不会选择免税方案，而是选择缴纳资本利得税。

假定不存在通货膨胀且时间设定为 5 年，那么只有在资产价值上升超过 300％或者每年上升 32％的情况下，资产持有者才会选择在 5 年内进行指数化。那么只有在这种情况下，对资产价值的 3/4 按 28％征税所得，会少于对资产价值不足 100 美元部分按 28％征税所得。而在通货膨胀情况下，数字甚至会表现得更为夸张（如表 10.2 所示）。

表 10.2　根据罗斯滕科斯基的提案,均衡点处资产名义年收益:
另一种资本利得税与指数化的比较

通胀率(%)	对资产价值的 3/4 选择 5 年指数化(%,P.A.)	对资产价值的 1/2 选择 10 年指数化(%,P.A.)
0	31.96	7.18
1	33.28	8.25
2	34.60	9.32
3	35.92	10.39
4	37.24	11.46
5	38.56	12.54
6	39.88	13.61
7	41.20	14.68
8	42.52	15.75
9	43.84	16.82
10	45.16	17.89

A. B. Laffer, V. A. Canto & Associates

10 年后,根据罗斯滕科斯基的方案,可以基于资产价值的一半进行全额缴税,或者进行指数化,对实际资本利得全额缴税。需要再提一次,如果不存在通货膨胀,要选择这一方案的话,年均实际收益率必须达到 7.18%(如表 10.2 所示)。很明显,随着通胀水平上升,实际收益率也必须上升。具体组合如表 10.2 所示。罗斯滕科斯基的方案可以使那些投资收益率极高的人受益。

10.4　指数化问题

上面所有提案在指数化概念的运用上都彻底错了。他们所采取的是,将投资期内整体消费者价格指数的百分比变化去乘上原始投资金额,所得到的结果就成为调整后的税基。但是,我们也无从知晓实际收益究竟该是多少,因为这一计算方法无法对通货膨胀完全进行指数化。

在第一年、第二年、第三年、第四年和随后的年份里,上一年的实际收益和当年的通货膨胀之间的相互作用会逐渐增强。而对这一相互作用没有进行指数化。如果一项 100 美元的资产在第一年的实际收益率为 30%,通胀率为 10%,那么资产的名义收益率将是 43%(1.1×1.3−1.0)或者说 43 美元,其中有

3%(3美元)是由这种相互作用形成的。从指数化角度来看,对通货膨胀调整后的税基是110美元,并且应同时对30美元的实际收益和3美元的相互作用项征税。

第二年的情况可以让这一观点更为清晰。如果在下一年没有实际收益而只存在10%的通货膨胀,那么在第二年末资产价值将达到157.30美元(1.1×143)。而根据前面每一种针对指数化的提案,第二年的通货膨胀只会带来11美元(110×1.10-110)的额外收益。实际上,通货膨胀为资产带来的资本利得是14.30美元。这3.30美元的差值就是虚增资本利得,完全该对其进行征税。

很清楚,对资产持有得越长,实际收益就越高,通货膨胀水平就越高,需要征收资本利得税的虚增资本利得数额就越大。这些效应很显著。在表10.3中,我们以5年期罗斯滕科斯基方案为参照,阐述了运用詹金斯、罗斯滕科斯基等人错误的提案所造成的影响大小。

表 10.3　　　　　　　　根据当前指数化提案所得出的有效税率

实际收益率(%)	通胀率(%)	在当前指数化提案下的有效税率(%)
1	1	28.70
2	2	29.39
5	5	31.40
10	10	34.55
50	50	49.48
100	100	54.30
1	3	30.32
10	30	50.98
100	300	108.50
2	1	28.64
20	10	33.47
200	100	41.83

A. B. Laffer, V. A. Canto & Associates

10.5 股票市场与资本利得

无论怎样对资本利得税率进行下调，就其本身的作用而言，都会提高现有资产的实际价值，继而影响股票市场。那么就有两个问题：第一，根据不同的提案，上涨幅度该多大？第二，预期的上涨有多少已经在市场中实现了？对于第二个问题，相信目前差不多一半的影响我们已经经历过了。

为了能确定上涨的幅度，我们必须提出几个假设。如果我们能假设对于股东而言，在税后条件下市盈率是稳定的，那么我们的问题就会简单很多。如果假定通胀率为4%，而投资者在扣完所有的税后所要求的实际收益率为3%，那么股东扣完所有的税后，收益率需要达到7%。

对于企业而言，如果其支付3%的股息率，那么在扣掉28%的个人所得税后，就相当于向股东支付了2.2%的股息率。这使得扣完所有的税后，名义资本利得创造的收益率为4.8%。当资本利得税率为28%时，如果要向股东支付扣完所有的税后达到4.8%的收益率，税前资本利得必须达到6.7%。

综上所述，企业必须向股东支付3%的股息率和6.7%的资本利得，即总计（向股东）提供9.7%的税前收益率，这样股东就能获得扣完所有的税后达7%的收益率。当企业所得税率为34%时，对于资产要求的企业/个人所得税前收益率必须达到14.7%。

在布什的提案中，他期望从长期资本利得角度，仅仅将个人资本利得税率从28%降至15%，对于短期资本利得仍以28%的税率征税，而且长期资本利得税率的下调并不适用于所有的资产。然而，即使所有的资本利得税率都从28%下调至15%——显然这比布什的提案夸张得多，我们也可以很轻松地计算出总效应。

根据我们的设想，股东仍可以得到2.2%的扣完所有税后的股息率（扣除企业所得税但未扣个人所得税时为3%），以及4.8%的扣完所有税后的资本利得税率（如表10.4所示）。如果资本利得税率为15%而不是28%，那么税前收益率会是5.6%而不是6.7%。因此，如果要向股东提供扣完所有税后达7%的收益率，那么扣完企业所得税后的收益率应该是8.6%而不是9.7%。

在税率为28%的情况下，扣除企业所得税前的收益率必须是14.7%而不是13.0%。假定除了资产估值外其他条件都不变，所有资产的价值会上升13%（14.7÷13.0−1）。以道琼斯工业平均指数为例，将会上涨约250点。如果考虑到我们的假设中所存在的放大效应，那么根据布什的提案，上涨100～150点似乎也是合理的。

表 10.4　　　　对税前收益率征收不同资本利得税率的影响　　　　单位:%

	资本利得税率为28%	资本利得税率为15%	资本利得税率为28%（指数化条件下）
剔除通货膨胀后所要求的税后股票收益	3	3	3
预期通胀	4	4	7
所要求的税后名义收益	7	7	7
股利产生的所要求的税后名义收益部分 [3%收益×(1-所得税率)]	2.2	2.2	2.2
资本利得产生的所要求的税后名义收益部分	4.8	4.8	4.8
资本利得产生的所要求的扣除个人所得税前收益	6.7	5.6	5.2
所要求的扣除个人所得税前名义收益(资本利得加股利)	9.7	8.6	8.1
所要求的扣除个人所得税和企业所得税前名义收益 (资本利得加股利)	14.7	13.0	12.3

A. B. Laffer, V. A. Canto & Associates

对指数化进行完全相同的计算——这工作不太费脑力，很枯燥也很无聊——可以得出企业所得税前收益率为12.3%，而不是未指数化时的14.7%。假定除了资产估值外其他条件都不变，资产价值会初步升值19.5%(14.7÷12.3-1)，或者相当于道琼斯工业平均指数上涨约500点。指数化的放大效应没有按布什那种方式进行税率下调的效应大。最理想的情况是，指数化对于道琼斯工业平均指数的影响为300~400点。

10.6　怪人、离经叛道者和异想天开的人

有幸的是，对于我们这些需要从每日工作中忙里偷闲的人，这些围绕资本利得的争论可以提供一些真正的乐趣。哈佛大学的拉里·萨默斯(Larry Summers)作出的阐述，让所谓的夸大其词有了一层新的含义。可以想象一下，当他将布什的提案描述为"可能是共和党史上最糟糕的一项税收提案"[1]时，他会表现得有多么激动。萨默斯其实是说了另一个大笑话。"如果你能容忍通货膨胀，那么也就消除了在使通货膨胀情况减轻时会面临的政治压力。"[2]这话说

---

[1] Don Goodgame, "Losing Big in Capital Gains", *Time*, August 14, 1989, p. 53.
[2] Wessel, "Competing Capital Gains Plans in Congress".

的有点儿像是政治经济概念更让人痛苦的一个版本。然而,真正有意思的是那些虽没有说出来,但对萨默斯的阐述击中要害的事情。如果采取指数化,那么政府就无法从通货膨胀中获益。究竟怎样做才能拿掉那根"大胡萝卜"——鼓励通货膨胀?

《时代》杂志的罗恩·古德盖姆(Ron Goodgame)说下面的提议是一些"专家"的意思:"对只在(比如说)1990年1月1日以后购买的资产下调资本利得税率,以新投资而非先前投资为目标。"[1]目前不正是这一提议使得一些快速出售和再售交易变得合情合理吗?但是古德盖姆基于逻辑上的一致性而变得大胆无畏,继续进一步解释道:"应对每一次股票或债券出售征收证券交易税,以进一步鼓励长期投资而不是频繁交易。"[2]

可能在所有提议中,最好的是艾伦·雷诺兹(Alan Reynolds)所写的一篇题为《指数化还不够》(Indexing Isn't Enough)的文章:

> 就像人们在买一套新房子之前,不得不先把老房子卖掉一样,他们为了能将股票换成新的盈利丰厚公司的股票,而经常不得不先抛掉业绩衰退公司的股票。此外,资本利得税是对出售资产而不是购买资产的一种惩罚。[3]

通过让每一个现有资产的卖方,都恰好面对的是同一个买方,就能直接看出这种想法有多么愚蠢。一个人可以先卖掉一套房子再去买另一套,但从总体来看,所有人无法都做到先卖掉一套再各自买一套。对于每一个买方而言,都必须有一名对等的、作为对手方的卖方。市场无法做到先出售一种资产再购买另一种资产。市场唯一能做的是,调整现有资产的相对价格。

与上面的想法一样愚蠢的是,只单独对买方或卖方征税。所有的税都像楔子一样,会同时对支付价格(买方价格)和出售价格(卖方价格)产生影响。每一种税都是同时对买方和卖方征收,资本利得税也不例外。

---

[1] Goodgame, "Losing Big in Capital Gains".
[2] 同上。
[3] Alan Reynolds, "Indexing Isn't Enough" (Morristown, N. J.: Polyconomics, Inc., August 4, 1989).

第11章

13日是星期五：政府面临的"三巫聚首日"

维克托·A.坎托、阿瑟·B.拉弗

一篇又一篇新闻报道都是关于1987年10月13日星期五美国股市所发生的情况的,在新闻工作者所制作的巫婆汤中,人们仿佛能看见那半隐半现的鬼魂,听见那诡异的空灵之声,感受到那种黏滑的感觉,闻到一股夹杂着麝香味的腐臭。但不幸的是,事实情况并没有如此的戏剧性。但是,那个星期五所发生的事情让那些凶手所犯的卑鄙罪行曝了光。

参议院多数党领袖乔治·米切尔靠一己之力就使美国的劳动者所积累起来的养老金福利损失了7%,并使全球市场出现下挫。如果允许他的措施继续执行下去,那么还会在接下去的几个月和几年里损失掉许多就业岗位,同时会(尽管他声称不会)导致更大规模的赤字。

在10月13日星期五,参议院扼杀了资本利得税率下调政策。事实情况是,13日是星期五,大家对于股市下跌都无能为力。乔治·米切尔应对下跌负完全责任。股市出现下跌的原因就是,从市场的未来情况看,该事件改变了投资者的看法,进而影响了股票估值。根据我们的分析,对资本利得立法的消息会使市场上涨400～500点。[1] 我们还估计,市场已经吸收了差不多一半的资本利得。因此,如果对资本利得进行立法没有具体实现,市场将会下跌200～250点(如图11.1所示)。

---

[1] See Chapter 10; Victor A. Canto and Harvey B. Hirschhorn, "Capital Gains and the Stock Market", A. B. Laffer, V. A. Canto & Associates, October 10, 1989.

图 11.1 道琼斯工业平均指数

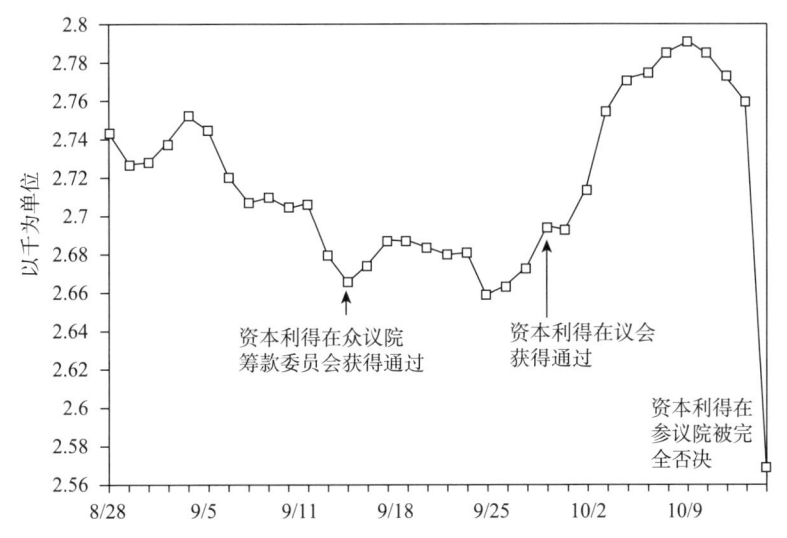

Source: *Wall Street Journal*.

这段时间金融市场已经证实了我们的观点。在这一周最初几天,当有可能米切尔参议员正通过程序上的步骤阻止对资本利得的修正时,市场已经开始下跌了。包括星期五在内,累计下跌幅度达到214点——恰好落在我们对于没有通过资本利得税率下调的分析中所预测的200～250点区间内。我们个人并不觉得,还有什么比出人意料地对这一真正的好政策的扼杀对这一周所发生的情况影响更大的了。

那些现在为能成功地否定布什和美国人民所非常渴望得到的东西而欣喜若狂的人,也得意不了多久。民主党的筹款来源遭到了不可修复的破坏。上个月对富人进行猛烈抨击而所作的慷慨陈词,并不能让所有人都泰然处之。米切尔参议员和他的同谋通过否决下调资本利得税率,会对美国经济在短期内造成严重的破坏,而在未来几年里,这也会对美国经济施加沉重的可追溯性成本。目前的美国梦并不是要让富人变穷,而是要让穷人富起来。

对于星期五市场下跌最常见的解释是,美国联合航空公司(United Airlines)在进行收购时没有成功获得融资。然而对高收益市场进行仔细观察就能得出,高收益市场情况的恶化从几个月前就已经开始了(如图11.2所示)。实际上,收益的下降和力度不够的救市法案是同时出现的。[1]对金融机构对高收益债券融券和持有的限制,产生了使许多需求者退出市场的影响。丝毫不

---

[1] 富达高收益基金是用来代表高收益债券市场的。收益用1除以净资产价值得出。

会让人奇怪的是，为了能吸引到更多的其他持有者，这些债券的收益必须上升。高收益债券市场情况的恶化只是个意外，并不是市场修正的主要原因。

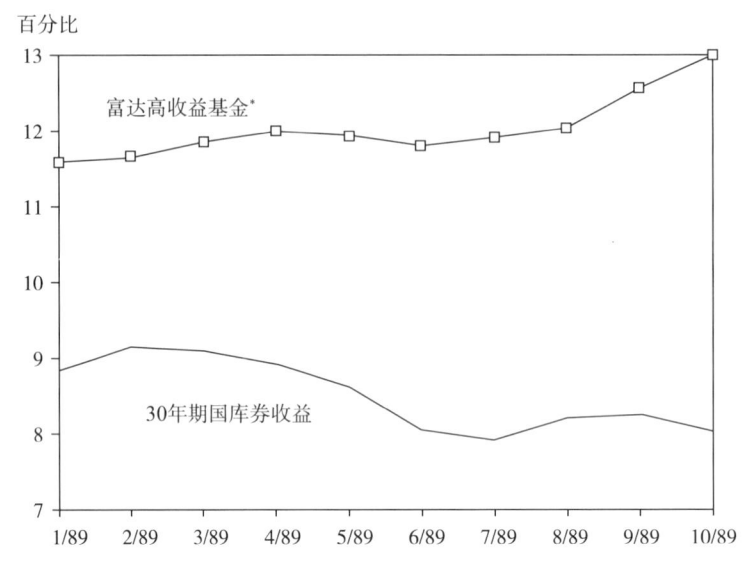

* 净资产价值的倒数。

Sources：*Wall Street Journal*；*U.S. Federal Reserve Statistical Release*.

图 11.2　富达高收益基金与 30 年期国库券的比较（百分比收益）

在 1989 年最初的 9 个月内，道琼斯工业平均指数上涨了 604 点，从 2 169 点上涨至当期高点 2 773 点——上涨了 27.8%。在 1987 年 10 月市场崩盘之前的这一轮大幅上涨，确实为市场提供了重要的"缓冲垫"。回过头来看，1987 年尽管发生了大崩盘，但当年股市的表现还是可圈可点的。1987 年大崩盘也不是在经济衰退、萧条，或者发生了其他困难的事情后才爆发的。就这一点而言，1989 年 10 月所出现的市场情况也是如此。

1987 年所采取的导致 10 月发生大崩盘的冒失政策，和如今的一些政策还是有点儿不同的，但尽管如此，这也不过是一个常见主题——坏政策——换了种形式。在 1987 年，我们基于 1986 年《税收改革法案》设立了一个基金会。资本利得税率从 20% 上调至 28% 的负面效应与一系列政策变化交织在了一起。首先最重要的一点是，通胀预期出现上升，这通过 1987 年最初 9 个月内长期债券收益上升反映了出来。通胀预期上升和更高的名义资本利得税率相结合，对有效税率产生了致命影响（如表 11.1 所示）。[1]

---

[1] 参见第 9 章。

表 11.1　在不同通胀率、实际收益率和法定资本利得税率条件下的有效资本利得税率

通胀率(%)	实际收益率(%)	在 28%法定税率下的有效税率(%)	在 20%法定税率下的有效税率(%)
1	1	56.0	40.0
1	2	42.0	30.0
1	3	37.3	26.7
2	1	84.0	60.0
2	2	56.0	40.0
2	3	46.7	33.3
3	1	112.0	80.0
3	2	70.0	50.0
3	3	56.0	40.0
4	1	140.0	100.0
4	2	84.0	60.0
4	3	65.3	46.7
5	1	168.0	120.0
5	2	98.0	70.0
5	3	74.7	53.3
6	1	196.0	140.0
6	2	112.0	80.0
6	3	84.0	60.0
7	2	126.0	90.0
7	3	93.3	66.7
8	2	140.0	100.0
8	3	102.7	73.3
9	2	154.0	110.0
9	3	112.0	80.0
10	2	168.0	120.0
10	3	121.3	86.7

续表

通胀率(%)	实际收益率(%)	在28%法定税率下的有效税率(%)	在20%法定税率下的有效税率(%)
11	2	182.0	130.0
11	3	130.7	93.3
12	3	140.0	100.0
13	3	149.3	106.7
14	3	158.7	113.3
15	3	168.0	120.0
16	3	177.3	126.7
17	3	186.7	133.3

A. B. Laffer, V. A. Canto & Associates

举例说明,在资本利得税率为20%、实际收益率为2%和通胀率为4%的条件下,有效实际资本利得税率为60%。资本利得税率上调至28%会促使有效税率从60%升至84%。如果除了税率上调之外,通胀预期也从4%升至6%,会使得有效税率升至112%。这一简单的计算表明,资本利得税率上调和通胀预期上升会对股票价值造成灾难性的影响。

和1987年情况相反,在1989年通过长期债券反映出来的通胀预期出现了下降。通过外汇表现出的美元对称信息也强化了这一通胀预期观点。在1987年美元出现了贬值,而在1989年出现了升值。

在1987年10月,新闻媒体报道美国与其贸易伙伴产生了巨大的分歧。据报道,前财政部长贝克威胁美国的贸易伙伴,如果他们不愿意合作帮助改善美国的贸易地位,就通过美国的政策让美元外汇价值下跌。对于在政府内盛行的美元贬值观点,美联储表示支持,或者说几乎没表示过反对。而如今,媒体报道了政府官员和美联储成员之间在美元的合适进程方面存在重大分歧。据媒体报道,美联储成员提出应让货币政策关注本国价格水平稳定,并让美元调整至其应处于的水平上。

在过去几年里,对于美联储为执行货币政策的正确方法所说的动听言辞,我们一直持批评态度。然而,美联储所采取的措施和所说的有很大出入,通胀指标——如利率、黄金价格以及美元的外汇价值——的表现都很优秀。对1989年货币政策的执行情况必须打高分。

让人们不再对通货膨胀水平上升感到害怕,就可以抑制参议院通过的在当前法案中不包括对资本利得立法的负面影响,不再让前景那么昏暗。了解如下情况也能让人们感到安心,即在1987年大崩盘发生之后,美联储立即负责任地采取了行动,对金融系统注入储备金,提供了充分的流动性,以应对大崩盘发生之后出现的资产转移。我们没有理由相信,美联储在这一次的情况中不会采取相同的方式。

可能1987年大崩盘的导火索是国会议员丹·罗斯滕科斯基领导的众议院筹款委员会的立法提案。罗斯滕科斯基的提案是几乎不加掩饰的税率上调和反收购政策。市场无情地让罗斯滕科斯基知道了,对于他的幼稚想法,市场感觉是怎样的。在1987年,民主党试图提高经济中的税率。这一次,他们的努力仅限于防止出现税率下调。因此,对于经济的负面影响要小一些。

11.1 胜利者与失败者

有一个方法可以确定需要考虑的最会受到当前政策变化影响的那一群人,具体是计算如下两个时期《投资者日报》(Investor's Daily)行业分组的表现:
(1)从众议院通过资本利得立法起,到10月份市场达到最高点;
(2)从市场达到最高点起,到10月13日星期五下跌这一段时间。

比较这两个时期不同行业分组列表的表现,有助于我们明确对资本利得立法最敏感的行业类别。我们分析预测,最有可能从资本利得税率下调中获益的组别是高CATS、非贸易型以及利率下降行业。

因此,我们预期这些受益于经济环境的组别能在上涨时期表现优于市场。尽管在1989年10月市场出现修正时期,这些组别本有可能表现会差一些,但这种情况并没有发生。尽管立法中没有包括资本利得这一项,但是其他的经济指标(如利率下降和美元稳定)还是会使一些行业分组受益。表11.2给出了最有可能从资本利得立法这一消息中获益的行业分组。

表11.2 《投资者日报》行业指标表现,9月28日~10月9日以及10月9日~10月13日

				10/9/89 10/13/89	9/28/89 10/9/89
汽车/卡车备件	LC	FI	T	−5.815	3.843
银行—资金中心	LC	FI	N	−10.473	2.921
饮料—不含酒精饮料	HC	FI	N	−6.555	2.310
建筑—居住用/商用	HC	FI	N	−4.750	2.864

续表

				10/9/89 10/13/89	9/28/89 10/9/89
广播—无线电广播/电视	HC	FI	N	－4.227	3.738
化工产品—纤维	HC	FI	T	3.081	3.679
微型电脑	HC	RI	T	－5.949	7.078
包装物—金属	HC	FI	T	－3.043	3.772
包装物—纸质/塑料	LC	FI	N	－4.134	2.896
化妆品	HC	FI	N	－3.659	3.336
药品	HC	FI	T	－5.952	3.656
半导体	HC	RI	T	－4.991	3.087
金融—消费者贷款	HC	FI	N	－8.485	5.854
金融—投资管理	HC	RI	T	－4.718	4.452
食品—罐装	HC	FI	T	－8.355	5.014
食品—糖果	HC	FI	T	－4.322	3.470
食品—制糖	LC	RI	T	－7.561	9.050
玻璃产品	LC	RI	N	－6.760	2.387
保健组织	HC	FI	N	－7.122	13.009
医院	HC	RI	N	－6.291	4.912
保险—人寿	HC	FI	N	－3.154	2.991
保险—多条产品线	HC	FI	N	－4.354	3.981
休闲娱乐服务	HC	FI	N	－5.535	3.120
机械—电力设施	LC	RI	N	－6.278	2.809
机械—电气	HC	RI	T	－5.691	2.757
机械—农用	LC	RI	T	－9.258	3.895
医疗用品	HC	FI	T	－4.856	4.381
医疗/牙科用品	HC	FI	T	－5.088	2.742
金属矿—杂类	LC	RI	T	－6.392	4.116
非铁矿类金属	LC	RI	T	－7.668	6.392
动画电影服务	HC	FI	N	－6.526	3.647

续表

				10/9/89 10/13/89	9/28/89 10/9/89
石油和天然气—现场维护和支持服务	LC	RI	N	−4.732	2.989
石油和天然气—国际综合性	LC	RI	T	−6.172	7.727
石油和天然气—美国综合性	LC	RI	T	−7.325	5.020
污染控制设备及服务	HC	RI	T	−4.381	3.437
出版—报纸	HC	FI	N	−5.246	3.030
出版—期刊	HC	FI	N	−7.787	2.611
零售—超市	HC	FI	N	−4.828	3.092
橡胶—轮胎	LC	FI	T	−5.408	4.248
肥皂和清洁制剂	HC	FI	T	−6.122	6.357
通信设备	LC	FI	N	−5.678	5.091
通信服务	LC	FI	N	−5.529	5.191
烟草	HC	FI	T	−6.811	4.867
工具—手持式	LC	FI	T	−3.574	3.707
运输—空运	LC	FI	T	−6.390	6.475
运输—航空公司	LC	FI	T	−7.056	6.685
公用事业—电话	HC	FI	N	−5.161	4.588
美国股市					
《投资者日报》股指				−6.375	2.869
标普 500				−7.330	3.267
道琼斯工业平均指数				−7.925	3.540

第12章

债务和税收是唯一可以确定的

阿瑟·格雷(Arthur Gray, Jr.,)、阿瑟·B.拉弗

税收可以造成一些令人难以置信的后果。尽管对于世界上最不寻常的税收发展历史还没有一本吉尼斯手册,但是似乎根据这些多余的事件已经足够能进行一次粗略的税收分析了。需要再次回顾那些我们已经非常熟悉的税收事件,这些税收上的枝枝节节包括从最崇高的事业到非常细小的方面。10月下旬出生率的大幅上升——这些小家伙们为了能享受到税收减免可来得真是时候——可能会对税收计划产生非凡的影响。受到税法修订的激励,里根改革计划得以复兴。

但是对于外行和分析师这些人来说,一些税收效应还是很不清楚。这些年,州税收效应作为州增长、就业和产出的决定因素都彻底被忽视了。甚至在今天,当通过固定要素区位和州税收政策来研究股票收益时,我们发现了分析上的空白。如果地球环境的细微变化能导致物种基因结构的巨大进化,那么税收变化也肯定能导致美国企业在财务组织上发生影响深远的变化。刺激会发生作用,且作用很大。

12.1 税率对于是选择债务融资还是股权融资的影响

在1980年,即里根就职前一年,最高企业所得税率为46%,最高个人所得税率为70%。对于企业,利息支出可以抵税;但是对于个人,对非劳动所得是要征税的。在那一年,就像今天的情况一样:对于企业,股利不可以抵税(股利直

接受到企业税收情况的影响);但对于个人,会按照非劳动所得税率再征一次税。

为了阐述1980年利息和股利之间所存在的非常特殊的税收差异的后果,可以想象有这样一家企业,其股东和债券持有人都位于最高所得税级上。如果企业赚得了1美元的收益,那么这1美元的全部影响都会作用在股利上,企业会被要求额外支付46美分的企业所得税。企业能将54美分以股利的形式分配给股东。股东的税负上升了37.8美分(54美分的70%),使得他们的净所得为16.2美分。因此,企业赚取1美元额外利润的税后激励是股东能赚取16.2美分的额外股利。

然而如果企业在赚得额外1美元的利润时,要向债券持有人支付尽可能多的利息的话,那么不会产生额外的企业税负。在1980年,就像如今一样,企业利息支出可完全抵扣企业所得。因此,额外1美元收益可以与额外向债券持有人支付的1美元利息相匹配。这对于企业应税所得的净效应为零。同时,债券持有人获得了足额的1美元税前收入,然而股东仅获得了54美分。由于假定债券持有人位于最高税级上,因此他们的额外个人所得税负为70美分,留给他们的是30美分。

在1980年,将1美元的企业所得作为利息收益(30美分)而不是股利收益(16美分)进行派发,存在14美分的激励。企业资本结构偏向于债务而不是股权,存在巨大的优势。

很清楚,在1980年税率高得如此夸张的情况下,企业除了单独支付股利或利息外,还有其他一些选择,会出现大量的避税项目、企业雇用额外的工人以及其他的非生产性税收转移情况。对避税项目的投资会猛增,而应税企业投资的开展则不会那么顺利。但所有这一切都会被完整记录下来。

12.2 里根税率下调的影响

在20世纪80年代里根税收改革中,对企业税率和个人税率进行了大幅调整。但人们没有注意到的是,企业债务对于企业股权的相对优势也发生了变化。最高个人所得税率从1980年的70%降至1988年的28%,这使得利息收入的税后收益从1美元30美分涨到72美分(如表12.1第6行所示)。表12.1中也给出了1980~1988年对于股利和利息,基于1美元额外收入的全部应付企业税率和个人税率。表12.1的最后一行给出了以税前企业所得的百分比加上利息表示的企业债务相对于股利的优势。

表 12.1　对税后股利和企业利息收入征收不同个人和企业所得税率的影响

单位:%,美分

	1980	1981	1982	1983	1984	1985	1986	1987	1988
最高企业所得税率	46.0	46.0	46.0	46.0	46.0	46.0	40.0	34.0	34.0
最高个人所得税率	70.0	69.125	50.0	50.0	50.0	50.0	50.0	38.5	28.0
对于股利的总税收	83.8	83.33	73.0	73.0	73.0	73.0	73.0	63.1	52.5
对于利息的总税收	70.0	69.125	50.0	50.0	50.0	50.0	50.0	38.5	28.0
净(留存率)收到的股利	16.2	16.6725	27.0	27.0	27.0	27.0	27.0	36.9	47.5
净(留存率)收到的利息	30.0	30.875	50.0	50.0	50.0	50.0	50.0	61.5	72.0
每 1 美元企业所得净(留存率)收到的利息比股利多出的美分	13.8	14.2	23.0	23.0	23.0	23.0	23.0	24.6	24.5

Source：Joseph Pechman, *Federal Tax Policy*, Fifth Edition, Brookings Institute.

对股利收入要同时征收企业所得税和个人所得税。在 1988 年,对 1 美元的股利收入要征收 34% 的企业所得税,对于留给个人投资者的 66 美分股利收入还要征收 28% 的个人所得税。对上面所说的执行完后,1 美元的股利收入可以产生 47.5 美分的税后收入。相比之下,1980 年 1 美元的股利收入只能带来 16.2 美分的税后个人所得(如表 12.1 第 5 行所示)。

里根执政时期企业和个人所得税率的全面下调,使得 1 美元税前企业收益的税后股利收入从 1980 年的 16.2 美分增加至 1988 年的 47.5 美分。这使得 1 美元税前企业收益带来的收入增加了 31.3 美分。同样地,税率下调使得利息收益的税后收入从 1980 年的 30 美分增加至 1988 年的 72 美分。税率下调使得 1 美元利息收益带来的收入增加了 42 美分。

尽管相当清楚,里根的税率下调使得企业股东和企业债券持有人的税后收益都增加了,不过差异化地让债券持有人的税后收益增加更多:对于 1 美元的税前企业收益,是 42 美分对 31.3 美分。实际上,税率下调使得利息收入相对于企业股利的税后收益优势从 1980 年的 13.8 美分增加至 1988 年的 24.5 美分。可以用利息收入的税后收益减去企业股利的税后收益得出上述差值。

税率下调能促使经济的扩张。在里根执政时期,股市大幅上涨,私人和公共债务也大幅增加。股市上涨与低税率这一刺激的增加直接相关。公共债务的增加很大程度上是由预算赤字所导致的。反过来,企业债务的增加很大程度上是由于融资方式由发行股票转变为发行企业债券(如图 12.1 和图 12.2 所示)。当 1984 年里根税率下调完全生效时,债券融资大幅上升而股权融资出现下降。

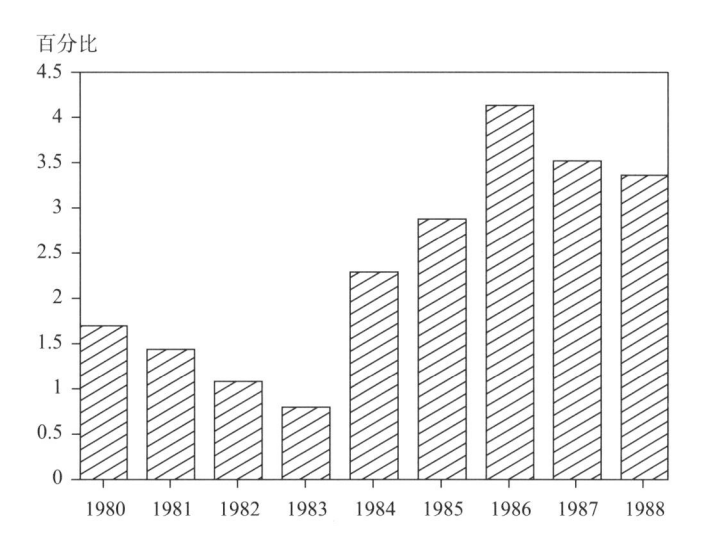

Source: Federal Reserve, *Federal Reserve Bulletin*.
图 12.1 非金融企业负债占按市场价值衡量的全部股票的百分比

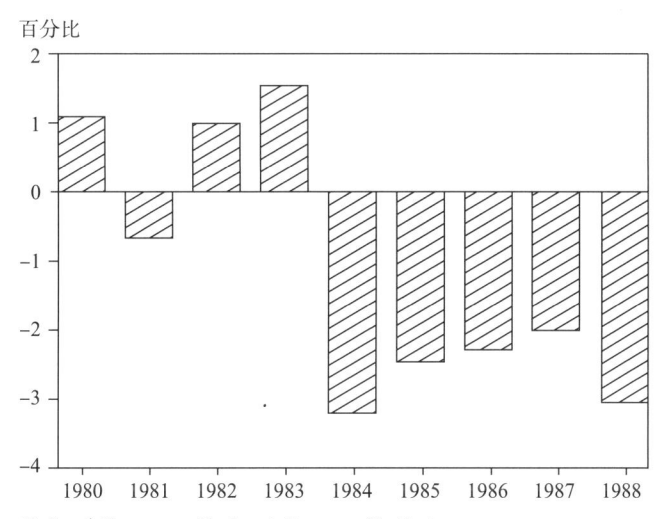

Source: Federal Reserve, *Federal Reserve Bulletin*.
图 12.2 净股票发行占按市场价值衡量的股票的百分比

对从股权融资转变为债务融资的激励，来自从 1980 年 14 美分增加至 1988 年 24 美分的差别化税收待遇。毫不令人奇怪的是，市场看到了这一点并对激励的变化做出了反应。企业收购提供了一种机制，使得增加的激励所创造出的收益得以实现。从个体角度来看，投资者愿意支付 24 美分将股利收益转换为利息收益。他们所要求的就是，收购能起到帮助他们实现税收套利的作用。

12.3 企业收购作为税收套利的方式

当企业按历史成本计量资产时,税收套利就是可行的。假定通胀率为正并按历史成本进行计量,资产价值会被大大低估,这意味着资产的重置成本会非常高。基于这些被低估的资产,可以预见在一些情况下,企业部分资产的实际总价值会高于企业整体价值(按当前市场价值衡量)。企业收购方会意识到这一差异,并增加收购企业所必要的资金。

支付给企业的更大一笔资金更切合实际地对企业资本进行了估值。收购方之后会按实际价值出售掉企业的一部分资产,实现大量的资本利得。对于所实现的大量资本利得可以一次性征收到大量的资本利得税(按更低的税率而不是企业所得税率),这样企业现在就可以任意使用其所有的现金流来偿还债务。之前曾用来支付股利的收益流可以随意用来支付利息。对于企业而言,增加的利息支出是免税的,而先前支付的股利则不是。对企业征收的有效税率实现大幅下降。那些现在按上涨后的价格卖出股票的股东也可以心满意足地离开了。

能形成税收套利的差别化税收待遇可以得到非常有效的修正。这一分析的意义是,所提议的将最高资本利得税率下调至15%,尽管会增加对投资新企业的刺激,也会使收购的成本下降。

12.4 对于企业"债务问题"可能的解决方法

国会担心当前的债务水平可能会导致一些措施,造成债务资本吸引力下降而股权资本吸引力增大。这些措施很大程度上关乎股票和债券之间的税收待遇问题。

一般而言,很难确定对于从股权转为债务的刺激所产生的显著变化,市场是反应过度了还是太过冷淡。如果我们所说的是对的话,那么相比于股权,债务受到的损害更少一些。此外,相比于对股权造成的损害,对债务造成的损害的减小幅度更大一些。我们都知道,债务不会得到补贴。任何一个提出债务可以得到补贴的人都只能以一种消极的办法做到这一点,为了能只是通过进一步抑制负债使账户实现平衡,需要减少资本的形成和产生。但通过缩小账户规模来达到平衡,永远不会是我们所要的答案。

我们个人更偏向于就像现在提供给企业利息支付以免税地位一样,也授予股利免税地位,从而通过扩大账户规模达到平衡。但无论这一选择有多么正确，都会面临那些对静态税收损失患有恐惧症的人所提出的似乎难以应付的政治反对。我们相信如果能对股利免税，并且能单独运用的话，那么所造成的收入下降幅度相比于那些从静态角度思考的人所认为的要小得多。除了对收入下降幅度高估外，仅仅从静态角度进行思考会造成这些人无法预见到里根改革所会带来的未来繁荣——将会达到前所未见的繁荣程度，并且能让美国社会的各个阶层都实现自己的梦想。

12.5 一个收入中性提案

在过去6年多的时间里，从静态角度思考的人可能占据了舞台的中心。我们所希望的最好的情况是，即使目前通过扩大账户规模来达到平衡无法作为一个方案，也能避免通过缩小账户规模来达到平衡。保持账户规模不变以达到平衡也是种选择。我们提出如下收入中性方案以消除债务与股权之间的税收差异，并且不会造成任何的静态税收收入后果：削减现在所谓的企业所得税收，相应提高企业层面的利息支出税收。当企业所得的税收结构与利息支出的税收结构一致时（例如，当企业所得与企业利息支出能完全进行加总，并能作为一个整体征税），就能得到正确的平衡点。

对于企业利息支出征收任何形式的税，其背后的逻辑都不太牢靠。想要看清楚为什么利息一直都能被免税，想象一下有一家企业按10%的年贷款利率借入1亿美元，然后将这1亿美元再按10%的利率借出去。通过这样的操作，该企业纯粹将自身定位于一种资金渠道，不应承担纳税义务。其并没有发挥任何的经济功能。如果对利息收入征税，那么从税收目的来看，相对于利息收入的利息支出就必须免税。

从另一个角度，如果该企业按10%的利率借入1亿美元，然后转手就以15%的利率将这笔资金借出去，显然对所产生的利润就应征税。企业增加了价值。因此，对利息收入都得征税，而同样对利息支出就该免税。在理论上没有例外情况，那么在实践中也就该这样。

我们建议这样一种实践方式的唯一理由是，该提案将企业所得税下调与企业利息支出税上调紧密地联系在了一起——这甚至能更好地将负面效应抵消掉。从经济学的观点来看，对于企业所得和企业利息支出都不该征税。理想的解决方式是，应当建设性地将企业所赚取的收益分配给股东，然后对他们进行充分的征税。

尽管国会做出的任何试图阻止对企业利息支出进行补贴的尝试都会遭到

抵制,但是有一个方法或许能让股权融资等同于债务融资。请务必牢牢记住收入中性概念,一次简单地从对企业收入(股利流)征税转变为对企业利息支出征税的情况,会促成一个更为平衡的税收结构。在一定程度上,许多国家都尝试过对企业和个人所得税结构进行整合,以创造出一个更为公平的环境。我们建议不仅要形成一个更为平衡的税收结构,而且应进行税负转移以形成收入中性。建立在这些原则之上的税收结构能扩大企业税基,除了包括企业利润(如表12.2第2行所示)之外,还将包括企业利息支出(如表12.2第5行所示)。

表12.2　　　　　对于企业利息支出和利润的收入中性税率的估计

	1980	1981	1982	1983	1984	1985	1986	1987
利润税负	84.8	81.1	60.7	77.2	95.4	96.4	106.6	133.8
企业利润	177.2	188.0	150.0	213.7	266.9	282.3	298.9	310.4
平均企业税率(%)	47.9	43.1	42.1	36.1	35.2	34.1	35.7	43.1
最高企业税率(%)	46.0	46.0	46.0	46.0	46.0	46.0	40.0	34.0
企业总利息支出	344.6	477.0	515.0	476.1	535.8	568.6	NA	NA
企业利息与所得总计	579.2	698.1	680.5	683.7	775.7	792.8	NA	NA
隐含的平均税率(%)	14.64	11.62	8.92	11.29	12.30	12.16	NA	NA
隐含的最高税率(%)	18.6	14.6	11.2	14.0	14.2	13.0	NA	NA

　　Sources: Joseph Pechman, *Federal Tax Policy*, Fifth Edition, Brookings Institution; Internal Revenue Service, *Statistics of Income*; Department of Commerce, *Survey of Current Business*; *Economic Report of the President*.
　　A. B. Laffer Associates

为了能保持收入中性,企业所得加上利息支出(如表12.2第6行所示)这一现在扩大了的税基必须要产生数额相当于企业所得税的税收收入(如表12.2第1行所示)。对应用于扩大了的税基从而能产生相同税收收入的平均税率的估计,是从最低1982年的8.92%至最高1980年的14.64%(如表12.2第7行所示)。

为了估计最高边际税率并维持企业税率的累进形式,将利润和利息支出组合的平均税率乘上最高企业税率(如表12.2第4行所示)与平均企业税率(如表12.2第3行所示)之间的比率。[1] 适用企业利润和利息支出的最高税率从最高1980年的18.6%至最低1982年的11.2%(如表12.2第8行所示)。这一计

---

[1] 几年之后,估计的平均税率会超过最高边际税率。这是由于对企业利润进行NIPA计算时,会包括在特定年份企业所出现的损失。另外,NIPA利润税负数据的计算只是基于那些利润为正的企业。按这种方式,税基会被低估,因而平均税率会被夸大。

算表明，基于静态收入角度，按 15% 的税率所产生的收入会略高于当前的税收结构。

12.6 结论

从融资选择（即债务融资与股权融资）角度来看，新的税收方案是中性的。因此，在考虑新的投资项目时，位于美国的企业现在会关注项目本身的优点，而不是相对税收情况。在债务和股权之间做融资选择现在不再要紧，也不会左右投资决策。

本章我们所提出的方案要正确理解的话，是一个次优解决方案，需要取消对利息支出免税。在这种情况下，还是那句老话，最好的方案和好的方案之间不该是对立的。我们的提案并不是最优方案，但是比目前所实行的要好多了。考虑到华盛顿特区的财政政策，我们的提案还是可行的。

第13章

虚假繁荣:对于消费者债务的占星术

约翰·E.西尔维娅(John E. Silvia)

在1956年,按现代标准,全部未清偿的消费者债务差不多达到了个人可支配收入的9.5%。然而,回到处事圆滑的艾克(Ike)[1]年代,对待这种债务情况的态度都很警觉。一个自称是高官的人大声警告:"包括由消费者信贷积累所支撑的'虚假繁荣'在内的巨大成果是不可维系的。消费者信贷增长与国民生产增长完全不成比例,最终一定会使要支付的消费者预算不堪重负。"[2]

我们友好的预测家曾预测,在1956年可能已经终结了这种有些离谱的情况。从那时起,消费者债务与个人收入之间的比率已经开始上升(如图13.1所示)。消费者债务占个人可支配收入的百分比已上升至19%,然而截至目前,世界范围内这一趋势还未结束。但是预测家就像他们在过去32年里所做的那样,仍在警告"一切即将结束"。

可以很简单地诋毁说,很多年前所做的预测忽视了广为接受的不正确预测中所包含的真相。对于超额债务的恐惧以及解决债务的能力,并不是经济学家的"占星术"观点。债务也有上限,这一反复会提到的上限就是,解决债务的成本不能大到超过总收入。

---

[1] 即艾森豪威尔总统。——译者注
[2] *Economics of Eisenhower: Symposium Review of Economics and Statistics*, vol. 38, November 1956.

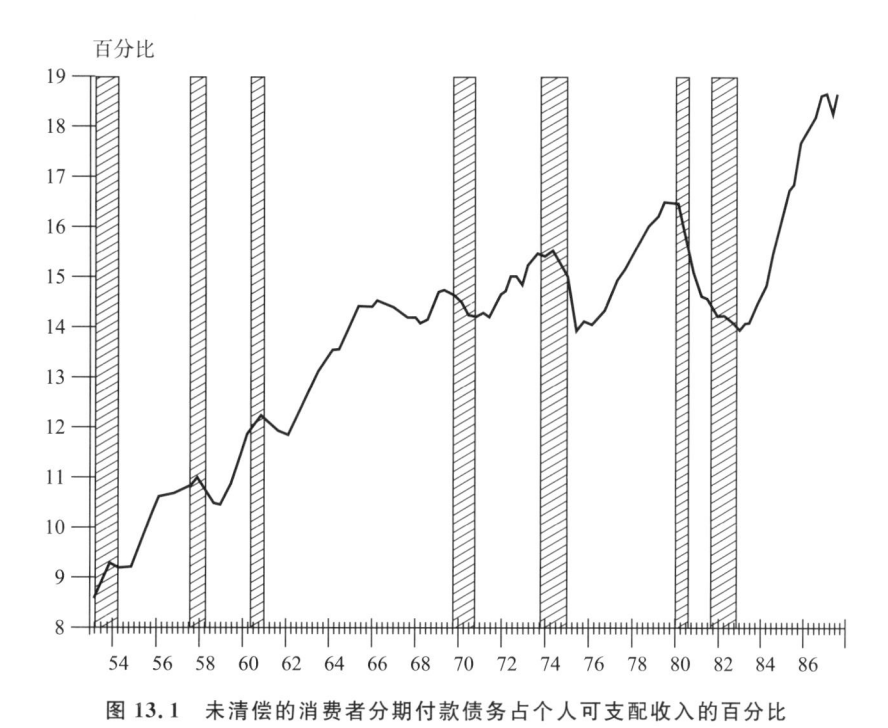

图 13.1　未清偿的消费者分期付款债务占个人可支配收入的百分比

13.1　债务：是缺点还是优点？

每个人都讨厌自己的负债而喜欢自己的资产。消费者债务作为一种负债，肯定会遭人厌弃。对未来利息和本金的支付是直接从债务人利润流中扣除的。在极端情况下，债务以及对债务所要求的支付会使人们变得贫穷。第 7 章和第 11 章中的案例，充分涵盖了这个世界上从约翰·康纳利（John Connally）这样的人物到墨西哥这样的国家的情况。

债务也可以作为一种有用的工具，让个人、企业和国家获得不借助债务就无法获得的资产，并且能不受当前收入情况约束进行消费。如果有人能以 10％ 的利率借到钱，然后能再将这笔资金在无风险条件下以 20％ 的利率借出去，那么对于这个人来说，他愿意借款的数额就不会有上限。然而，对于那些陷入疯狂购物状态的冲动型购物者来说，他们能够透支消费就是种灾难。

债务就其本身而言，既不好也不坏。为了对债务进行评估，我们得知道资金的使用目的，以及借款人偿还债务的能力。消费者在不发生破产情况下所能承受的最高债务限额，是其未来收入的贴现值加上当前的净值。消费者收入情况或者他当前资产价值的变化，很明显会影响消费者的债务能力。

消费者的债务能力一定程度上也会由市场环境来决定。借出资金者当碰到利率以及他们未来收入的预期出现不利变动时，会调整他们借出资金的上限以减少消费者破产风险。这些变化有可能会促使经济的债务比率与新的市场环境相一致。原则上，这种调整会导致金融市场出现剧烈波动，而这反过来会导致经济紧缩。这意味着消费者债务可以用来预测经济的未来趋势。

债务与当前收入的比率关注的是当前收入的绝对水平，这一概念相信在我们一生中，当期获得收入后就会进行消费。但是，家庭可能会遵循一种完全不同于仅仅当期就消费的消费模式。当我们还年轻以及建立家庭的时候，我们的消费会超出我们的收入；而在成年之后，我们会储蓄以偿还早前的债务，并为退休生活做打算。相应的收入约束并不是当前收入情况，而是我们一生中的收入流的现值。

13.2 对于债务和收入的重构

即使家庭收入流的变动会超过商业周期的变动，但是其仍会试图维持一种平稳的消费形式。也就是说，消费趋势是长期收入的一定比例。该比例取决于实际利率。

实际利率的下降或者预期未来收入的增加，会提高家庭财富的现值。尽管所测算的当期收入没有变化，但是永久性消费和资产的现值会增加。因此，对于未来的预期所导致的财富变化，会提高债务收入比。于是在任意收入水平上，会导致更大消费的实际资产增加也会使储蓄减少，因为消费加储蓄必须等于给定的收入水平。

实际财富的增加会降低储蓄需求，因此会降低家庭储蓄率。这一分析表明，通过将总资产价值变化与债务收入比相结合，可以对债务的变化究竟是好还是坏这一情况描绘得更清楚。

在目前的复苏过程中，通胀率和利率都实现了下降。这使得债券实际价值大幅上升，股票市场出现了为期 5 年的牛市。财富的增加抵消了消费者债务的增加，这样家庭净财富能继续积极推动消费活动。低利率也减轻了债务的利息负担。相对于所测算出的收入情况，这让家庭增加了他们的消费和债务。颇受诟病的个人储蓄率下降情况，实际上是经济繁荣所带来的，而不是贫穷的征兆。

债务与当前收入比率的上升用在预测消费时，是一个误导性指标。维持了 30 年的家庭金融资产与负债比的下降趋势，在 1982 年出现了逆转。尽管在当前经济复苏阶段,消费者债务出现了上升,但是消费者资产甚至上升得更快。

利率下降所带来的更多家庭净财富,会超过消费和分期债务的收益。家庭净财富的变化会导致家庭调整他们对永久性收入的预期,这反过来会导致消费出现变化。分期付款债务伴随着消费的变化,也会落后于家庭净财富的变化情况。

用最简单的方式来表述,债务是表现在资产负债表中的一个存量概念,而收入是包含在利润表中的一个流量概念。债务不是利润表的一部分,而收入这一项在资产负债表中也找不到。所比较的这两项在维度上应当是相似的。债务应当与资产负债表中的其他项目,如净值和净资产作比较,而利润与债务清偿或者全部利息支出情况作比较更合适。在计算家庭金融资产与总负债的流动比率时,会出现一种完全不同的情形(如图13.2所示)。

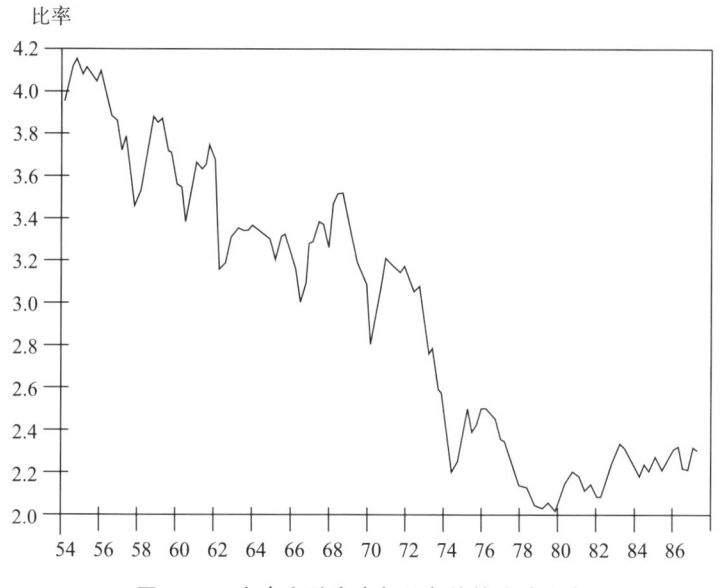

图13.2 家庭金融资产与总负债的流动比率

13.3 消费者借款的限制

在20世纪50年代,对于消费者债务增长失控的处理做得不错。但让人很好奇的是,20世纪80年代中期消费者债务的快速增长,其实可以和20世纪50年代的快速增长做一比较。在这两个时期,消费者债务都是从低水平阶段发展起来的。在这两个时期之前,政府所采取的措施都是对消费者信贷的使用进行抑制。在朝鲜战争时期实施的信贷控制人为地限制了消费者的借贷能力。随着在战争之后取消管制,消费者信贷的增长率出现了井喷。

在20世纪80年代初,受到信贷控制和高利贷法限制的消费者信贷实现了增长。高名义利率突破了原来的名义利率的上限。但随着经济复苏、放松管制以及正式控制的终结,消费者债务经历了快速增长。

对于那些将超额债务看得很危险的人而言,警戒线就该是相对于消费者收入,消费者债务触及了一个很高的水平。随着消费者债务达到债务能力的极限,消费者支出出现快速下降的概率有望增大。当债务超出警戒线时,消费者支出会缩减。就分期还款债务达到高水平这一现象而言,也可视作会促使消费者支出减少。

在1957年,阿兰·恩托文(Alain Enthoven)对20世纪50年代消费者债务的快速增长进行了分析。他对生命周期中的消费采取了多年期动态分析,假定个人收入每年按长期增长率 r 增加。在这篇文章中,收入的年化增长被定义为同一年和之前数年个人收入之间的简单线性组合。[1]

每年新增消费者借款是当年收入的一定比例。偿还的借款则是前几年新增借款的线性组合。由于消费者债务的增加等于新增借款和偿还借款的差额,而偿还借款本身是之前几年收入的线性组合,那么每年债务的增加(敏感性)就是之前几年收入的函数。因此,每年债务的增加在理论上的上限就是同一年和之前几年收入的线性组合。随着收入的增加,债务的理论上限也会提高。

如果将实际债务收入比与理论上限做一比较,就可以发现实际比率会逐渐逼近理论上限(如图13.3所示)。然而,这一比率对商业周期很敏感。该比率受到相对于收入情况,对消费者承受债务意愿测算结果的驱动。因此,理论债务上限是不固定的。

但还是要提醒注意几点。当前理论上的和估计的债务比率上限的差距并

---

[1] 长期收入增长率 r 的计算如下:

$$YFX_t = YPX_o(l+r)^t$$

接下去,债务对于商业周期的敏感性 a,可按如下方式得出:

$$DX_t = a(l+r)/r\{YPX_o[(l+r)^t - 1]\} + DX_o$$

最后,理论上的债务上限如下:

$$DX_t/YPX_t = a(l+r)/r$$

See John E. Silvia and Barry Whall, "Consumer Debt as an Indicator of the Business Cycle", paper presented at the National Association of Business Economists Meeting, September, 1987.

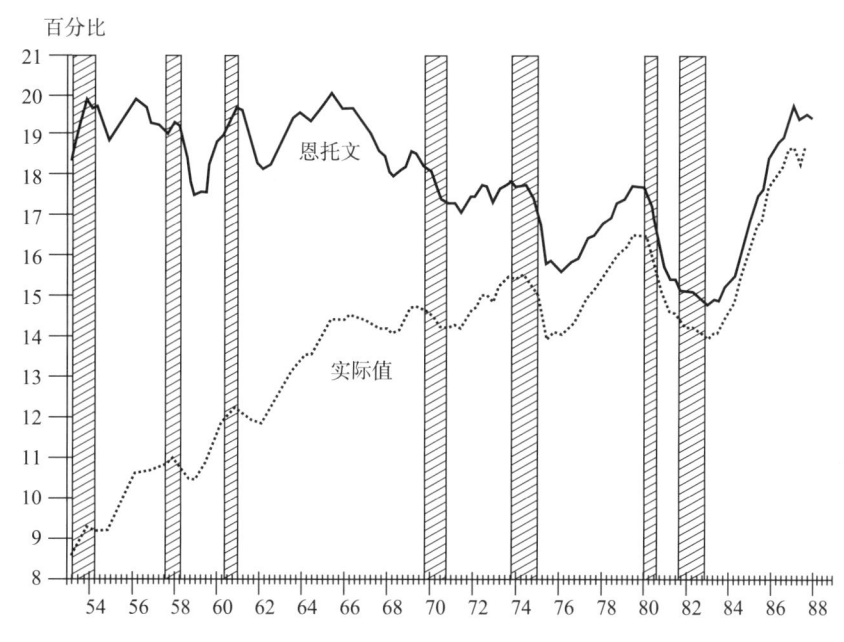

图 13.3 债务收入比：恩托文所提出的上限与实际值的比较

不大。债务偿付占收入的百分比也非常高。在这种情况下，如果经济受到利率突然大幅上升或者实际可支配收入下降的冲击，那么消费者债务结构会导致经济的疲软。通过对消费者债务的研究所得出的教训是，债务本身不是问题，但是会成为一个问题。当很高的债务水平伴随着突然的、未预期到的冲击（如股市崩盘）时，债务会对经济灵活性造成约束。

当看到商业周期达到顶峰时，意识到存在一个会变动的上限是特别有用的。债务上限的峰值能对商业周期的顶峰做出很好的回应。借款的敏感性反映了家庭承受债务的意愿，这在整个商业周期过程中，可用债务增长率来代替。显然承受债务的意愿对于商业周期是内生的。也就是说，消费者债务的增长本身可以反映商业周期的情况，而且并不像一些分析师所说的，是会影响消费者支出的自变量。

13.4 抵押债务对消费者债务的替代性

随着 1986 年《税收改革法案》的出台，常用的债务收入比的价值下降了。房屋净值贷款是会影响对所有消费者债务的解释的一个新变量，因为税收改革取消了对消费者分期付款债务的利息成本的减免，但保留了对住房抵押贷款利息的减免。要测量出总的消费者负债情况，必须从未清偿的抵押债务中将房屋净值贷款剔除出来，然后再加到一系列消费者分期付款债务中。

税收改革的影响是，改变了那些可以选择信贷资金来源的消费者的税后借款成本。这一借款成本的改变只能体现在那些出于免税目的而进行的房屋净值贷款上，但货币是可替代的。对于房屋净值信贷的需求和供给都有望扩大。家庭会出于两个理由采用这一新的信贷渠道：第一，家庭会想办法利用这一免税条款；第二，房屋净值贷款利率低于直接分期偿还贷款利率。从供给侧角度来看，借款人提供"房屋净值支持"贷款的意愿会增强，因为贷款的抵押物是安全资产。由于作为抵押物支持贷款的房屋也是长期资产，因此特别是相对于消费者信贷，借款人会提供更长的贷款期限。最终结果是月利息支出更少，而相应的消费者债务出现上升。

从月支付情况来看，债务形式由分期付款转变为房屋净值贷款可以使得债务清偿压力减轻。除此之外，相比于传统的分期偿还贷款，消费者会受益于更低的税后利率。相比于相同规模的分期偿还贷款，这也有可能减少房屋净值贷款的月利息支出。

理论表明，消费者会用房屋净值贷款替代分期偿还贷款。该替代效应强调了如下一点，即用消费者分期偿还债务与个人收入之间的比率来考量信贷环境对消费者行为的影响，实在是太牵强了。

为了检验替代效应，形成了两种模型。第一个模型估计的是，住房抵押债务的变化作为住房价值和滞后按揭利率的变化的函数；第二个模型估计的是，消费者分期偿还债务的变化作为消费者支出和消费者信贷利率的变化的函数。如果引入房屋净值贷款能产生预期的替代效应，那么尽管实际消费者信贷规模会小于模型所预测的情况，但实际抵押债务规模会超过模型所预测的情况。抵押物增加超出房屋价值的情况，部分反映了房屋净值贷款的影响。

模型结果证实了我们的预测（如表13.1所示）。从1986年第四季度开始，消费者债务（分期偿还信贷）急剧下跌至预测水平之下。同时，抵押债务急剧升至预期水平之上。要注意到预测会有误差这一特点。一直到1986年第四季度，两个方程的预测误差有朝同方向波动的趋势——这反映了相同因素的影响，如消费者信心，这会对两个方程按同样的方式产生影响（如图13.4所示）。但是要指出，从1986年起误差出现了显著的不同。这反映了消费者可以选择信贷融资方式后房屋净值贷款的替代效应。

表 13.1		房屋净值贷款的影响				单位:10 亿美元
时期	抵押债务			分期偿还信贷		
	预测	实际	差额	预测	实际	差额
1986:4	38.6	55.6	17.0	13.5	6.5	−7.0
1987:1	37.4	51.4	14.0	15.0	2.1	−12.9
1987:2	29.5	56.2	26.7	16.4	7.9	−8.5

注:回归结果的标准差是 50 亿美元(抵押物)和 29 亿美元(分期偿还信贷),因而样本外平均误差是 159 亿美元(抵押物)和 −95 亿美元(分期偿还信贷)。这一结果再一次强调了误差的抵消特点,以及样本内误差和样本外误差之间的巨大差异。

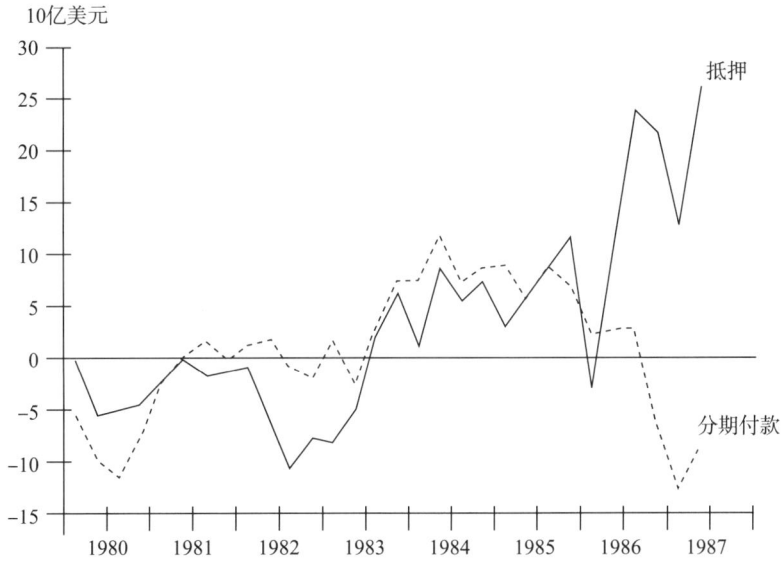

图 13.4 预测误差的比较:抵押债务与消费者债务

13.5 用消费者债务来预测经济

消费者债务上升并不一定表明经济情况的恶化。当消费性开支在推动经济发展时,消费者债务会增加。这对于经济扩张是一个正向指标。消费者债务其实是一种经济商品,可以让消费者利用预期收入的上升来购买消费者耐用品。

通过决定是否承担债务所表达出的消费者信心,本身是个正向指标,但当它发挥乘数效应之后,就会成为经济增长的"巨大"推动力。消费者分期偿还债务作为一项正向指标被编入了商务部先行指标指数中,这表明消费者债务增加会伴随着经济增长。未清偿的消费者分期偿还信贷存量占个人可支配收入百分比的净月度变化,会导致经济拐点的出现(如表13.2所示)。

表 13.2　　　　　　　　　　债务指标

信贷低谷	商业周期	领先(月数)	顶峰	低谷
顶峰 Oct. '59	Apr. '60	6	6	
低谷 Apr. '61	Feb. '61	−2		−2
顶峰 June'65	—	—		
低谷 May'67	—			
顶峰 Feb. '69	Dec. '69	10	10	
低谷 May'70	Nov. '70	6		6
顶峰 Mar. '73	Nov. '73	8	8	
低谷 Jan. '75	Mar. '75	2		2
顶峰 June'78	Jan. '80	19	19	
低谷 July'80	July'80	0		0
顶峰 May'81	July'81	2	2	
低谷 Dec. '81	Nov. '82	11		11
平均			9	4

注:表中给出了有多少个月加速债务收入比序列引领了商业周期变化。

消费者债务可以作为未来消费紧缩的指标这一假设,可以重新简单表述为消费者债务对于未来消费情况具有一定的预测价值这样一种假设。为了检验这一假设的有效性,需要计算一系列回归方程,回归分析中同时包括消费和消费者债务的滞后数据,以及其他可以作为当前消费表现的解释性变量的消费者金融指标。如果这些金融指标有一定的预测价值,那么当回归分析中也包括经济活动的滞后数据时,这些相同指标的滞后数据会对经济活动表现产生统计意义上的显著影响。

一般来说,结论并不支持消费者债务可以用来预测未来消费者支出情况这一观点(如表13.3所示)。在每一个单元格中都给出了所估计的对应的两种指标关系的预测性变量。表13.3中明确了4种可能的关系。

表 13.3　　　　　　　金融活动指标与经济活动指标的因果检验

	实际消费 (格兰杰检验)	实际消费 (修正的 希姆斯检验)	实际 GNP (格兰杰检验)	实际 GNP (修正的 希姆斯检验)
传统债务收入比	无	双向	无	信贷
债务收入比变化	消费	消费	无	信贷
债务偿付/收入	无	消费	GNP	双向
资产/负债(A/L)	A/L	A/L	A/L	A/L
净值	净值	无	净值	净值
股市(S&P)	无	S&P	S&P	S&P

注：在每一个单元格中都给出了所估计的对应的两种指标关系的预测性变量。所有的数据序列在分析前都进行了去趋势化处理。对于格兰杰和希姆斯检验的定义，可参考脚注。

（1）从金融变量到整体经济活动指标的单向因果关系。例如，根据格兰杰检验，资本净值的滞后数据有助于预测实际消费的未来数据（第1列，第5行）。

（2）从经济活动指标到金融变量的单向因果关系。例如，实际消费的滞后数据有助于预测债务收入比变化的未来数据（第1列，第2行）。

（3）互为因果关系变量的双向关系。例如，实际消费在预测传统债务收入比上很有用，反之亦然（第2列，第1行）。

（4）不存在因果关系，在这种情况下，只能观察到一种同步关系。例如，传统债务收入比的滞后数据无助于预测未来实际消费情况，反之亦然（第1行，第1列）。

第1行给出了传统分期偿还债务与个人可支配收入比率指标分别同实际消费和实际 GNP 的比较情况。对于实际消费，格兰杰检验表明不存在因果关系。[1] 修正的希姆斯检验表明，债务比率与消费之间存在双向关系（如表13.3所示）。[2] 然而对于实际 GNP 而言，传统债务比率与 GNP 之间可能存在单向

---

[1] 格兰杰检验估计了经济活动指标（如实际 GNP）的当前数据与消费者债务的过去数据以及消费的过去数据的关系。在给定实际 GNP 滞后变量的条件下，如果滞后的消费者债务变量的系数存在统计意义上的显著性，那么消费者债务就有一定的预测价值。在这种情况下，就可以说消费者债务是实际 GNP 的原因。同样地，如果消费的过去数据有助于解释消费者债务，那么就可以说实际 GNP 是消费者债务的原因。C. Granger, "Investigating Casual Relations by Econometric Models and Cross Spectral Methods", *Econometrica*, July 1969, pp. 424–38.

[2] 希姆斯检验估计了经济活动指标（如实际 GNP）的当前数据与消费者债务的未来数据以及实际 GNP 的未来数据之间的关系。如果消费者债务的未来数据的系数集非零，那么实际 GNP 是消费者债务的原因。C. A. Sims, "Money, Income and Causality", *American Economic Review*, September 1972, pp. 540–52.

关系,也就是说,债务比率可以用来预测实际 GNP,并且 GNP 对于债务比率的反馈性不存在扭曲(如表 13.3 所示)。

对于第二种金融指标——债务收入比变化,很可惜,显然消费实际上可以用来预测债务比率。这一债务比率显然更适合用来预测 GNP。一般来说,这两种债务比率在预测消费方面没什么用,但在预测实际 GNP 方面很有用。令我们欣慰的是,我们的结论与用商务部实际 GNP 先行指标中的信贷总量进行标准测试的结论是一致的。并且结论也支持用债务收入比指标来预测 GNP 拐点是有效的,这一点在本章先前已经考察过了。

更广义的家庭金融指标,如金融资产/负债、净值以及股市在预测未来消费支出和未来 GNP 方面是很明确的有效指标。这些指标并没有受到任何反馈效应的影响,所得出的结果在信息性检验上是一致的。总而言之,更广义的消费者金融指标可能适合用来预测消费情况。消费者债务指标、资产/负债以及股市指标可能适合用来预测未来 GNP 情况。

13.6 总结

对于消费者债务和经济活动的关系已经表达了不同的观点。每个人都讨厌负债而喜欢资产。消费者债务作为一种负债,肯定会被厌恶。未来的利息和本金支付是直接从债务人的收入流中扣除的。在极端情况下,债务以及对债务所要求的偿付会使人变得贫穷。但债务也能让个人和企业获得如果不是通过负债就无法得到的资产,并且能不受他们当前收入水平的约束进行消费。为了对债务作出估计,我们必须知道对于收入的使用目的,以及借款人偿还债务的能力。

消费者在不发生破产情况下所能承受的最高债务上限,受到他的未来收入的贴现值加上当前净值的限制。收入渠道的变化、利率以及当前资产价值显然会影响消费者债务能力。

消费者债务能力一定程度上是由市场环境决定的。借款人当碰到利率和对于他们未来收入的市场预期出现不利变化时,会调整他们的借款限额以减小消费者破产风险。这些变化有可能会使得经济中的债务比率与新的市场环境相一致。原则上,调整会导致金融市场出现剧烈波动,这反过来会造成经济紧缩。这意味着消费者债务的变化可以用来预测经济的未来趋势。

实际财富的增加会降低储蓄需求,进而会使家庭储蓄率下降。这一分析表明,通过将总资产价值变化与债务收入比相结合,可以对债务的变化究竟是好还是坏这一情况描绘得更清楚。

第14章

储蓄是个怪物

维克托·A.坎托、阿瑟·B.拉弗

如果我们从字面上来翻译这个古希腊单词的话,畸形学(teratology)就是对怪物进行的研究。在实践中,其更关心的是生物学意义上的畸形,而不是任何实际存在的或想象出来的怪物。畸形学关注的是某一物种的个体身上的某部分出现缺失,或者出现增生,又或者发生严重变异。返祖性基因突变常常可能是变异的原因。畸形学的贡献在于,其表明了染色体基因时序出现的极小偏差,实际上会对成体的形态产生巨大的影响。

经济学中也存在类似的现象。在被一些商人所掌握之后,一些尘封已久的老旧观念获得了死灰复燃的机会,并再一次只在那些不入流的经济学家的脑海中生根发芽。相应导致的失败就是对这些观念所发出的深深谴责,但当记忆再一次变得模糊时,这些观念又会兴起。这很好地体现了物竞天择的道理。

约翰·梅纳德·凯恩斯和他同时代的其他顶尖学者面临着一个棘手的知识上的困境。社会究竟是怎样在全球范围内创造出一个似乎看不到头的失业情况的?大萧条能成为主流学术思想,就相当于和史蒂夫·加维(Steve Garvey)谈计划生育一样荒唐。但一个新观点就是这样被发明的。

凯恩斯很幸运,恰好有一个消费不足理论符合他的需要——一种对于世界既过时又不足为信的观点,其突出强调的是长期失业问题。在凯恩斯对消费不足的原因进行仔细研究之前,消费不足理论一直挤不进主流经济学之列,也从未发展壮大过。对于这一观点,维纳·桑巴特(Werner Sombart)、拉·麦恩特(Hla Mynt)、保罗·西洛斯·拉比尼(Paulo Sylos Labini)和索尔斯坦·凡勃仑

(Thorstein Veblen)都是很不成功的拥护者。而此后,凯恩斯登场了。

对于凯恩斯而言,其对于消费不足理论的着迷有两层原因:首先,该理论确实给出了失业均衡水平;其次,在他那个年代,用该理论在大众媒体的激战中夺人眼球是再合适不过了。大萧条的世界——受到贫穷和失业的蹂躏而让人绝望——对于"新观点"而言则是一片沃土,尤其会受到像约翰·梅纳德·凯恩斯这样杰出学者的青睐。

凯恩斯所提出的是一个很精致的简单模型,在该模型中,总需求达不到充分就业供给水平,而且也没有上升的趋势。价格水平会急剧下降,而且无法摆脱这一失业均衡情况。古典经济学家所钟爱的萨伊定律遭到了打击。但萨伊定律作为一种常识所形成的反馈循环始终得以维持。[1]

凯恩斯所做的只不过是调整了人们的边际倾向,让支出超过收入水平。根据萨伊定律,而且实际上对于那个年代的所有经济学家,如果考虑过这个概念的话,都会将边际支出倾向设为1。供给本身会创造出需求,而世界始终会达到充分就业。凯恩斯对边际支出倾向设定的数值小于1,而他把这称为消费,而不是支出。如果其他支出(如净出口、投资和政府支出)加上消费小于充分就业时的收入,并任由其这样,那么就存在失业,而且没有缓解的可能。

收入中没有用于消费的部分,称为储蓄。仍从边际角度来看,没有用于消费的会被储蓄起来,因此1减去边际消费倾向就是所谓的边际储蓄倾向。凯恩斯的理论很大程度上是一种过度储蓄理论,就像其可以作为一种消费不足理论一样。储蓄和消费只不过都是经济整体的不同方面而已。这个故事的其余部分现在大家都已经知道了。

14.1 凯恩斯主义对于储蓄的观点

一些关键要素在被提出的时候,只是作为对凯恩斯一般理论提出批评时的附带评论,能被引入经济学思想中很让人意外。尽管是由凯恩斯提出的,但这些概念是在那些原本没打算宣传凯恩斯一般理论的学术论文作者的思想中和文章中非常迅速地传播开来的。直到理查德·尼克松和他的继任者在现实世界中检验了凯恩斯的理论,并证明该理论是不可行的时候,才真正为世人所知。[2]但是,凯恩斯所提出的概念被保留了下来。

---

[1] 让·巴蒂斯特·萨伊(Jean Baptiste Say,1767—1832)在19世纪初探讨了一个原则,即人们所熟知的萨伊定律:供给本身会创造出需求。生产所创造出的需求足以购买生产出来的所有商品。

[2] Arthur B. Laffer, "The Ellipse", A. B. Laffer Associates, July 28, 1980.

至少凯恩斯所提出的一个很特别的概念，即他的储蓄概念，有点儿像病毒一样传播了开来。凯恩斯对于储蓄的特别定义，以及后来的经济学家对储蓄所赋予的重要性，对于当前产生了无尽的破坏。凯恩斯和早期的凯恩斯主义者显然和当前任何人比起来，都是更反对储蓄的。对于早期的凯恩斯主义者而言，更多的储蓄意味着更大规模的失业和贫穷。早期的凯恩斯主义者当谈到储蓄时，实际上都会有点儿恐惧。尽管现在几乎不会再有人对消费不足和储蓄过度感到担心，但对于储蓄的热情传承了下来。

全世界已经在很大程度上接受了凯恩斯对于储蓄的定义，以及凯恩斯分派给储蓄的核心角色。尽管凯恩斯主义者非常强调的是储蓄这一概念，但最终是储蓄的定义给出了衡量的标准。凯恩斯给出的储蓄定义，对于他所做出的运用而言非常恰当，但是如今要用在资本积累目的上是根本不合适的。[1]

根据凯恩斯的想法，储蓄是消费的缺位。储蓄以及税收和进口是收益流在循环过程中所发生的流失。这一部分可支配收入并没有被消费掉，因此根据定义，就是被储蓄起来了。在一个经济体中，支出的流失一定要用支出的注入进行补偿以维持平衡。储蓄、税收和进口一定都要与投资、政府支出和出口对应起来。由于凯恩斯认为消费有额外的好处，因此储蓄的增加就被视作收益/支出流循环中所发生的额外消耗。结果是经济衰退，或甚至更糟。

根据凯恩斯主义者的观点，企业和政府都会进行储蓄。然而就政府而言，储蓄对应着预算盈余。但盈余根本微不足道，甚至常常是处于弥补赤字和收支平衡状态之间。因此，赤字就表示政府在动用储蓄——对于收益流的净注入。

借助一些标准化概念来解释，在一个封闭经济体中，基于会计恒等式，总储蓄必须等于总投资。当经济体对国际贸易开放后，总储蓄仍旧必须等于总投资，但现在总投资包括了净对外投资。经济学对于会计恒等式的替换之处是在均衡点上。均衡的定义是当要求的储蓄等于要求的投资时的收入水平。

根据传统凯恩斯主义者的观点，储蓄的增加应正好等于消费以及总需求的下降。[2] 随着总需求的下降，衰退在所难免。他们甚至没有讨论过通货膨胀是否会重新抬头。因此，为了尽可能保证经济符合衰退情况，该观点要让消费保持尽可能高，而让储蓄尽可能低。凯恩斯主义的政策发展成为一套很明确的反对储蓄措施，现在已为我们所熟知，也颇受反感。

---

[1] Robert J. Barro, "The Ricardian Approach to Budget Deficits", *Journal of Economic Perspectives* 3, no. 2 (Spring 1989), pp. 37–54.

[2] 围绕储蓄所展开的讨论和如今对于税收的讨论不同。储蓄率应严格区别于总储蓄，就像现在我们要将税率区别于总收入一样。

14.1.1　反对改革

如今的主流经济学家集中批评凯恩斯主义时所表现出的激进态度，就和当年传统凯恩斯主义者倡导凯恩斯主义时所表现出的一样。爱之深，恨之切。凯恩斯主义者和反对凯恩斯主义者都生活在一个储蓄和消费主宰的世界。一派讨厌储蓄而喜欢消费，另一派则喜欢储蓄而讨厌消费。我们这些信仰古典经济学的人会在看看乐子和充满恐惧的不同心态下，观察他们疯狂的诡计。

凯恩斯主义者和反对凯恩斯主义者所争论的话题，有的无关紧要，有的则很可笑。但是他们所造成的危险，并不是因为他们有恶毒的动机或者道德败坏。当前真正的危险就相当于盲人标枪运动员朝拥挤的看台投掷了一支标枪，或者说就像是一群牛仔朝天空打出了几颗真的子弹。无论是他们过去还是当前的行为，都害死了或者伤害了一些人。

古典经济学和供给侧经济学都将储蓄视作在劳动和闲暇之间，以及未来消费和当前消费之间做选择的正常副产物。从公共政策的角度来看，储蓄根本没什么特别重要的地方。如果人们工作是为了消费，那很不错。如果人们工作是为了储蓄，那也没什么问题。对于古典经济学家来说，他们关注的是工作，而不是储蓄或者消费。如果有人工作的目的是为他们的孙辈积累些财富，那就可以这么干。或者如果有人工作是因为憧憬在拉斯维加斯的度假和酷炫汽车，那也可以。古典经济学家的想法就是，将尽可能地让人们愿意参加工作作为首要目标。

对于凯恩斯主义者和与他们对立的反对凯恩斯主义者而言，在一个不受约束的环境中，人们对于全球商品没有做出正确选择。必须对他们提供帮助，从而能从所有商品中选出最好的。对于新的反对凯恩斯主义者而言，储蓄占收入的比重必须增加至超过本该达到的水平。鉴于收入增长对于储蓄的直接影响，以及收入水平是由现有资本存量决定的，任何能抑制消费并鼓励储蓄的措施都是值得的。

概括而言，传统制度相信投资是给定的，因此储蓄率越低，产出越大。传统经济学家相信，对个人的激励决定了产出，而这从另一个角度来看，是有利于储蓄或者消费的。新一代的反对凯恩斯主义者相信，当前产出是固定的，而未来的产出是直接由更高的当前储蓄所创造的。很难想象比这更能引起争议的复杂状况了。

布什政府中有一些很有影响力的顾问，他们都是储蓄新观点的代表性人物。事实上，这些顾问主导了对于布什议程的讨论。现在由他们说了算。

14.1.2　反对凯恩斯主义者的观点

布什团队看待经济增长的方式是，认为全国商品和服务的总产出最终取决于现有劳动力、资本存量的质量和数量,而现有技术能将劳动力和资本结合融入最终产品之中。当然,这里所谓的技术就是正常情况下所称的生产力。

在布什团队看来,主要是靠包含在资本存量中的生产力带来了成果。显然,他们明白训练有素的工人也能改进生产力,但尽管如此,他们仍感觉相比于资本改善,这些工人技术对于经济政策的影响更小一些。从长远来看,劳动力至关重要,因此,布什总统坚定地认为自己应做一名推行教育的总统。他个人将受过教育的劳动力视作未来美国经济的核心,就像教育曾对自己之后人生的发展至关重要一样。

简单来说,用单位时间实际总产出(每年的实际GNP)衡量的商品和服务总产出,取决于生产中可以用到的总资本存量和资本存量中所包含的平均技术水平。根据传统文献,资本存量中所包含的平均技术水平可以用产出/资本比率来表示。因此,产出（Y）等于产出/资本比率（σ）乘以可以用到的生产资本存量（K）。无论采用何种会计标准,相应的资本存量测算标准都是全部实际折旧之和。

代数表达式为:

$$Y_t = \sigma_t K_t$$

其中

Y_t＝当期实际产出;

σ_t＝当期产出/资本比率(即资本生产力);

K_t＝当期净资本存量。

很显然,产出的增加受到资本存量增加的约束。布什团队和其他许多人都相信,所有的支出类别在受益于美国未来经济时并不是平等的。投资很特别。经济的增长直接取决于美国净资本存量的增加,净投资表达式如下:

$$\Delta Y_t = \sigma_t \Delta K_t$$

其中

Δ＝单位时间变量变化的绝对值。

因此,投资的表达式如下:

$$\Delta K_t = \frac{\Delta Y_t}{\sigma_t}$$

该表达式是对上述观点的简单抽象表达,但这确实抓住了布什政府思想历程的本质。他们确实钟情于投资,但他们并不是对所有的投资都一视同仁。就像他们相比于消费更倾向于投资一样,他们更偏爱风险资本投资、研发投资以及基础研究投资,而不是存货、住房和公司的豪华轿车。因此,他们关注的是下调长期资本利得而不是所有资本利得的资本利得税率。他们对于投资的钟爱常常让人摸不着头脑，表现出来就是不鼓励消费。尽管很多时候对于一些观点的鼓吹并不严谨，但是经过一番花言巧语之后，就能使人蒙蔽。

为了让整个情况能够完整，所有的需求侧研究者将他们的注意力从投资等价转移到总体净储蓄。在一个封闭经济体内，运用他们古怪的经济学概念，投资必须等于储蓄。为了达到平衡，之前的储蓄和投资也必须相等。也就是说，想要储蓄的人数等于希望投资的人数时，均衡就能实现。

在"充分就业"的大潮中，总是能通过实际利率的变化来调控投资，这样调整后的投资就等于储蓄。实际利率越高，投资水平就越低。布什团队的保持充分就业观点的关键是，通过充分投资以提供必要资本，从而能有利可图地雇用劳动力。不用说，围绕美国经济的持续增长潜力这样的概念肯定会充满争论。估计的范围从艾伦·格林斯潘的年均约 2.5%，到迈克尔·博斯金的年均高于 3.0%。综合来看，投资必须等于储蓄：

$$S_t = \Delta K_t = \frac{\Delta Y_t}{\sigma_t}$$

其中

S_t＝单位时间的总储蓄。

需求侧对于储蓄的观点也很简单明了。储蓄是收入中未被消费掉的那一部分。凯恩斯在他的《就业、利息和货币通论》(The General Theory of Employment, Interest and Money)一书中，对于消费是这样描述的：

> 当就业增加时，实际总收入就会增加。大家的心理就是当实际总收入增加时，总消费会增加，但没有收入增加得那么多……因此存在如下情况，给定我们所谓的民众消费倾向，就业均衡水平——在该水平上，雇主作为一个整体既没有意愿扩大就业，也不会缩减就业——将取决于当前投资规模。[1]

因此，储蓄也取决于收入。收入越高，储蓄越多。如果 s 表示收入中拿出来用作储蓄的边际倾向，那么总储蓄 S_t 的表达式为：

$$S_t = sY_t$$

前面所描述的储蓄等于投资的表达式如下：

$$S_t = s_t Y_t = \frac{\Delta Y_t}{\sigma_t} = \Delta K_t$$

或者

---

[1] John Maynard Keynes, *The General Theory of Employment, Interest, and Money* (New York: Harcourt, Brace, Jovanovich, 1964), p. 27.

$$\frac{\Delta Y_t}{Y_t} = s_t \sigma_t$$

最后一组关系式尽管高度简化了,但确实能用来描述布什团队对于美国经济观点的本质:实际经济增长可以定义为全国的储蓄率和资本生产力。进行储蓄的人越多,资本存量的生产力越高,经济增长就越快。如何鼓励储蓄、投资和提高生产力,是布什团队面临的核心问题。

反对凯恩斯主义者设置了障碍。美国的低储蓄率作为一个遗留问题,误导了凯恩斯主义者的政策直接与税收政策、政府赤字以及社会保障话题联系起来。这些政策导致了消费过度和低储蓄率问题。

高储蓄国家发展得更快。为了阐明他们的观点,新一代的反对凯恩斯主义者将净储蓄率与生产力发展联系起来。图14.1中给出的国际性比较,讲述了一个相当让人感兴趣的故事:

(1)高储蓄率国家经历了生产力的快速提高。

(2)旨在直接提高储蓄率的政策似乎能够使该国的生产力、实际GNP提高得更快,生活水平得到提高。因此,政府所面临的挑战是如何使美国的储蓄率提高。

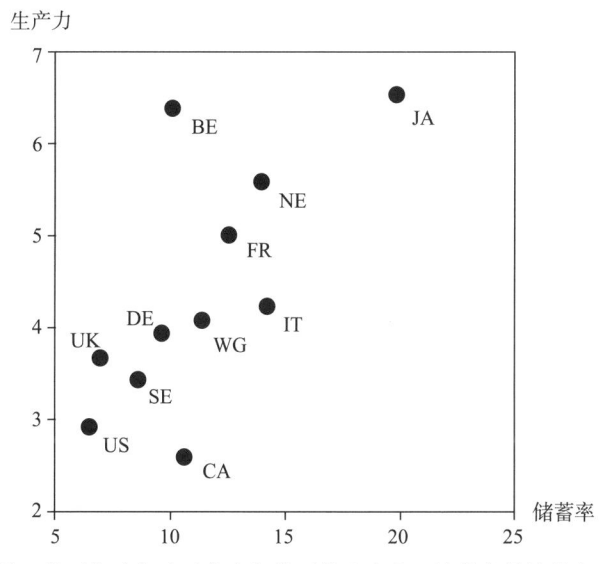

注:生产力是一段时期内每小时产出年均百分比变化。储蓄率是储蓄占GNP的百分比。

Sources:Bureau of Labor Statistics,*Handbook of Labor Statistics*,June 1985;*Statistical Abstract of the United States*,1988;OECD,*National Accounts*,1960-86;*International Financial Statistics*.

A. B. Laffer Associates

图 14.1　国际范围内的储蓄率与生产力,1971~1985年

关于美国储蓄的构成,在过去的17年间,美国储蓄率出现了下降。对美国储蓄的构成进行仔细的考察,能为美国储蓄率下降的原因提供信息(如表14.1所示)。相比于1971~1980年这段时期,企业储蓄率在1983~1987年这段时期只是出现了略微下降。在那段时期,州和地方储蓄率实际上升了。储蓄率下降的两个原因是,个人储蓄出现了显著下降以及联邦预算赤字(婉转点的说法是,政府在动用储蓄)。

表14.1　　　　　　　　　美国储蓄构成占GNP的比重

	1983~1987年	1971~1980年
个人	3.30	5.53
企业	2.24	2.43
私人合计	5.54	7.96
州和地方	1.47	0.87
联邦	−4.58	−1.84
私人和公共合计	2.42	6.98

Source：*Economic Report of the President*，1989.
A. B. Laffer Associates

根据反对凯恩斯主义者的模型,个人和联邦储蓄的下降直接是由于里根税率下调引起的。实际上,在肯尼迪政府时期已经采取过类似的政策了,其更偏向于刺激消费。根据他们的观点,税率下调导致了两件事情:(1)预算赤字庞大(如政府动用储蓄);(2)消费者的肆意消费。逆转这些负效应,显然能促使储蓄率上升。

反对凯恩斯主义者认为,有一些储蓄率下降情况本身会逆转。他们指出,现在联邦预算赤字已经低于GNP的3％,而且还在改善。在他们看来,灵活的冻结措施和其他的支出约束在消除公共部门动用储蓄方面,还有很长一段路要走。只要有1美元没被花出去,那么政府储蓄就能多1美元。这就导致个人消费/私人储蓄成为储蓄下降的主要原因。

根据他们的观点,应达到的目标是让政府减少动用储蓄,并增加个人储蓄。他们会设计一种消费税,在最理想的情况下,不会损害个人储蓄。

为了形成一套解决方案,我们必须在不同的分组中考察储蓄的构成。这可以通过研究不同分组中所包含的资产来做到。从数据所得出的含义是,大多数美国人几乎不进行金融储蓄(如表14.2和表14.3所示)。事实上,数据表明年龄更大、收入更高的人群掌握了个人资产占有量的绝大部分。基于反对凯恩斯主义者的模型,家庭金融储蓄数据导出了如下政策含义:

表 14.2 家庭净值：拥有率，1984 年

特征	家庭数量 (1 000)	生息资产	其他生息资产	普通支票账户	共同基金份额	做生意或职业人士	机动车	自有住房	租赁物业	其他不动产	美国储蓄债券	个人退休账户或基奥(KEOGH)账户
总计	86 790	71.8	8.5	53.9	20.0	12.9	85.8	64.3	9.8	10.0	15.0	19.5
户主年龄:												
小于 35 岁	25 730	64.5	4.8	50.6	13.1	10.3	87.5	40.3	3.8	5.2	13.0	10.3
35~44 岁	17 393	72.4	7.9	59.0	22.9	18.3	91.7	69.3	10.0	10.4	17.8	21.6
45~54 岁	12 596	72.9	9.1	60.0	23.1	19.7	91.6	77.7	14.3	15.4	17.5	31.4
55~64 岁	12 920	76.0	11.5	55.4	25.5	15.1	89.1	80.2	15.4	15.9	18.3	38.9
65 岁及以上	18 151	77.5	11.6	48.5	21.1	5.1	71.4	73.0	10.8	8.4	11.3	8.5

Source: Statistical Abstract of the United States, 1988. Original data reported in Current Population Reports, Bureau of the Census. A. B. Laffer Associates

表 14.3　　　　　　　　家庭净值:所拥有财产的中位数,1984 年

特征	净值	生息存款	其他生息资产	普通支票账户	股票和共同基金份额	自有住房的权益	个人退休账户和基奥账户
总计	32 667	3 066	9 471	449	3 892	40 597	4 805
户主年龄:							
小于 35 岁	5 764	901	2 318	327	1 218	17 586	2 484
35～44 岁	35 581	1 894	5 260	410	3 197	37 268	4 438
45～54 岁	56 791	3 387	7 766	538	4 048	48 172	5 351
55～64 岁	73 664	7 340	13 559	568	5 662	54 059	6 390
65 岁及以上	60 266	13 255	18 144	651	6 882	46 192	6 369

Source: Statistical Abstract of the United States, 1988. Original data reported in Current Population Reports, Bureau of Census.

A. B. Laffer Associates

(1)在让税收或收入增加时,一定要非常小心,以避免扭曲或者降低当前达到的储蓄水平。因此,对于那些没什么储蓄的经济部门,税率不应当按比例下调。对那些没有储蓄的家庭征税,会使得消费等额下降;而对那些有储蓄的家庭征税,则会很有效地让储蓄减少。一般消费税或其他特定的消费税种,如汽油税,就符合这种情况。

(2)必须采取一些步骤,吸引美国人增加他们的金融储蓄。根据这一观点,1986 年《税收改革法案》中使得个人退休账户(IRAs)规模缩减的免税政策,使得储蓄率下降了。能让该效应减弱的一种可能成本有效的方法是,引入一种不能抵税但享受免税的账户。类似地,应当考虑一些特殊的激励措施,鼓励人们购买普通股(例如,下调长期投资的资本利得税率)。

对于美国经济的其他影响方面,一直到 1982 年,美国的对外投资一直超过外国人在美国的投资。但从 1983 年起,外国人在美国的投资超过了美国人对国外的投资:外方投资从 1971～1980 年占 GNP 的－0.25% 上升至 1983～1987 年占 GNP 的 2.68%(如表 14.4 所示)。按反对凯恩斯主义者的观点,由此得出的含义是,低储蓄率使得美国更依赖于外国资本的流入。促使本国储蓄率上升的政策具有降低对外依赖的额外好处。

表 14.4　　　　　　　　　　美国投资构成占 GNP 的比重

	1983～1987 年	1971～1980 年
实际净个人国内投资	5.02	7.15
实际净国外投资	2.68	−0.25

Source：*Economic Report of the President*，1989.
A. B. Laffer Associates

14.2　供给侧对于储蓄的解释

为了对储蓄率下降作出解释，需要一个理论框架。我们的观点是，经济具有前瞻性，而且经济部门进行储蓄并通过财富产生的收益维持一个稳定的消费水平。在不能进行借贷的情况下，个人消费受制于在某一特定时点上所赚取的收入。因此，借贷提供了更大程度的灵活性，提高了个人福利。储蓄行为取决于家庭在整个生命周期内使其消费流稳定的意愿。借款和储蓄能力让个人能将消费的时间安排（即消费路径）和赚取收入的时间安排（即收入路径）区分开来。

更高的收益率会刺激个人为了未来的消费进行储蓄和投资。然而，这还不是全部的情况。对于未来和资产价值变化的预期也会影响当前的储蓄率。如果收入增长在未来有望较高，那么个人享受超过当前收入的消费水平是再正常不过了。当收入增长具体实现时，借款才会在未来那几年进行偿付。

分析表明，在整个生命周期，年轻人很可能成为净借款人而且不会积累金融资产，随着他们成年以及收入的增长，会对早些年的借款进行偿还并积累资产，为退休生活做打算。

基于世界范围的生命周期观点产生了一个非常简单的含义：年轻人是借款人，而老年人是储蓄者。储蓄行为是寿命最大化过程的直接结果。因此，金融资产积累只是可以用来确定个人所处的生命周期阶段，而无法确定他们是否节俭或者其他固有特征。在生命的某一点上，每个人都会步入这一阶段。

储蓄水平和储蓄时点会受到实际利率和财富水平的影响。如果利率上升，那么对于为未来提供资金而进行储蓄的刺激显然会增大。因此，能提高税后收益率的政策显然很令人满意，因为这更能刺激人们参与工作、进行储蓄和投资。

财富的增加会促使在人的整个一生中的各种生活水平上实现更高的消费。如果财富的增长速度快过了收入的增长速度，那么消费的增长会大于收入的增长，因此储蓄率会下降。然而，这并不是发出警告的原因；更大的财富反映了社会资源的净增加。

14.3 里根的税率下调

下调边际个人所得税率对于储蓄有三方面影响：

(1) 收入效应。首先，在任意给定的国民收入水平上，由于所得税率下调会使征收到的税收收入减少。这就是需求侧分析所强调的效应，而且在很大程度上，也是反对凯恩斯主义者的意思。结果会造成，除非政府支出也相应减少，否则政府储蓄（盈余）会按减税幅度减少，而个人可支配（税后）收入会按减税幅度增加。如果减税是长期性的，那么相比于减税之前，在任意给定的国民收入水平上，家庭能消费更多。从历史上看，对于长期性的可支配收入增加，美国人会将其中超过90%的部分用于消费。仅仅关注这一效应的话，可以得出如下结论：在任意给定的国民收入水平上，通常私人储蓄的增加数量不到减税规模的10%。根据这一框架，个人所得税率下调会使国民总储蓄（私人储蓄加政府储蓄）减少，由于私人储蓄的增加赶不上政府融资需求，因此，这使得金融资本形成过程中可用到的资源更少了。

(2) 替代效应。通常会被需求侧分析所忽视的第二个效应是税率下调的刺激效应。边际个人所得税率的下调会增加储蓄的实际税后收益，因此会让储蓄率——在任意给定的可支配收入情况下，家庭愿意储蓄的数量——上升。储蓄有可能会增加，因为更高的储蓄税后实际收益使得家庭所储蓄起来的所有东西——他们的退休生活、下雨天以及对自己孩子的教育——都变得更有吸引力了。[1]

考虑这样一个例子，某人所做投资的名义税前收益为15%，想为30年后的退休生活做笔储蓄。假定这个人的全部收入都处于70%这一税级。名义税后

---

[1] 储蓄率上升还有一个原因。假定税率下调使得征税所得减少了，而政府没有减少支出，那么所导致的赤字可以通过发行更多的政府债券来融资。这一债务问题迫使政府要在未来对本金和利息进行支付，其现值等于债务问题的规模。此外，个人可支配收入的增加数量等于债务问题的规模，也就是说，相当于当前税收支付减少的规模。有一些经济学家提出，理性人会意识到他们未来税收支付现值的增加（可以通过政府未来本金和利息支出得出），恰好等于他们当前可支配收入的增加。因此，个人会把所有的减税数额（当前可支配收入的增加）都储蓄起来，以应对未来更高的税收支付。如果是这样，那么个人储蓄会完全按照债务问题（政府储蓄的减少）的规模增加，这就让国民总储蓄和资本形成过程中可用到的资源并不受什么影响。由于全部由债务所引起的可支配收入增加被储蓄起来了，经济的平均储蓄率上升了。因此，正如在正文中所讨论的，从实证上，该效应和刺激效应所导致的储蓄率上升很难区分开来。See Robert J. Barro, "Are Government Bonds Net Wealth?" *Journal of Political Economy* 84 (April 1976), pp. 343–49.

收益应为 4.5%[15%×(1－0.70)]。如果在接下去的 30 年里,预期通货膨胀年均为 10%,那么储蓄的实际税后收益为－5.5%(4.5%－10%)。家庭边际税率下调至 28% 会使实际税后收益上升至 0.8%。在没有进行税率下调的情况下,资产价值每年会损失 5.5%,这样就使得牺牲 1 单位的当前消费,可以形成从现在起 30 年后$(0.945)^{30}$ 或者 0.18 单位的退休后消费。但是在存在税率下调的情况下,同样的牺牲会形成$(1.008)^{30}$ 或者 1.27 单位的退休后消费。当前消费和退休后消费之间的转换所带来的改善近 7 倍,差不多是每桶原油从 10 美元上涨至 30 美元幅度的 2 倍。就像原油价格按该幅度上涨会导致能源消费模式发生巨大改变一样,相比于可以预知的未来消费,如果当期消费价格出现了类似的变化,那么可以预期这会导致当期消费大幅减少,而储蓄会相应增加。[1] 除了最低税级以外,对于其他税级,上述效应尽管仍能观察得到,但会小一些。所宣称的税率下调只会对储蓄产生影响是根本不可能的。

通货膨胀可能会抵消掉实际税后收益率,因此会降低储蓄对税前利息的敏感性。指数化可以将实际税后收益由负值变为正值。这一分析的政策含义很明确。在税法中进行指数化可以显著降低税级攀升所产生的抑制效应,并刺激人们进行储蓄。

(3)财富效应。第三个效应为财富效应或称宏观经济效应。凯恩斯主义和供给侧方法都预测认为,税率下调可以对经济形成刺激。然而,刺激的原因却迥然不同。根据凯恩斯主义的框架,税收的减少和可支配收入的相应增加会使得总消费规模更大,再通过乘数效应会使得整体经济活动增加。而在供给侧框架下,由税率下调所形成的刺激会促使市场活动的收益率上升,从而产出扩大。

所得税率下调也会促使储蓄的回报率上升,这会使得当期消费被推迟。随着实际税后收益的上升,总消费可能会下降至本该达到的水平之下。税率下调会使得现有的和新的机器的税后收益率更高。扭曲现象的逐渐消除会让经济体系更具效率,结果是在现有的实物和人力资本条件下,达到一个更高的产出水平。而更高的产出水平会促使现有的实物和人力资本向上修正。税率下调会促使私人财富的增加。

私人财富的增加会使得经济中的长期消费水平上升,因此,当期收入中被储蓄起来的部分会减少。而税率上调会造成相反的效应。过去 20 年美国所发生的情况表明,家庭净值和个人储蓄率的变化之间负相关。在 20 世纪 70 年

---

[1] Gerald W. Bollman, Victor A. Canto, and Kevin A. Melich, "Oil Decontrol: The Power of Incentives Could Reduce OPEC's Power to Boost Oil Prices", *Oil and Gas Journal* 80, no. 2 (January 11, 1982), pp. 92－101.

代,当通货膨胀所导致的税级攀升将经济推上一个更高的税级时,财富遭到了破坏。对财富作出补偿的需要导致储蓄率的上升。而反过来,在20世纪80年代当财富被创造出来时,通过更高的个人储蓄率对财富作出补偿的需求出现下降(如图14.2所示)。

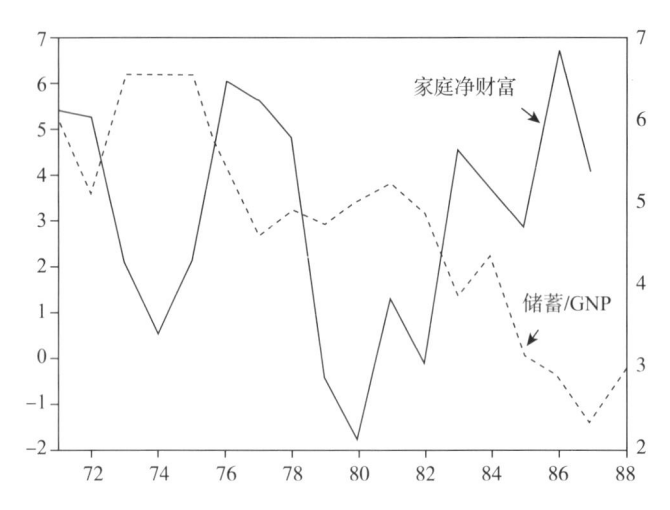

Sources：*Economic Report of the President*, 1989; Federal Reserve System, *Balance Sheets for the U.S. Economy*, 1948-87; Bureau of Economic Analysis, *Survey of Current Business*.

A. B. Laffer Associates

图 14.2　实际家庭在本国净值的百分比变化和个人储蓄占 GNP 的百分比,1971～1988 年

① 个人储蓄。根据我们的观点,个人储蓄率从1971～1980年时期的5.53%下跌至1983～1987年时期的3.30%直接是由于经济政策变化所造成的,这充分体现了通货膨胀所导致的税级攀升以及对美国经济继续进行刺激所会造成的财富吞噬和破坏。当经济调整至低税率环境时,储蓄率会再一次回升至长期水平。与我们的分析框架相一致,显然可以观察到个人储蓄率下降的情况得到了扭转:在1988年,个人储蓄占GNP的百分比从1987年的2.30%上升至2.97%。

尝试通过逐步消除所得税法中所暗含的对收入的重复课税(如资本利得税率下调和对个人退休账户项目彻底恢复免税优惠)使储蓄率上升,会提高经济整体对于储蓄、投资和生产的刺激。正因为如此,这些是很受欢迎的政策建议。

② 储蓄率与生命周期。必须特别注意,刺激并不是针对特定收入或者年龄群体的。尽管事实情况是,少部分的美国人掌握了大部分的金融储蓄,但是从生命周期观点很容易对他们持有资产的情况作出解释。步入中年的工人要偿

还在他们年轻时所欠下的债务，并要为他们的退休生活进行储蓄。

通过增加税收的方式将年轻的纳税人或低收入纳税人（或者同时包括这两类人）区分出来施以惩罚，而仅仅是因为他们没有足够多的储蓄，是一种政策上的错误。对于更年轻的工人征税会使其税后收入减少，而这会抑制他们对人力资本的积累和投资。这会减少他们一生当中的收入，尽管由于他们在成年时期会储蓄得最多，因此他们生命周期中的储蓄情况和储蓄率不会发生改变。由于他们对人力资本投资得更少了，因此所赚取的收入也减少了，这导致储蓄水平的下降。

③ 政府动用储蓄。总储蓄率构成中唯一显然与 20 世纪 70 年代所发生的情况不一致的部分是，政府动用了储蓄或者说出现预算赤字。保持其他所有条件不变，预算赤字的消除可以使经济中的总储蓄率上升至相当于 20 世纪 70 年代的水平。

可以有力地提出，美国储蓄率下降的始作俑者就是联邦政府。为了解决这一问题，必须明确政府动用储蓄的原因——收入下降或者政府支出增加出现失控。如果原因是收入下降，那么解决办法就是增加税收。反过来，如果原因是政府支出失控，那么支出约束就是合适的解决办法。

通过对数据进行仔细的观察可以得出，相比于里根进行税率下调之前，基于国民收入和生产账户的政府支出占 GNP 的百分比实现了增加（如表 14.5 所示）。同时，政府收入也是这种情况（如表 14.6 所示）。数据清楚地表明，政府支出才是问题所在，而不是收入。最新数据表明，政府支出占 GNP 的百分比出现下降，而收入维持在当前水平。如果这一趋势能延续，那么预算赤字以及政府储蓄减少的情况在接下去几年里会得以减轻。

表 14.5　　　　　　　　　基于国民收入和生产账户的政府支出

财政年度	联邦净值* （10 亿美元）	占 GNP 百分比（%）	州/地方 （10 亿美元）	占 GNP 百分比（%）	占 GNP 总 百分比（%）
1977	362.6	18.2	273.2	13.7	31.9
1978	393.4	17.5	301.3	13.4	30.9
1979	440.6	17.6	327.7	13.1	30.6
1980	526.4	19.3	363.2	13.3	32.6
1981	615.4	20.2	391.4	12.8	33.0
1982	697.3	22.0	414.3	13.1	35.1
1983	749.7	22.0	440.2	12.9	34.9

续表

财政年度	联邦净值* (10亿美元)	占GNP 百分比(%)	州/地方 (10亿美元)	占GNP 百分比(%)	占GNP总 百分比(%)
1984	802.0	21.3	475.9	12.6	33.9
1985	884.9	22.1	516.5	12.9	34.9
1986	925.1	21.8	561.9	13.3	35.1
1987	971.5	21.5	602.8	13.3	35.0
1988	1 006.1	20.7	647.9	13.3	34.0

* 根据预算调整；总支出小于联邦政府对州和当地政府的拨款。

Sources: U. S. Department of Commerce, Bureau of Economic Analysis, *Survey of Current Business* and *The National Income and Product Accounts, 1929 - 82; Statistical Tables*.

A. B. Laffer Associates

表 14.6　　　　　　　　基于国民收入和生产账户的政府收入

财政年度	联邦* (10亿美元)	占GNP 百分比(%)	州/地方净值** (10亿美元)	占GNP 百分比(%)	占GNP总 百分比(%)
1977	384.1	19.3	232.6	11.7	31.0
1978	441.4	19.6	253.0	11.2	30.9
1979	505.0	20.1	274.8	11.0	31.1
1980	553.8	20.3	301.3	11.0	31.3
1981	639.5	20.9	337.7	11.1	32.0
1982	635.3	20.1	365.5	11.5	31.6
1983	659.9	19.4	401.5	11.8	31.2
1984	726.0	19.2	446.9	11.8	31.1
1985	788.6	19.7	479.9	12.0	31.6
1986	827.4	19.5	511.9	12.1	31.6
1987	916.5	20.2	553.0	12.2	32.5
1988	975.2	20.0	591.5	12.2	32.2

* 根据预算调整。

** 总收入小于联邦政府的拨款。

Sources: U. S. Department of Commerce, Bureau of Economic Analysis, *Survey of Current Business* and *The National Income and Product Accounts, 1929 - 82; Statistical Tables*.

A. B. Laffer Associates

14.4 储蓄与经济增长

反对凯恩斯主义者认为,实际经济增长可以用国民储蓄率和资本生产力来定义。进行储蓄的人越多、资本存量的生产力越高,经济增长就越快。对于反对凯恩斯主义者所提出的假设,一个直接检验方式是,考察储蓄率与经济增长之间的关系。图 14.3 中所给出的结论显示,这两个变量间存在弱正相关性。实证证据给反对凯恩斯主义者的世界观致命一击。

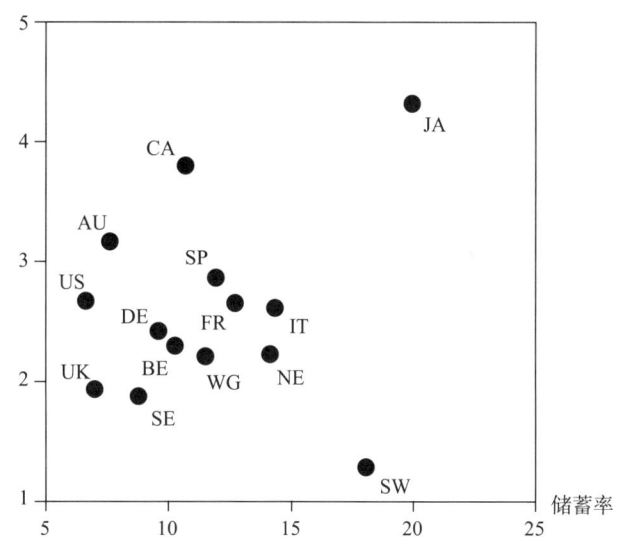

注:实际 GNP 增长是该时期实际 GNP 或 GDP 的年均百分比变化。储蓄率是总储蓄占 GNP 的百分比。图中的国家包括澳大利亚、比利时、加拿大、丹麦、法国、意大利、日本、荷兰、西班牙、瑞典、瑞士、英国、美国和德国。

Sources:OECD,*National Accounts*,1960-86;*International Financial Statistics*.
A. B. Laffer Associates

图 14.3　国际范围内储蓄率与实际 GNP 增长之间的关系,1971～1985 年

从供给侧经济学家的观点来看,对于不存在显著的直接相关性并不难解释。用一种极端情况来解释,考虑一种城市区域的情形。没有理由去期望该区域内居民的储蓄能与他们在该城市区域内所做的投资相匹配。更可能发生的情况是,他们会投资于其他一些区域。投资区域取决于在该城市区域和其他区域所能获得的回报率。然而,随着区域范围扩大至州或国家,对那些具备存款且属于同一管辖区域的投资会显著增加。在极端情况下,如果世界是作为一个整体(如一个封闭经济体),储蓄将等于投资。因此,将储蓄作为投资的替代量并将其视作增长的可能原因是一种误导性分析。

并不是说储蓄和投资不重要,情况恰恰相反。不仅如此,供给侧经济学家给出了一种完全不同的解释。高投资率会形成高增长率。资本积累的扩大会使得单位工人的产出增加(即更高的生产力)。更高的收入和对收入将持续增长的预期以及更高的收益率,会更加激励人们进行储蓄。因此,可以观察到储蓄与生产力之间存在正相关性,而这是能使收益率更高的经济政策的一个直接结果。一套更为完善的方法可以提高人力资本价值总量,但几乎没得到过人们言论上的支持。将人力资本包括在内的意义实际上很基础,并不仅仅是为了使方法更为精确。

除此之外,仅仅关注生产力或新资本(即投资)会忽视供给侧经济学所强调的经济增长的主要来源。低税率环境会造成使用新机器和旧机器没什么差别。同样地,在对劳动个体的年龄或机器使用年限不存在差别化对待的情况下,在工作中雇用年轻人和上了岁数的人也没什么差别。关注新机器设备时,会忽视现有生产能力所形成的产出增加,而这在新的税收体系下运用起来会更具效率。

第15章

我们是否在对国民健康保险的抵制上反应过度了？

詹姆斯·巴罗格(James Balog)

围绕医疗保健政策的讨论对于我们国家的未来极其重要，这不仅是基于社会角度，而且是基于经济角度。我们必须处理好医疗保健支出问题，从而能保持我们在世界上的竞争地位。相比于其他任何一个国家，美国将更大一部分的GNP用在了医疗保健上。美国企业现在会将50%的企业营运利润花在其员工和退休人员的医疗保健上。对这些隐性负债的估值范围是从1 690亿美元至2万亿美元，相当于美国企业资产负债表上所有其他负债的总和。财务会计标准委员会要求企业将医疗保健支出这一隐性负债公开化。目前的提议要求对1992年的损益表采取权责发生制原则，而对1997年的资产负债表只记录"最低"负债。医疗保健福利成本对于美国企业的重要性，就相当于1992年欧洲经济一体化或者1997年中国收复香港一样。问题是如何变得如此之大的？又该如何解决？

15.1 历史情况

政府应对医疗保健、退休体系和其他社会项目提供资助的理念是源于1883年俾斯麦(Bismarck)执政时期的德国。年龄门槛设定为65岁，这是一个相当高的水平，因为那时的预期寿命还不到50岁。并不是很多人有希望能享受到国民健康保险项目。但从那时起，在大多数发达国家预期寿命已经上升至70～75岁，而医疗技术使得在治疗中运用更多手段成为可能，并让更多人的寿命能维持得更长久。但所有这一切的成本在不断上升。

到目前为止,大多数国家都有一定形式的国民健康保险、全民医疗覆盖或者综合性医疗保健。英国是从 1948 年启动相关计划的;加拿大的政策经过 20 多年的不断发展,于 1971 年成为一套完善的计划。国民健康保险计划最初是于 1948 年由时任美国总统杜鲁门提出的。但我们接受的是 1965 年的医疗保险项目,选择只对那些达到俾斯麦时代标准的人们提供医疗服务。

在世界上所有的国家,难以承受的成本负担这个幽灵都会搅得政策制定者心神不宁。面对非常迫切的服务需求,公共和私人医疗保健管理者都忙于既要努力控制住成本,又要继续提供优质的、民众负担得起的医疗护理。世界各国的计划中一种常见的标准做法是,通过对工资大规模征税获得一般税收收入,实现工资到账即扣的融资方式。所尝试的成本控制方法包括如下规定内容:

(1)病人承担部分费用:对所有的或大多数服务,病人进行一定的支付。

(2)费用减免:该计划的覆盖只会在病人每年支付了最低限额的个人成本后,才会开始生效。

(3)支付上限:政府在每一段时期对每一个病人只支付一个固定数额。

(4)规定医疗服务提供者的费用:医院和医生的费用是提前设定好的,并按规定增加。

(5)排队:通常这是其他成本控制技术的一种结果(但也有可能是设计出来的),医疗服务按某种程序、病人的年龄或者其他要素来分配优先权,实现合理化。

15.2 比较统计

通过对 5 个主要发达国家的医疗保健支出进行比较得出,美国在医疗保健支出占 GNP 的百分比和人均支出方面都是最高的。但最让人惊讶的情况是,美国政府对这方面提供的资助所占的比重特别小(如表 15.1 所示)。

表 15.1 医疗保健支出情况汇总

	占 GNP 的百分比(%)	人均支出*(美元)	政府资助百分比(%)
英国	6.5	715	90
西德	8.0	1 031	80
法国	9.5	1 039	80
瑞典	9.0	1 195	90
美国	11.0	1 926	40

* 按美元购买力进行了调整。

对于医疗保健体系的满意度水平，不同国家的差别较大。最近有一份研究分别对 3 个国家的约 1 000～1 250 名消费者调查了他们对医疗保健体系是否满意（如表 15.2 所示）。尽管美国医疗保健的人均成本很高以及占 GNP 的百分比很大，但美国人对医疗保健体系是最不满意的，虽然英国人和加拿大人的不满意度也很显著。加拿大人似乎是最喜欢他们的医疗保健体系的，但事实情况是，他们的医疗体系规模差不多只有英国人的一半。可能任何体系都会造成人们的不满，因为最终都需要控制支出并对服务进行分配。

表 15.2　　　　　　　　　对医疗保健服务体系的满意度水平

	认为体系需要有根本性的变化(%)	对于医生诊疗的满意度(%)
美国	89	54
英国	69	63
加拿大	42	73

加拿大的体系一开始并不包括病人承担部分费用或者费用减免，这两项都会造成超额支出。相反，加拿大依靠的是对总成本设定上限和对服务进行分配。但无论怎么做，随着时间的推移，不满意情绪都会增加。然而，似乎加拿大体系的理念让美国人很感兴趣——通过一般税收所提供的资金，实现全民覆盖。有 61% 的美国人很中意加拿大的体系，而只有 3% 的加拿大人和 12% 的英国人想要美国人的体系。

在其他许多方面，不同国家的医疗保健模式都存在显著差异。法国民众每年人均会配 28 次药；英国民众和美国民众每年人均会配 7 次药。在德国，处方药占到了医疗保健支出的 15%，是其他大多数国家的两倍。通常会将这一情况归因于德国制药业非常发达，能将价格维持在一个较低的水平上。美国的成本明显受到了医疗纠纷的影响，医疗事故数量可能是加拿大的 10 倍。在加拿大，具体判决并不是由陪审团做出的，而是只能由法官做出，如果医生或医院被证明是无罪的，那么败诉的原告就要承担法律成本。

不同国家的管理成本会不同。在法国，对于医疗保健体系的管理，雇用了 25 万人，其占到了医疗保健总支出的 8%；而相比之下，这部分支出占到了美国医疗保健体系的约 3% 和加拿大医疗保健体系的 3%。

15.3　美国的经历

在美国，《医疗保健法案》（Medicare Act）作为约翰逊总统"伟大社会"项目的一部分于 1965 年被通过。似乎从 1965 年起之后每一年,政界领导人一直在宣传一种完善的国民健康保险项目,能扩大覆盖至所有人。实际上,政府的大部分支出已经用在了能享受医疗保健的人口和 65 岁以上人群身上,并且覆盖面从一定程度上扩大至残疾人和穷人。

在 1965 年,美国的医疗保健支出达 520 亿美元,占 GNP 的 5.9%。到了 1987 年,医疗保健支出上升至 5 500 亿美元,占 GNP 的 11.1%。增速并没有放缓,而且事实上出现了加速。1986~1987 年这段时间对于许多企业进行计划安排来讲,都特别让其紧张不安,费用增加 30% 非常普遍。出现这一大幅增加的一个原因是,医疗保健的诊断相关分类(DRG,Diagnosis Related Group)系统对医院费用进行了限制,并将成本转移至私人计划中。在过去的 20 年里,医疗保健支出出现了持续而显著的变化(如表 15.3 所示)。

表 15.3　　　　　　　医疗保健服务体系支出的百分比变化　　　　　　　单位:%

支付者	1967 年	1987 年
病人	43	30
私人计划	22	30
政府	34	40

15.4　医疗保健的困境

在有组织的医疗和财政专家——一群对公费医疗制度和其他不可控成本表示担忧的人——的反对声中,医疗保健计划被接受了下来。其实或多或少,双方都是对的。由于医疗保健体系是基于"服务收费"之上的,因此医生感觉他们与病人的关系没什么改变,还是可以获得正常的费用。他们仍旧是进入医院的守门人。医院的首要任务就是提供医疗保健服务。为什么这么说?因为政策制定者担心,如果医疗服务是在门诊或病人家里提供的,那么会很难控制人们对服务的利用,成本也会失控。而在医生作为守门人以及医院作为服务提供场所的情况下,让人感觉能对成本实施限制。如下两种体系,即"非公费医疗"体系和以医院为基础提供服务体系,造成的结果都是一种成本高昂的体系。要让医疗实现覆盖,就必须借助医院来提供服务。医院并不是"护理"设施,而是"治疗"设施。许多老年人需要的是护理而不是治疗,但该体系迫使他们都得待在昂贵的医院里,虽然门诊治疗可能更划算,治疗效果也更好。总的来说,服务体系几乎没有什么改变——医疗保健为成本加费用型服务体系注入了更多的需求。

《医疗保健法案》的 A 部分涵盖了住院事项。其完全是通过对劳动人口征收工资税进行融资,为那些 65 岁及以上人群埋单,没有考虑到劳动者是否是受益人群,也没有考虑到他们是否也需要医疗方面的援助。对于服务的利用,受到费用减免和病人承担部分费用情况的控制。最值得注意的是,入院第一天的费用是由病人自己承担的。

《医疗保健法案》的 B 部分涵盖了医生账单事项。最初设计的是各自承担一半,一半由一般税收收入支付,另一半由受益者自己承担。随着成本的逐渐提高,在政治上无法接受提高 B 部分的额外费用。受益者所承担的比例降至 25%,而一般税收收入需要承担大约 3/4。在里根年代曾尝试过保持各自承担一半,但没有成功。要进行成本控制,最主要的方式是让病人承担部分费用。最基本的是让病人支付《医疗保健法案》所规定的正常医生费用的 20%。值得注意的是,从 1972 年起,《医疗保健法案》所规定的医生费用就受到了经济指数的限制,在一些年份里,费用的增长完全得到了控制。结果造成,由于医生所开出的账单高于《医疗保健法案》所允许的数额,经常会出现病人对医生账单的支出比例远远超过 20%。

作为医疗保健覆盖计划中的下一步,1988 年《医疗大病覆盖法案》(Medicare Catastrophic Coverage Act)的立足点完全不同。最基本的差别是,大病覆盖是一种保险项目,完全由所覆盖的人群承担,并不涉及如工资税或一般税收收入等任何的外部资金。而且这是一种代理性的保险项目——每一名医疗保健项目的参与者都必须参加该保险项目。另一个显著的差别是,保险项目的所有参与者所承担的金额并不都是一样的。所有的参与者每人每月付 4 美元。但是对于那些纳税的人会额外征收 15% 的所得税,因此会有收入。每人每年的上限是 800 美元。因此,那些赚得越多的人付得越多——这与医疗保健项目中的其余部分相比,是一个完全不同的概念。虽然存在所得税超额征收,但即使是对于那些被征收最高超额所得税的人来说,医疗保健项目的所有部分加起来每年提供的补贴总额仍能达到 700 美元。

《医疗大病覆盖法案》的另一个特点是,从 1992 年起首次承担药物费用。有一个很高的减免金额达 800 美元,而超过这一数额后,大病覆盖项目会为药物费用埋单。在《医疗保健法案》的 A 部分和 B 部分中,并没有覆盖药物费用,除了那些住院情况,这仍体现了对成本失控的担忧。

大病覆盖计划还只是刚刚推出,可能不会长期推行;对其的资助是否太高了或太低了,又或者是否存在不公平,对此已经有所争论。由于存在所得税超额征收,因此政治上对此已充满热情。然而甚至在该计划还没推出的时候,就有其他人通过计算得出,大病覆盖计划的药物费用部分会导致该计划破产。布什总统最近表态,他不会宣布对法案进行调整以降低额外费用;而众议院筹款委员会主席赞同这一立场。这么做可能很明智,因为估计得出的医疗保健支出已经高得离谱了。例如,在该法案被通过时,人们认为1990年医疗保健支出为100亿美元。而目前估计1990年达到了1 100亿美元。

医疗保健体系有两大缺陷。第一,其照顾不到那些没有能力进行必要支付(承担部分费用或一定的减免)的群体。为了对穷人提供安全保障,医疗保健项目在州一级层面运作。目前美国的医疗援助成本达到了460亿美元,但在不同的州,医疗援助的覆盖情况会有很大的不同,并且要求个人把自己的钱花掉。把自己的钱花掉是指为了能享受到医疗援助安全保障,一个人的资产必须不能超过2 000美元,一对夫妻的资产不能超过3 000美元。许多老年人不太愿意因支付所需要的医疗保健服务而变得在财务上很贫穷。该体系还鼓励老年人将资产转移给他们的家属,以满足要把钱花掉这个要求。第二,当前的体系并不是为长期护理而设计的。"医疗"体系在为许多老年人,特别是75岁以上人群提供他们所需要的那类护理时,并不是一种合适的机制。而且缺乏"护理"设施意味着那些成本高昂的治疗设施会让人们不堪重负,对他们而言,用护理设施而不是通过医院进行护理更为划算一些。

15.5　长期护理问题

长期护理之所以没有被包含在《医疗大病覆盖法案》中,很大程度上是因为对成本虽然不太清楚,但可以相信它是一个天文数字。从私人保险公司那儿对长期护理概念可以借鉴的保险精算经验很有限。除此之外,尽管存在要把钱花掉这一条款义务,但仍让人感觉医疗援助为那些需要长期护理的人提供了安全保障。但所要推行的是对长期护理的覆盖,两党委员会(Bipartisan Commission)必须达到的重要目标之一是向国会推荐对长期护理覆盖项目。长期护理在第一年的估计成本是450亿美元(可以与1988年医疗保健支出789亿美元做一比较)。这450亿美元并不是所有增加的医疗保健支出;这一估值是私人护理计划、医疗援助所提供的长期护理,而现在私人支出占到了110亿美元。不仅如此,长期护理也是一项重要的经济责任。

15.6　综合性医疗保健

未来另一项重要议题就是对目前并没有被《医疗保健法案》和私人计划所

覆盖的 3 700 万人实现覆盖。而经常会被提及的数值范围是 3 100 万～3 700 万人,尽管这在统计上存在一定的问题。一个原因是,所有这些人中之所以有约 1/5"没有被覆盖到",是因为他们选择参与配偶计划。另一个原因是,"有工作但没有被覆盖到的"那 10% 的人还不符合资格要求。比较具有代表性的是,从医疗角度对于那些 65 岁及以上或者受雇于大公司的人来说,按道理他们的情况应该都不错。但实际情况是,所有的 500 人及以上规模的公司会对其员工实现医疗覆盖,而 1～9 人规模的公司中只有 46% 以及 10～24 人规模的公司中有 78% 做到了这一点。年轻人中没有工作的或者是自由职业者的,以及受雇于小企业的人,出于经济上的原因,在享受医疗保健方面问题最大(如表 15.4 所示)。

表 15.4　　　　　　　没有医疗保险人口的年龄分布,1987 年

年龄	百分比(%)
18 岁以下	27
18～24 岁	20
25～34 岁	23
35～64 岁	29
65 岁及以上	1
合计	100

目前有一些情况正有力地促使人们去着手解决这一问题。大多数艾滋病人也被归入这一范畴的实际情况,使得问题的解决和对成本的估计更为复杂。艾滋病人的医疗成本每年约为 10 万美元,正常一名艾滋病人的治疗时间大约为 18～24 个月。这表示如果对当前所有的艾滋病患者提供治疗的话,需要耗费 150 亿～200 亿美元。目前对艾滋病的治疗方法还仅仅停留在根据不同情况让生命延长一段时间——也增加了医疗成本,但这种病仍旧会致命。在大多数城市,如纽约,艾滋病问题已经让医疗保健服务体系举步维艰。对医疗保健资源的利用是一大问题,另一个问题是没有合适的途径让医院和医生为提供服务而获得报酬。可能的解决办法是,将大部分的额外成本转移给私人计划。

15.7　缺乏资金保障的债务问题

似乎觉得整体医疗保健问题的严重程度及其快速扩大对美国企业不算什

么，会计界现在正考虑施加一个更大的负担：为缺乏资金保障的债务建立资金储备。也就是说，无论是明确要求的还是暗示的，企业有义务对其员工和退休人员实现医疗保健的全面覆盖。好的会计准则会通过让企业每年在损益表中扣除这一项费用，以确认这一未来成本，从而为将来的支付做好充足的储备。这对于美国企业的影响是致命的。对于当前美国企业退休人员所要求的储备金差不多为2 000亿美元。如果将当前正在工作的员工的债务包括在内，会计估值达到2万亿美元。这些健康福利负债超过了美国企业资产负债表上所有的负债——这是一个非常大的经济问题。

15.8 我们是怎么会陷入困境的？

美国医疗保健体系现在在财务上出了很大的问题，这是因为没有采取其他成功的员工福利和养老体系的标准。个人养老体系：

(1) 假定负债是确定的，有一定贡献，或者福利有一具体的美元数额。
(2) 是基于通过保险精算对寿命做出的假设。
(3) 对员工实现覆盖，通常还包括其配偶，但不包括其他家庭成员。
(4) 不承担通胀风险，由受益人承担。

除了上述这些，还建立了储备金，为该体系贡献的资金是可以抵税的。

健康福利在很大程度上是不确定的。因为福利成本被认为并不大，大多数企业通过工资到账即扣方式征收，而不是建立储备金。在对养老金做出贡献的那一年，所贡献的资金是可以抵税的；对医疗保健信托基金所贡献的资金不能抵税，所以大多数企业对于未来退休人员所造成的债务并不会设立信托基金。最终，由于医疗成本的增加速度是通胀率的2~3倍，使得通胀幽灵让问题更加严重了。在大多数情况下，雇主都会对医疗保健负担的成本情况有自己的结论。

15.9 预测

在任何领域做预测都是有风险的，但对于医疗保健政策来说尤其如此。政策进程会与社会和经济趋势紧密交织在一起。美国现在正面临着巨大的财政赤字，在征收不到更多的一般税收的情况下，就无一般税收收入可用。直到1984年颁布《税收法案》时，我们才鸦雀无声，从政治上有一个很容易的方式就能征到税：税级攀升。当通货膨胀让名义工资变得越来越高时，税率也迈向越来越高的税级。不再需要不得不通过法律形式来增加税收,政府就能征到更多的税。靠工资吃饭的人眼睁睁地看着他们的税后购买力下降。而当将所得税税级对通货膨胀进行指数化后,税级攀升问题可以得到消除。现在任何政府成本支出的增加,都会要求具有政治风险的税收增加。

国会为税级攀升找到了一个替代方案:强制性福利。这是一种让国会通过法律来要求企业和保险公司提供一定福利的简单的权宜之计,这样企业和保险公司就必须将福利计入它们的成本与价格结构之中。当然,这会对美国的竞争力具有经济上的意义,并只会在长期体现出来。但短期的情况联系更大。我的猜测是,国会会尝试强制将长期医疗福利融入私人计划中。这会增加没有资金保障的负债,迫使必须对没有资金保障的负债问题找到一个解决方案。那么是什么呢?

15.10 全球的解决方法

我已经观察了数年如下的情况,如果要关注公共政策是如何被制定的,那么就必须找到最终让政策克服重重阻碍的事件的汇集点。阻碍的减小会与要求进行变化所产生的持续不断的压力交织在一起。如下是选民在对健康保险的广泛争论中的观点:

(1) 许多美国人都对他们的公共或者私人医疗保健计划(或者他们只拥有其中一种)感到不满,想要有更好的计划。

(2) 企业面临着巨大的没有资金保障的债务问题,并欢迎全球的解决方法。当然,小企业很难承担起对 3 100 万～3 700 万未覆盖人口的福利责任。

(3) 医院正以一个令人警惕的速度破产(在这 10 年里差不多每周一家),已准备采取不同的融资机制。

(4) 医生感受到了官僚体制的根深蒂固性,并且对于如何在要应对财政约束的情况下,提供他们所受的教育训练其应提供的优质服务而感到越来越手足无措。美国国家医学会已经批准了全民健康保险项目。国家医学会转变为美国医学会费了很大劲,但遭受的挫折越来越大,甚至在医生中间也出现了这种情况。在发表于 1986 年 7 月版《新英格兰医学期刊》(*New England Journal of Medicine*)的一篇社论中指出:"可能甚至是医学界都已经对私人企业和竞争性市场有一天会为通过公共融资实现的备选方案发起一场运动,不抱什么幻想了。"

(5) 官僚机构已准备好了。

15.11 结论

在解决这个大问题上,美国综合医疗保健两党委员会能产生多大的影响还有待观察。可能更准确地说,问题并不在于对解决问题所产生的影响,而是该委员会在用综合性的解决方案解决综合性问题上能迈出多大的一步。这会促成一些新的长期护理理念——对于《医疗保健法案》在另一种意义上的拓展。从长期来看,更大规模的解决方案还会继续涉及私人部门吗?或者这会变成一种全民健康保险项目吗?如果我们没有借助主要的新私人部门来解决这个问题的话,我预计,到 2000 年,所有的选民会联合起来抵制这一通过一般税收进行融资的综合性医疗保健项目。

第三篇

国际经济问题

第16章

税率下调与外汇汇率

维克托·A.坎托

当前在对于美元外汇价值的讨论中,有一个细小的但是很重要的区别被忽视了。确实货币扰动,如对于一国货币的故意贬值,能差不多抵消掉通货膨胀的影响;也确实在浮动汇率制下,货币扰动所造成的差别化通胀率能差不多抵消掉汇率的变动。这些关系反映了通常所谓的购买力平价。

购买力平价在长期的关联性尤其显著。国外价格水平(转换为美元)的波动与美国价格水平的波动之间存在紧密的一致性。然而,说货币扰动会造成差别化通胀率并能抵消汇率变动的影响,并不是说排除了其他也会影响汇率的因素。在本国价格规律和浮动汇率制下,实际扰动如财政政策变化或贸易条件的改变,会导致汇率的剧烈变动,但不会在抵消通货膨胀方面产生丝毫压力。在固定汇率制下,实际扰动也会导致差别化通胀率,而不会对外汇市场产生任何压力。在这种情况下,购买力平价无法成立。

购买力平价概念维持了如下关系,即两国货币之间的均衡汇率等于这两国价格水平的比率。这反过来意味着,两国通胀率之间的差异相应反映了汇率的变化。在1950~1970年间,贬值情况很少见,因此人们认为购买力平价的关联性不大。随着汇率被固定下来,所有的差别化通货膨胀格局必须反映出对于购买力平价的偏离状况。因此要严格遵循购买力平价,真正的固定汇率制意味着每一个国家会有相同的通胀率。购买力平价所给出的含义是,通货膨胀是一种全球性现象,并不是由国内政策所导致的。

在固定汇率体系下,贸易条件的变化成为不同国家的通货膨胀情况不同的主要原因。一国价格指数构成的差异也可能导致对购买力平价的偏离。在19世纪30年代,美国和英国的烟草价格都出现了上涨。由于烟草是美国产出的重要组成部分,而对于英国产出并不重要,美国的价格水平相对于英国的价格水平出现了上升。在这个例子中,美国和英国价格指数构成的差异,可以解释购买力平价为什么会不成立。尽管毫无疑问这种戏剧性的例子只是个例外,但价格指数中的不同权重可以解释所观察到的通货膨胀情况的差别。

在20世纪60年代末和70年代,美国和世界上其他发达国家着手进行了一项欠考虑的试验,废除世界上的纸币。一开始,该试验仅仅是一系列的货币贬值和限制资本流动。[1] 之后,随着试验的开展,布雷顿森林体系下的固定汇率制和黄金可自由兑换被彻底废除了。黄金储备国无法再使黄金价值和美元之间保持稳定,并且在最终发生偏离时,利率也无法再保证稳定。货币的数量规律和浮动汇率取代了黄金的固定价格和固定汇率。[2]

在浮动汇率制下,购买力平价成了预测货币扰动后果的一个极其重要的分析工具。然而,等政策制定者认识到这一趋势已经太晚了。事件的绝对力量甚至让传统主义者中最为教条主义的人,也不得不承认购买力平价的预测能力。人们最终会完全接受,而对于某些人而言,对于购买力平价的信奉就意味着反对其他任何理论。反对除了购买力平价以外的其他任何理论,是一种逻辑上的陷阱。就像在固定汇率制下通胀率会有所差异一样,汇率的变化也不能代表相对的通货膨胀情况。在过去的8年里,购买力平价在解释汇率波动或者通胀率差异方面并没有什么用。

在20世纪80年代,里根政府让世界回到了国内价格和利率稳定状态。因此,购买力平价作为造成不同通胀率和汇率波动趋势的主导力量再次弱化了。

---

[1] 对于这一时期政策的分析,可参见 Arthur B. Laffer, "Balance of Payments and Exchange Rate System", *Financial Analysts Journal*, August 1974; "Monetary Policy and the Balance of Payments", *Journal of Money, Credit and Banking*, February 1972; "The United States Balance of Payments—A Financial Center View", *Journal of Law and Contemporary Problems*, August 1969; "The Economic Consequences of Devaluation of Reserve Currency Country", *World Monetary Disorder*, ed. Patrick Boarman and David Tuerck (New York: Praeger, 1976); "Two Arguments for Fixed Rates", in *Economics of Common Currencies*, ed. Harry G. Johnson and Alexander Swoboda (London: George Allen and Unwin, 1973); "International Financial Intermediation: Interpretation and Empirical Analysis", in *International Mobility and Movement of Capital*, ed. National Bureau of Economic Research (New York: Columbia University Press, 1972), pp. 661–75.

[2] 如下几篇文章对价格规律的优点进行了讨论:Charles W. Kadlec and Arthur B. Laffer, "Has the Fed Already Put Itself on a Price Rule?" *Wall Street Journal*, October 28, 1982. 对于以数量为目标试验的讨论,可参见 Arthur B. Laffer and Charles W. Kadlec, "Monetary Crisis: A Classical Perspective", in *Financial Analysts Guide to Monetary Policy* (New York: Praeger, 1986), pp. 1–18.

在国内价格规律下,汇率的变动反映了贸易条件的变化。

16.1 美国所经历的情况:1980～1986 年

从 1978 年起,美国发生了一项重要的政治结构上的变化。需求侧经济学理论的逻辑基础遭到了抛弃,而代之以供给侧经济学的基本认知。在 1978 年,贾维斯—甘恩(Jarvis-Gann)所推行的财产税减免席卷了加利福尼亚州,而其他州紧随其后发起了类似的行动。[1] 斯泰格尔—汉森所提出的资本利得税减免被确认为法律。到 1981 年,货币改革开展得很顺利,总统所提出的全面减免所得税获得了国会通过。总而言之,边际税率实现了大幅下调,对油价解除了管制,通胀率和利率出现剧烈波动。[2] 一个新时代即将来临。

对于一个由需求侧经济政策决定的世界而言,减税、货币改革和对石油解除管制就是促进经济增长的万能药。1981 年《经济改革法案》中大幅下调了个人所得税率。所得税的最高边际税率从要在 1982 年 1 月 1 日生效的 70% 降至 50%。个人边际税率全面下调至 23%。税率下调按如下步骤实施:公历 1981 年下调 1.25%,公历 1982 年下调 10%,公历 1983 年下调 19%,公历 1984 年及之后几年共下调 23%。

所安排的税率下调导致了 1981 年与之后所有年份、1982 年与之后所有年份、1983 年与之后所有年份之间的收入替代效应。这些收入延迟效应意味着,在 1982 年经济表现会最弱,而从 1984 年起经济活动会逐渐增强。那一段时间的经济表现与这一观点是一致的。在 1982 年,实际 GNP 下降了 2.6%。在 1983 年,实际 GNP 上升了 3.5%。而在 1984 年,实际 GNP 上升了 6.5%。

---

[1] Charles W. Kadlec and Arthur B. Laffer, "The Jarvis-Gann Tax Cut Proposal: An Application of the Laffer Curve", in *The Economics of the Tax Revolt*, ed. Arthur B. Laffer and Jan P. Seymour (New York: Harcourt, Brace, Jovanovich, 1979).

[2] 对这些政策的含义,如下论文进行了讨论:Victor A. Canto and Charles W. Kadlec, "The Shape of Energy Markets to Come", *Public Utilities Fortnightly* 117, no. 1 (January 9, 1986), pp. 21–28; Charles W. Kadlec and Arthur B. Laffer, "The Oil Price Decline in Perspective", *Economy in Perspective*, A. B. Laffer Associates, February 16, 1983; Gerald W. Bollman, Victor A. Canto, and Kevin A. Melich, "Oil Decontrol: The Power of Incentive Could Reduce OPEC's Power to Boost Oil Prices", *Oil and Gas Journal* 80, no. 2 (January 11, 1982), pp. 92–101; Arthur B. Laffer, "The Laffer Curve", *Political Economy*, A. B. Laffer Associates, April 17, 1984; Victor A. Canto, "Fuel-Use Patterns in the U. S. Outlook for the 1980s", *Oil and Gas Journal*, August 23, 1982; Victor A. Canto and Douglas H. Joines, "Budget Deficits: Reaganomics Is not the Problem", *Economic Study*, A. B. Laffer Associates, February 24, 1986.

在国际舞台上，含义同样很明确。对于位于美国的资产的需求会随着美国资产的税后收益的增加而增加。更低的税收、对石油解除管制以及货币改革使得美国成为一个极具投资吸引力的地方。最终，外国人会增加在美国的投资，而美国人会减少在国外的投资。这会造成贸易收支赤字的扩大。

总需求整体水平上的延迟效应，部分可以被未来收入会更高的预期所抵消。当期商品会变得更为稀缺。对于当期商品的超额需求，可以同时通过净进口的扩大以及当期消费价格相对于未来消费价格的上涨来解决。一开始，实际利率出现了上升，随后从 1982 年的 6.6% 逐渐下降至 1985 年的 3.9%。[1]

贸易收支一方面可以被视作整体经济用来调整其短期消费与投资趋势的手段，另一方面可以用来调整生产与储蓄情况。进一步来说，随着税率下调的生效，美国的增长速度相比于世界上其他国家实现了加速，而贸易收支情况进一步恶化。商品贸易赤字占 GNP 的百分比从 1982 年的 1.2% 上升至 1984 年的 3.0%。

16.2　对于 1980～1986 年间美元升值与贬值的解释

里根发起的第一轮税率下调所形成的贸易条件效应，对于解释美元外汇价值的表现很有用。在美国，最高个人所得税率从 70% 下调至 50% 使得美国税后实得工资从 30 美分增加至 50 美分，对于那些处于最高税级的人而言，每赚取 1 美元，实得工资就会增加 20 美分。换句话说，美国的税后收益率上升了 66%。

如果美国及其贸易伙伴真的遵循的是同一种价格规律，那么汇率变化就能反映出贸易条件的改变。由于我们的贸易伙伴没有采取税率下调，美元的外汇价值有望升值 66%。以 GNP 为衡量基础，从 1980 年至 1984 年末，美元的外汇价值升值了 60.7%（如图 16.1 所示）。升值幅度与税率调整所导致的贸易条件效应是一致的。

在 1980～1984 年，美元外汇价值的上升是渐进式的。对于这种逐步调整的解释是，税率下调是逐步实行的。除此之外，如果对经济中的资源进行再分配的调整成本很高，那么税率下调所形成的税后收益增加不会立即消失。税率下调所导致的资本逐渐流入，从长期来看，是对全世界范围内税后收益率的差异进行套利。[2]

---

[1]　实际利率通过 3 月期国库券利率的平均值与 CPI 通胀率之间的差值计算得出。

[2]　Arthur B. Laffer, "Minding Our Ps and Qs: Exchange Rates and Foreign Trade", *Economic Study*, A. B. Laffer Associates, June 14, 1986; Victor A. Canto, "Exchange Rates and the Stock Market: Ps and Qs Meets the CATS", *Economic Study*, A. B. Laffer Associates, November 14, 1986.

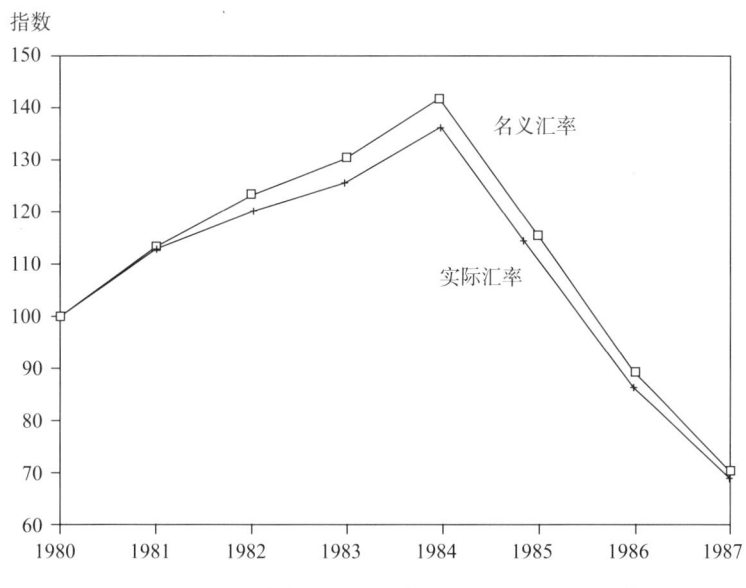

图 16.1　美元的名义和实际外汇价值：1980～1987 年

这一分析的意义是，最初美元升值的情况会被资本流入所逆转。当美元回到其税前水平时，这一过程就完成了。美元所发生的情况与我们的分析是一致的。美元升值在 1985 年一季度达到顶峰，之后开始持续了两年多的贬值。在 1987 年 12 月份，美元的外汇价值比 1980 年贬值了 6.5%（如图 16.1 所示）。

理论上，外国的税收改革可以抵消掉美国税收改革的影响。然而，在 1980～1984 年这段时间，美国的贸易伙伴基本上都没有对税率采取措施（如表 16.1 所示）。唯一的例外是英国将其最高税率从 98% 下调至 60%。然而，表面上所进行的税率下调实际上是一种净税率的上调。英国下调了没有人会缴纳的税种的税率，同时上调了没有人能逃得了的税率（如增值税）。[1]

表 16.1　　　　　　　最高个人所得税率：1979～1990 年　　　　　　　单位：%

	1979	1984	1985	1986	1987	1988	1989	1990
澳大利亚	61.5	60.0	60.0	55.0	49.0	49.0	49.0	49.0
加拿大	61.9	51.0	52.0	55.0	53.0	45.0	45.0	45.0
丹麦	73.0	73.0	73.0	73.0	68.0	68.0	68.0	68.0

[1] Arthur B. Laffer, "Margaret Thatcher's Tax Increase", *Wall Street Journal*, August 20, 1979, p. 10; Arthur B. Laffer, "Britain's Economic Tragedy: A Lesson for America", *Economic Study*, A. B. Laffer Associates, October 24, 1980.

续表

	1979	1984	1985	1986	1987	1988	1989	1990
法国	60.0	65.0	65.0	58.0	57.0	57.0	57.0	57.0
德国	56.0	56.0	56.0	56.0	56.0	56.0	56.0	53.0
意大利	72.0	65.0	62.0	62.0	62.0	60.0	60.0	60.0
日本	88.0	88.0	88.0	88.0	88.0	76.0	76.0	76.0
荷兰	72.0	72.0	72.0	72.0	72.0	70.0	70.0	70.0
瑞典	86.5	82.0	80.0	80.0	77.0	75.0	75.0	75.0
英国	98.0	60.0	60.0	60.0	60.0	60.0	40.0	40.0
美国	70.0	50.0	50.0	50.0	38.5	28.0	28.0	28.0

Source：*World Tax Reform：A Progress Report*，Edited by Joseph A. Pechman，Brookings Dialogues on Public Policy，The Brookings Institution，Washington，D.C.，1988.

A. B. Laffer Associates

1985～1987年间美元的贬值部分可以归因于本币的超额创造。货币政策所造成的美元波动部分，可以通过从美元名义外汇价值波动中得出的贸易条件效应来估计。数据表明，波动中只有很少的一部分（约为美元外汇价值的5％）可以归因于货币政策（如图16.1所示）。根据我们的分析预测，1985～1987年美元的贬值抵消了1980～1984年的升值。因此，1985～1987年这段时间美元外汇价值的下降是套利过程所导致的，其使得美国与其贸易伙伴的税后收益率达到了平衡。

美国及其贸易伙伴股市的表现也可以通过里根税率下调来解释。最简单来讲，美国现有资产的税后收益率，无论是绝对值还是相比于世界上其他国家，都实现了大幅上升。市场力量发生了作用，使得美国的劳动力和资本都得到了更为充分的利用，并且使其进行了更为有效的结合。失业率下降了，而就业率、平均工时、产能利用率和生产力上升了。在1981～1984年，当美国税率下降时，整体股市指数表现优于相应的欧洲股市指数表现（如表16.2所示）。

表16.2　　　　　　　　美国和欧洲股价表现：1981～1987年

	1981	1982	1983	1984	1985	1986	1987
美国（S&P 500）	−9.73	14.76	17.27	1.40	26.33	14.62	2.03
欧洲	−15.77	0.00	17.33	−2.78	73.30	40.29	1.43

Sources：Standard and Poor's；*Capital International Perspective*，Capital International，1987.

在1985～1986年，这种差异化表现出现了逆转。相比于美国股市，欧洲股市的再度上涨部分可以归因于美元外汇价值的下降。欧洲股市相对上涨的另一个原因,部分也是因为采取了供给侧税率下调政策(如表16.1所示)。税率下调是罗纳德·里根留给世界的一个永恒的供给侧标记,并且作为里根经济政策的一个结果,供给侧思想也为美国的贸易伙伴所引入。[1]

不同行业板块的差异化表现也可以通过里根税率下调来解释。在1981~1985年这段时间,非贸易板块行业组的表现优于国际贸易板块行业组的表现(如表16.3所示)。在1985年,美元开始持续贬值。正如我们的分析框架所预测的,并且与我们先前的研究相一致,美元外汇价值的下降具有滞后反应,这导致两组的差异化表现出现了反转。[2] 在1986~1987年,国际贸易板块组的表现优于非贸易板块组的表现(如表16.3所示)。

表16.3　　国际贸易板块与非贸易板块的股价表现:1981~1987年

	1981	1982	1983	1984	1985	1986	1987
非贸易板块	0.79	31.66	18.04	−0.76	26.68	12.67	−7.46
贸易板块	−5.71	20.82	17.85	−6.23	20.81	15.65	10.05
S&P 500	−9.73	14.76	17.27	1.40	26.33	14.62	2.03

Source:Standard and Poor's.

16.3　1986年《税收改革法案》

从1986年《税收改革法案》颁布起,美国经历了这个10年中的第二轮税率下调。根据我们的框架可以预测,这一次的表现将类似于第一轮里根税率下调中的表现。然而尽管有相似的地方,但也有差异。逐步进行税率下调的负面效应,并不像在1986年颁布《税收改革法案》时所宣称的那样会和1981年《税收改革法案》的一样。有三方面原因可以解释这些差异:第一,逐步进行税率下调的时间更短,因此对于上一轮的负面影响会更小。第二,1986年《税收改革法案》所形成的激励小于1981年《税收改革法案》所形成的激励。[3] 因此,所形

---

[1] Alan Murray,"Lower U.S. Tax Rates Go International",*Wall Street Journal*,April 4,1988,p. 1; Robert Bartley,"Whither Voodoo Economics?" *Wall Street Journal*,August 18,1988,p. 22.

[2] Victor A. Canto,"Exchange Rates and the Stock Market:Ps and Qs Meets the CATS",*Economic Study*,A. B. Laffer Associates,November 14,1986.

[3]《经济复苏税法》(Economic Recovery Tax Act)中将最高税率从70%下调至50%。因此,处于最高税级的人的收入每增加1美元,就能留下50美分,而不是30美分。即激励增加了66%。1986年的《税收改革法案》将最高税率从50%下调至28%。这样激励仅增加了44%。

成的替代效应会更小。第三,很有可能在1982年有效边际税率会因税级攀升和工资税增加而上升。对于大多数人来说,相比于1986年,1987年的税率会更低。[1]

16.4 1988年的美元外汇价值

在1988年,美元贬值得到了遏制。1986年的《税收改革法案》在解释美元升值方面很有用。税收改革使得最高边际个人所得税率从两年前的50%下降至1988年的28%。在这两年时间里,税后收益率出现了上升。在1987年,税后收益率上升了23%;在第二阶段,累积效应达44%。整体税率下调使税后收入从1美元50美分,增加至1美元72美分。保持其他所有条件不变,美元有望升值23%,至44%的峰值,在这个点上,美元有望贬值到其长期贸易条件均衡水平。

然而,其他所有条件并不会保持不变。在1988年,美国的贸易伙伴进行了税率下调,这使得世界上其他国家的税后收益率实现了和美国差不多相同幅度的上升(如表16.4所示)。因此,只有1987年那一次税率下调,美国的贸易伙伴没有跟上。

表16.4　　　　　　　国外税率下调所导致的税后收益率上升　　　　　单位:%

1984	1985	1986	1987	1988	1989	1990
4.58	5.11	7.23	9.08	46.21	50.79	51.92

A. B. Laffer Associates

这一分析的意义是,美元升值约23%会达到峰值,随后会出现贬值。这很难检验,因为我们主要的贸易伙伴会调整它们的税率,或通过货币政策影响它们的汇率,又或者这两种情况都会发生。瑞士和德国并没有进行重大的法定税率下调,而且它们的货币政策被广泛地接受为价格规律。因此,美元/瑞士法郎以及美元/德国马克汇率的波动,反映了美国货币和财政政策的扰动。与我们的分析相一致的是,从1987年12月起,美元兑瑞士法郎从1.31升值到1.61,升值了22.9%。类似地,美元兑德国马克从1.57升值到1.90,升值了21.0%。这些数字表明,美元已接近其峰值,实际上,如果升值是由美国税率下调所引起

---

[1] Truman A. Clark, "Just Wait 'Til '88", *Economy in Perspective*, A. B. Laffer Associates, August 26, 1986.

的,那么在接下去的几个月里,美元会出现贬值。相对于那些进行了自己的税率下调的国家的货币,美元的升值幅度更小一些。从1987年12月起,美元兑澳元温和升值了8%,而兑加元只升值了5%。

除了贸易条件效应以外,货币政策也会影响美元的外汇价值。假定我们的贸易伙伴遵循一样的价格规律,美元升值幅度不足或过度的唯一原因可能就是美国的货币政策。因此,如果货币政策是扩张性的,那么美元升值幅度会达不到贸易条件效应所暗示的23%的升值幅度。然而随着世界经济接近其长期贸易条件均衡水平,这不会影响美元之后出现23%的贬值。如果货币政策是过度的,那么美国的通胀率和长期利率在美元升值的情况下,将会出现上升。

16.5 展望

国外的税率下调可以提高位于国外的资产的税后收益率。国外税收改革对于美元外汇价值的影响,与1981~1985年间所观察到的情况相反。税率下调所形成的刺激完全取决于下调的幅度以及最初的税率水平。考虑这样一个例子,假定税率从90%下调至70%,实得工资会从10美分增加至30美分,激励增加了200%。相比之下,税率从20%下调至10%,会使实得工资从80美分增加至90美分,激励增加了12.5%。尽管美国的贸易伙伴下调税率的幅度更小一些,但它们是从更高的税率水平开始调整的。

运用美国的贸易伙伴所进行的个人所得税率下调(如表16.1所示),可以计算出国外税收改革所形成的平均激励水平。在1980~1987年间,国外的税率下调缓慢地提高了位于国外的资产的税后收益率(如表16.4所示)。然而,1988年和1989年的税率下调导致国外的税后收益率出现了大幅提高。在1988年,国外税收措施所形成的激励不只是抵消了1986年《税收改革法案》所形成的激励。只有在1987年所形成的激励才对美国的贸易条件和汇率产生了净效应。从表面上的数值来看,调整成本是高昂的这一假设表明,美元的实际外汇价值在1988年差不多会升值23%,而随后会贬值。

国外税率的进一步下调会对美元形成贬值压力。为了解释这一点,考虑一下近期英国所实施的改革。最高所得税率从60%降至40%。税后收入会从40美分增加至60美分,激励增加了50%。由于国外税率下调幅度超过了第二轮里根税率下调的幅度,贸易条件效应导致在1989~1990年美元兑英镑贬值超过23%。因此,英镑有可能会由于税率下调所造成的贸易条件变化而升值。尝试通过货币政策来阻止英镑的外汇价值上升,会导致英国通胀率的上升。这些影响在英国的经济中已经体现出来了。根据《经济学人》(*The Economist*)杂志,英国通胀率年均达到了10%。[1]

初步估计是,德国、日本和瑞士会继续采取审慎的货币政策。这使得只有美国国内的货币政策会成为对美元相对于上述这些国家货币的外汇市场价值造成扰动的可能原因。基于菲利普斯曲线关系将重点从价格规律转向经济微调意味着,在经济快速增长时期,美联储会放缓基础货币增速;相反,在经济增长放缓时期,美联储会提高基础货币增速。这意味着在经济快速增长时期,新的操作政策是通缩性的;而在经济增长放缓时期,政策是通胀性的。此外,如果美联储对实际经济情况做出了反应,并且对经济信息的收集是滞后的,那么货币反应也会是滞后的。因此,展望是利率的变化会增加。[2]

在对货币政策做出展望时,还需要考虑一个变量。如果我们的分析是对的,那么在1989年贸易条件效应会对美元形成贬值压力,就像1985～1987年所发生过的那样。1989年美元的贬值并不是通胀性的。但尽管如此,由于美联储担心会出现美元贬值,其反应会是放缓基础货币增速,以使美元的价值保持稳定。这对于债券而言绝对是利好性的,因此1989年对于债券市场肯定是个好年头。

16.6　简要含义:税率变化对于国际部门的影响

税率下调使得位于国内的资产的税后收益率提高了。税后收益率的提高促成了净资本的流入。最终,资本流入会使得税后收益下降至长期均衡水平。在浮动汇率制下,国际收支差额必须始终为零。因此,资本流入反映了贸易收支情况。于是,根据我们的框架可以预测:

(1) 税率下调会导致本币的逐步升值。然而,货币外汇价值的上升情况最终会发生逆转。

(2) 一开始,相对于世界上其他地方,本国股市会上涨。

(3) 板块效应也会变得很显著。在逐步升值阶段,非贸易板块行业的表现会优于贸易板块行业的表现;而在逐步贬值阶段,相对表现会反过来。

20世纪80年代美国所经历的情况与我们的框架完全一致。由于美国将其个人所得税率从60%下调至40%,我们的分析表明,在接下去的几年里,英国的经济会出现美国在20世纪80年代所出现过的许多症状。

---

[1] *The Economist*, August 20, 1988, p. 83.

[2] Paul Evans, "What Monetarism Has Done to Us", *Economic Study*, A. B. Laffer Associates, February 3, 1984.

第17章

贸易差额：别担心，看开点

阿瑟·B.拉弗

"我唯一会穿的衣服的标签得是'美国制造'。"

迈克尔·杜卡基斯(Michael Dukakis)，民主党总统候选人

"我们真的不能再让庞大的贸易赤字持续下去了。"

克莱顿·尤特(Clayton Yeutter)，里根政府特别贸易代表

在国际贸易会计形成之后没多久，"国际支出平衡"与"国际收入平衡"之间开始有了差别。但是随着时间的推移，在"国际收支逆差"与"国际收支顺差"这样一种更让人有感觉的二分法表达方式下，上述的客观描述方式被混淆在了一起。差不多是在相同的时候，"借方"和"贷方"这两个词，因"恶化"和"改善"这两个词而变得黯然失色。老实讲，谁会更喜欢恶化而不是改善呢？随着这样一种语言上的退化，就很容易理解错误理论的演变，最终具有危害性的政策层出不穷。

传统重商主义者被亚当·斯密这类学者和其他开明的贸易专家非常理所当然地标记为思虑不周的人。然而，会计的影响力远未达到压倒性水平。叫法并不正确的贸易名称死灰复燃，用复杂的错误代替了简单的真理。新重商主义者时至今日仍在思想和政策方面都占据主导地位。如果真有什么区别的话，那么就是新重商主义者当前持有的心态所体现出的统治力，几乎压倒了一切。

贸易逆差是误导性政策的一种表现这一基本假设，根本就是不对的。但是，这一假设本身是错的这一事实情况，远不足以用来否定一整套政策分析以

及现在所提出的解决方案。甚至在几乎接触不到其他解释的情况下,新重商主义者所提出的如此雄辩的观点也完全为人们所接受。但是当将其付诸检验时,新重商主义者的想法失败了。

尽管存在贸易逆差会使得贸易收支出现"恶化"这一情况,但是经常账户或商品贸易逆差本身并没有什么问题。如果从外国人那儿获得的本币贷款以及外国人所进行的资本收购并没有得到纳税人的担保,那么所存在的贸易逆差就成了私人方面的事。这样的交易应该能获得公众"友好的忽视"。一家宾夕法尼亚企业向加利福尼亚州斯托克顿市的一位日本教师借款,与向日本北海道的日本人借款,没有什么差别。在任意一种情况下,贷款成功或不成功都仅仅是借款人和贷款人之间的事,并不会牵涉到公共政策。

当一国经济出现复苏,就像美国在过去 6 年里所发生的情况时,也完全有理由去期盼甚至欢迎贸易逆差。经常账户逆差在会计上的对应项是资本账户顺差。正在发展中的公司需要融资,发展中的国家也是如此。

想要看清楚在讨论中供给侧的观点,只需要问这样一个问题:对于那些集结在一国"边境线"上的资本,究竟是更希望其流出该国呢,还是更希望其流入该国?显然,一国资本顺差是经济健康而不是经济动荡的信号。投资者为了能在美国投资而获得美元现金流的唯一方法是,让美国实行经常账户逆差。

供给侧经济学所提出的一个重要论点是,假定有两个地方,A 和 B,如果在 B 实行了税率下调,而在 A 没有这么做,那么生产者和制造商会尝试从 A 搬到 B。随着保罗·沃尔克在通胀率和利率方面取得成功,霍华德·贾维斯、比尔·斯泰格尔以及罗纳德·里根在税收上取得成功,美国已经成为发达世界中的百慕大,是一块对于国外资本而言名副其实的吸铁石。资本很自然地会流往采取了措施的国家。

鉴于美国经济的复苏,外国人非常愿意向美国输送资源以增加美国的产出、就业与生产力。美国的贸易逆差完全不是问题,而是一个解决问题的方法。相比于贸易平衡或者美国贸易顺差状况,外国贷款人与美国借款人在美国贸易逆差条件下状况都得到了改善。由于美国采取实施贸易逆差,在 1983 年一季度实施的里根税率下调非常有效,美国创造了超过 1 500 万个工作岗位。美国的外贸逆差并没有使工作岗位减少,相反,这提供了资源促使美国劳动力激增,实现了充分就业(如图 17.1 所示)。

有几种方式可以定义并且是精确定义贸易差额、贸易逆差和贸易顺差。每一种精确的定义相互之间可以转换,并都以一种具有危险性的特定方式在引导人们的思想。例如,贸易差额从字面意思上是指在某一时期出口值和进口值之

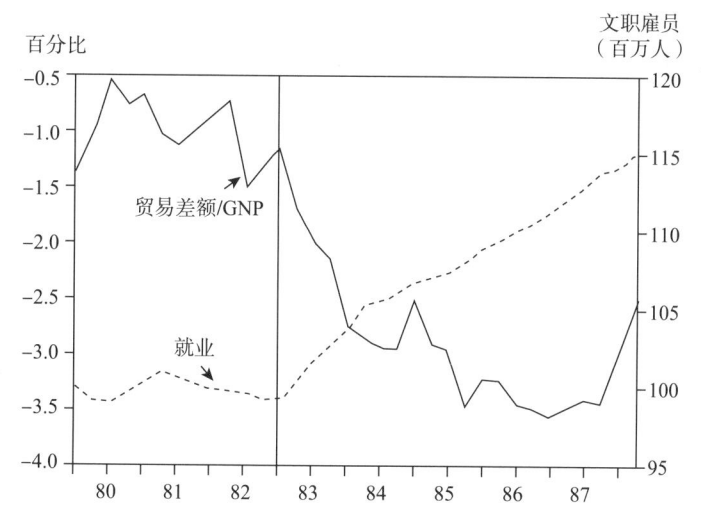

Sources: Department of Commerce, *National Income and Product Accounts*; Bureau of Labor Statistics, *Revised Seasonally Adjusted Labor Force Statistics*, 1978—87; Bureau of Labor Statistics, *Employment and Earnings*.

图 17.1　贸易差额占 GNP 的百分比与就业总人数（季度），1980 年一季度至 1988 年二季度

间的差额。当按这种方式进行定义时，要理解贸易差额，就需要理解一国的出口和进口，这是很自然的事情。似乎只能通过理解为什么人们要从国外买商品，并且向外国人出售商品，才能找到真正的答案。将这一逻辑选择再往前推一步，似乎很显然，价格和可得性才是做出"制造或购买"选择时的关键要素。因此，配额、关税、汇率以及差别化生产率，才是决定一国贸易差额的核心要素。

但是，对于贸易差额的另一种定义——正好等于出口减去进口，而且一样有效——是一国的储蓄与投资的差额。让我们记住这一定义，那么关税、配额和汇率似乎与我们所理解的一国的超额储蓄（或投资不足）根本没什么关系。税收、研发支出、补贴、预算赤字以及类似的概念不断涌现出来，就像一条条结满硕果的林荫大道，指引着我们最终实现理解。

国际贸易差额也完全等于国际资本差额。因此，利差、资本利得税以及相对的商业环境就会成为相应需要考虑的因素。贸易顺差正好等于资本逆差；反之亦然。国际贸易差额也等于一国收入和支出的差额。这一定义再一次将人们的思路引向了不同的方向。

尽管有不同的定义方式，但还是那些教条式的咒语在大行其道。正如凯恩斯所很好描述的,我们已经成了作古的经济学家和不入流学者的奴隶。[1]然而骗局是,即使他已经逝世了那么多年,但现在他让我们成了他的奴隶。如果能让一个人制定规则、下定义,那么他的对手就没什么胜算了。

本章不适合用来作为对科学文献进行细致评估的论坛。尽管这样描述有些极端,但是1946～1960年间两个贸易逆差最严重的国家——西德和日本——与里根时代的美国还是能做合理的对比,能道出这一事实情况就足够了。

第三世界国家的贸易逆差与当前美国的贸易逆差根本没法比。第三世界的贸易逆差更多是由于政府干预使得自由市场力量被破坏所造成的,而不是出于个人的计算错误。那些经济增速加快的国家——这是很自然的一个过程——会吸引到外国投资者,从而会经历贸易恶化。

从1982年起,英国贸易账户所发生的迅速恶化以及随之进行的税率下调,与美国所发生过的情况很像(如图17.2所示)。有些宽松的财政政策是造成这

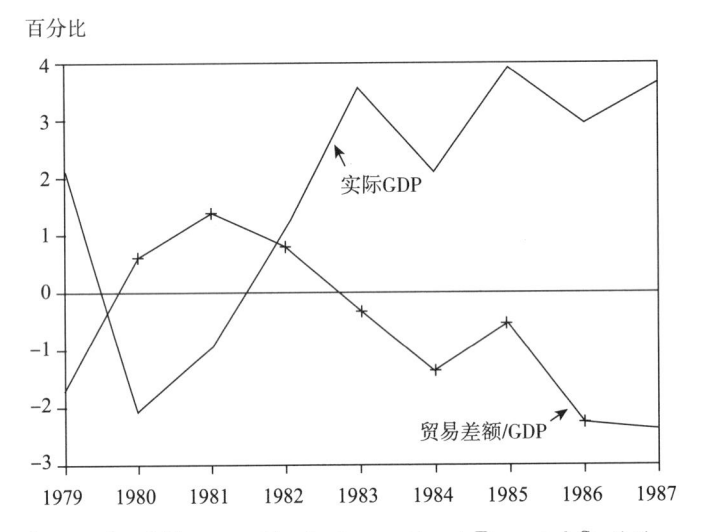

Source: International Monetary Fund, *International Financial Statistics*.

图 17.2　英国实际国内生产总值(GDP)的百分比变化与商品贸易差额占GDP的百分比,1979～1987年

---

[1] 精确的引用如下:"但是暂且不谈同时期人们的想法,经济学家和政治学家的观点,无论是对的还是错的,都比通常人们所理解的更有用。确实世界几乎不受其他条件的支配。那些相信自己根本不会受任何思想左右的很现实的人,通常在思想上都会受役于一些已经作古的经济学家。那些被视作权威的疯子,能从空气中听到冥冥之声,从以前的一些不入流的学者那里提炼出他们疯狂的思想。"约翰·梅纳德·凯恩斯,《就业、利息和货币通论》。

些赤字的根本原因的观点,肯定不适用于解释英国的情况——他们的预算是处于盈余状态。对于这种情况,英国所得到的忠告是,必须终止贸易逆差状态。复杂的错误取代了简单的真理。问题并不在于贸易分类账户上出现的大规模赤字,而是分析错了。如果人们相信这一观点,那么错误的分析是在对不是问题的事情进行实际的解决。

按照现在通行的标准,从17世纪中叶至19世纪70年代,美国都出现了庞大的贸易逆差。这样的贸易逆差持续了两个多世纪。最终,这些美国的贸易逆差为美国在世界上创造出超群的经济实力提供了必要的资源。

在观察到美国已经成为净债务国,并且其程度在以一个令人难以置信的速度扩大(如图17.3所示)之后,新重商主义者最近的分析令人感到绝望。然而,国际资产是账面价值数据,而且很可能与市场价值没什么关系。在1987年,美国的投资收入实现了盈余,这似乎暗示了相比于位于美国的外国资产,位于国外的美国资产的价值被大大低估了,因此实际上按市场价值衡量,美国并不是一个净债务国(如图17.4所示)。

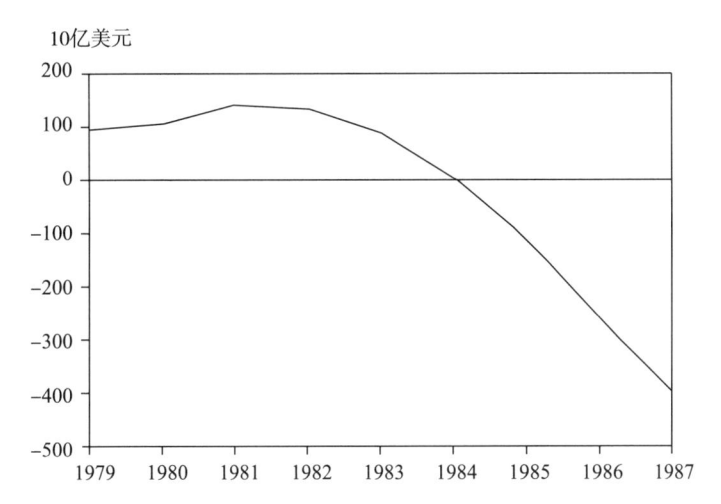

Sources: Department of Commerce, *Survey of Current Business*; *Economic Report of the President*; *Federal Reserve Bulletin*.

图17.3 美国的净投资头寸

美国是不是净债务国并不是很重要,要紧的是债务国地位有没有使美国的情况得到改善。靠"0"这个数字[1],在市场对实际情况作出评估时无济于事。国际贸易作为一门学科,其核心是通过商品和资产贸易使福利改善。

---

[1] 指实现贸易平衡。——译者注

10亿美元

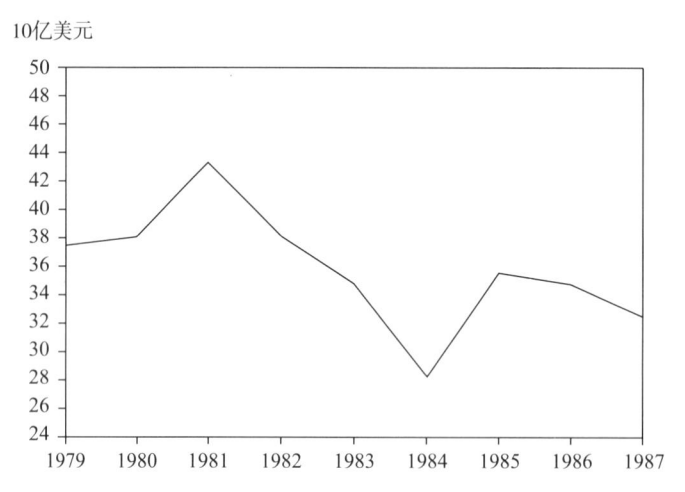

Sources：Department of Commerce，*Survey of Current Business*；*Economic Report of the President*.

图 17.4　净投资收入与其他服务

贸易差额是市场参与者的个体行为所造成的，而不是一些偶然性的强大因素所决定的。当由于商品的吸引力出现明显的变化，使一个经济体中对商品的需求上升时，可以通过几种方式达到均衡。一种方式就是让商品的价格上升，从而使其吸引力下降，抵消掉导致其吸引力增加的原始动力。

还有另一种方式就是增加商品的供应量，以满足需求的增加。这些增加的供应量既可以由本国提供，也可以由国外提供。除了比较特殊的情况之外，所有3种可以达到均衡的方式会被同时采用。在化学领域，相同的概念称为"勒夏特列原理"（Le Chatelier's principle）。进口商品会造成贸易逆差，而国内商品供应的增加恰恰能带来我们所喜欢的经济增长。经济增长得越快，贸易逆差的恶化程度会越严重。所用到的"恶化"一词，正好能作为一个证明语言文字令人费解的典型例子，可以故意选用一些单词，使核心要义变得模糊，但所有这一切都会对人类造成伤害。

如果担心外国人有点儿像草地上的一群鹿，焦虑地驻足着，稍微察觉到一丝危险就准备开跑，那么显然就是杞人忧天了。日本投资者在过去的3年里每年都要承受日元的大幅贬值，然而他们仍然是美国资本市场中积极的参与者。

可以想象一下，如果要关心的是美国的对外投资，而不是外国人在美国的投资，美国投资者会觉得这种情形有多么危险。这里要指出的是，日本人和来自许多其他国家的商人为美国经济注入了大量资本。他们在美国选举中不能投票，并且在政治舞台上广受诟病。只需要国会简单地通过一项法案，然后签署成为法律,就能使他们的财富灰飞烟灭。他们只能向东道国寻求援助,这当然不会成为很难进行正常市场流转的位于美国资产的一个诱人属性。

不久之前,美国还是国外关注的焦点。欧洲人对欧洲的美国化感到吃惊。几年前,加拿大的特鲁多(Trudeau)将反美国化提升至一个政治高度。加拿大的自由党领导人乔·特纳(Joe Turner)现在还在做同样的事情。当然,外国投资者现在在美国投资时,也不该忽视那些他们会承受的风险。

为什么日本或其他外国投资者的条件会和美国投资者的有所差别,原因并不是不证自明的。如果经济政策发生变化造成美国的长期投资水平出现恶化,那么外国人也会希望将他们的一部分资本撤出美国。这会造成一系列令人不愉快的事情发生。

然而,美国投资者也会将他们的资本撤出美国,如果外国投资者没有先发制人,那么美国投资者会让那些噩兆先发生。但没有理由去假定外国投资者和美国投资者会有什么不同。就资金而言,来源于不同国家差别并不大。因此,外国投资者参与美国经济程度的大小,实际上并不重要。坏的经济政策会造成本国资本和国外资本同时外逃。

我们能想到的政策中,没有什么比提高税收在一般意义上对投资者更能造成影响的了。根据当前的政策环境,提高税收意味着政府根本无法控制支出,此外,这解释了国家政体在控制政府方面的失败。在笔者看来,对于消除预算赤字的建议,从税收角度来看,新重商主义者完全会将其视作洪水猛兽一样极力希望避免。

第18章

国家的幼体发育：英国的初期发育，美国的幼态成熟

阿瑟·B.拉弗

至少来说，英国版本的供给侧改革"处境艰难"。在英国选民看来，高利率和高通胀完全抹掉了少交税所带来的喜悦。玛格丽特·撒切尔当时正处于她的第四轮首相任期，仍有机会改变这一局面，但直到她卸任为止，都似乎根本没打算这么做。

英国最新的数据表明，撒切尔所处的困境有多么严重。英国金边债券的收益略低于10%，而相比之下，美国长期国库券的收益只是略低于8%。英国短期国库券的收益约为14%，而相应的美国短期国库券的收益还是略低于8%。英国个人消费者贷款的年化成本达到22%。近来英镑兑美元出现走弱，而对于其他欧洲货币，英镑在苦苦坚持。英国的通胀水平很高，并还在继续上升。

英国工党受益于所有第三党实质上的消亡。在早年的选举中，这些第三党吸走了工党的一些选票。除此之外，在尼尔·基诺克的管理下，工党好像有点儿没以前那么激进了。有好口才的费边社会主义者韦奇伍德·本也不再拥有统治地位。迈克尔·富特也从人们的视线中消失了。工党当时还根本不属于左派，在英国普通选民看来也没那么武断。

最后，也可能不太合逻辑，民众仅仅因为对单调感到厌倦了，为了改变而改变：玛格丽特·撒切尔已经执政很长一段时间了。她非常强势的个性弄得没法推荐继任者。在饱受践踏的土地上，几乎开不出花朵。

18.1 税率下调的影响

基本的经济问题是相当直观的。税收是做生意的成本,而边际税收是边际成本。如果一国下调了其税率,而其邻国没有这么做,那么只能推论出生产和制造很可能会转移至下调了税率的国家。生产会转移至采取了这一措施的国家。

如果所有商品和服务不存在运输成本,那么所有一切最终都会快速流向下调了税率的国家。无论是由于人为的障碍,如关税、配额和复杂的官方要求,还是天然的障碍,如运输成本,商品和服务要跨国境运输显然都不是无成本的。实际上,有一些商品比其他的商品运输起来要方便得多。这些运输起来更方便的商品完全就是因为其运输成本更低。对于所有的商品和服务而言,都有相应的运输成本。

如果一国进行了减税,而其他国家没有这么做,那么现在由于成本降低了,位于减税国的资产的收益率会上升。[1] "底线"[2]会第一个从减税中受益。那些运输成本不受限制的商品和服务,会开始从税收更高的国家流向税收更低的国家。税收更低的国家会面临贸易逆差,即商品和服务的流入。贸易逆差之所以是资本顺差在会计上的配对项,仅仅是因为贸易账户与资本账户之和必须等于零。[3] 这种就是复式记账法。贸易逆差就是由减税直接造成的。如果不存在运输成本,那么一切就有了定论。但问题是存在运输成本。

为了能抵消减税所带来的额外优势,商品和服务会源源不断地流入减税国,直到额外的运输成本能完全抵消税收条款的改善。两国的实际收益率会恢复平衡。但是为了实现这一情况,减税国的价格相对于其邻国的价格肯定会上升。因此,贸易条件肯定会发生变化。[4]

在贸易条件中,也可以从微观经济学角度找到贸易逆差的配对项。如果外国商品相对来说并没有更便宜,那么为什么人们会选择购买更多的外国商品,而外国人会减少购买本国商品呢?减税国的价格上升是贸易收支恶化的必要条件。

---

[1] 参见第 22 章。
[2] 要求的最低收益率。——译者注
[3] 参见第 17 章。
[4] Arthur B. Laffer, "Minding Our Ps and Qs: Exchange Rates and Foreign Trade", A. B. Laffer Associates, April 14, 1986.

贸易条件变化的程度取决于：(1)减税规模以及相应的利润增加；(2)商品和服务的整体运输成本。减税规模越大且运输成本越高，贸易条件效应就会越大。[1] 贸易条件效应与贸易收支的恶化之间存在直接的平衡关系。对于任意规模的减税而言，贸易条件效应越大，贸易收支的恶化程度就越低；反之亦然。

现在就出现了英国的难题。到目前为止，一切都还很好。对于减税国而言，减税会导致贸易收支的恶化与贸易条件的改善。然而，该贸易条件改善会伴随着汇率变化和相应出现的通货膨胀。如果减税国的货币升值了，那么其所面临的通货膨胀情况会更小一些。另外，如果货币价值没有出现变化，那么通过出现高通胀的减税国得出的相对通胀率，整个贸易条件的变化可以具体化。

18.2　美国所进行的试验

在 20 世纪 80 年代，美国证明了上面的原理，就像英国人自己可能会说的，"就一盏茶的工夫"。在 1980 年，随着减税的执行者罗纳德·里根赢得了一轮又一轮的初选，并最终赢得大选，一个供给侧减税时代即将来临。[2]

1981 年税收法案获得通过，但实际上是从 1983 年 1 月 1 日开始施行的，并且时至今日仍在继续发挥作用。结果是勾勒出了一幅完美的景象。从 1983 年一季度减税实际施行起，美国经济开始增长。运用实际 GNP 四季度之间的同比增长率分析得出的结论令人吃惊。在 1980 年、1981 年和 1982 年，实际增长分别为 -0.77%、1.94% 和 -1.75%；而在接下去的 6 年，依次为 6.31%、4.51%、2.85%、3.03%、5.27% 和 3.34%。对于低税率并不会促进经济增长的想法而言，这一结果意味颇深。

同样，正是从 1983 年一季度开始，美国的贸易差额不断出现逆差。在 1980 年、1981 年和 1982 年，贸易差额占 GNP 的百分比在 -1% 上下波动。在 1983 年，这一数字差不多降至 -2%，而到了 1984 年，进一步降至 -3%。这一趋势一直延续到 1987 年，当时这一数字最低降至过 -3.48%。

在 1980 年末，美元兑其他货币快速升值，在 1985 年初达到峰值，正像理论上所得出的那样（如图 18.1 所示）。减税伴随着贸易逆差、经济快速增长以及贸易条件的迅速改善。实际上，这就相当于美元外汇价值的上升，会使得贸易

---

[1] 参见第 16 章。
[2] Arthur B. Laffer, assisted by James C. Turney and Valerie J. Paul, "Reagan's Economic Proposals with a Supply-Side Framework", Testimony before the House Ways and Means Committee (March 4, 1981).

条件发生变化,而美国的通货膨胀水平不会再次快速上升。通货膨胀降至一个合理的低水平上,并维持在那里(如图 18.2 所示)。

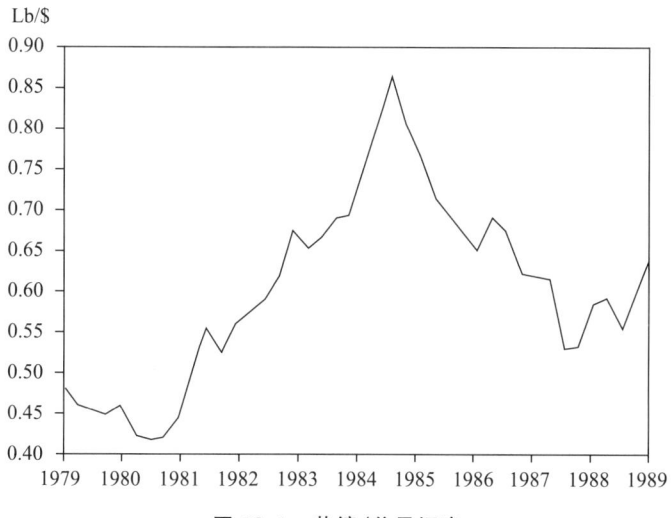

图 18.1 英镑/美元汇率

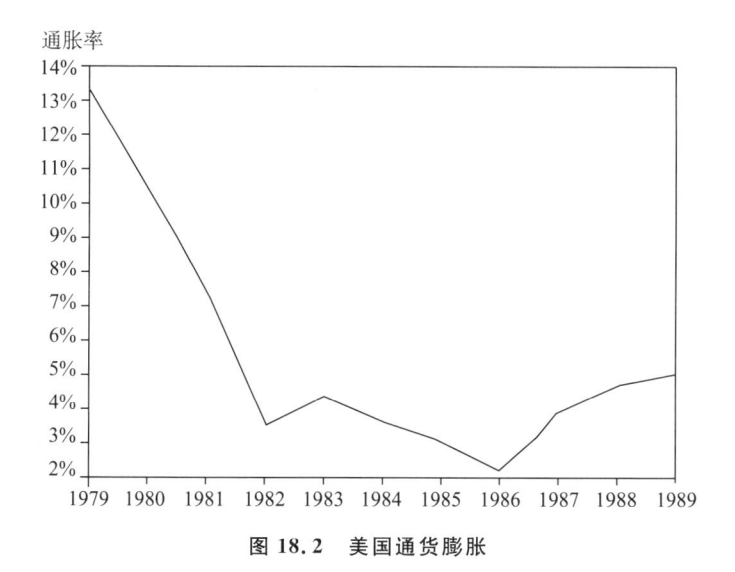

图 18.2 美国通货膨胀

18.3 英国所进行的试验

在 1979 年 5 月 1 日,玛格丽特·撒切尔所领导的保守党席卷了下议院中的 43 个席位,从而在国会中占得多数。保守党获得了 339 个席位,而工党占

268个席位,还有28个席位属于自由党、国家党和其他一些政党。保守党通过承诺在英国再次实行私人经济刺激而取代了根基深厚的工党。

对于玛格丽特·撒切尔的上任,《经济学人》评论道:"她无须再提醒人们她所具有的绝对优先权。她已经在这个国家的每一轮选举中都大声疾呼——减税,并随之削减公共部门的规模及其泛滥。"[1]《金融时报》(Financial Times)的标题如下:"选举所带来的喜悦使股票上涨至一个新高度。"[2]英国经济实现企稳,并有逆转30年来相对下滑趋势的迹象。从1979年作为分水岭的那一天起,英国发生了重大的政治结构调整。需求侧经济学理论的逻辑基础遭到了抛弃,而代之以供给侧经济学的认知。但是这条路并不容易走,道路是曲折的。

当保守党接手上任时,通胀率为10.3%,实际GDP增长速度为2.3%。从1979年6月12日杰弗里·豪爵士(Sir Geoffrey Howe)公布首相的首份预算之日起,英国的经济开始恶化,而不是改善。这一令人不安的情况延续了3年,在豪的第一份、第二份和第三份预算中都对英国经济施加了非常高的税率。例如,在他的第一份预算中,对英国个人所得税率的下调完全被增值税率的上调所抵消了。[3]有人提出,预算赤字的降低是维持英国经济健康的必要前提条件。在撒切尔政府的最初3年里,税收收入占GDP的百分比从25.3%上升至30%。

然而,英国的预算赤字,即在英国人们所熟知的公共部门融资缺口(Public Sector Borrowing Requirement,PSBR)增加了43%,至132亿英镑。相比于英国经济的规模,这相当于美国预算赤字达到2 020亿美元。出现这一"出人意料的"赤字洪水的原因是,英国经济陷入了自大萧条起最严重的一次衰退。在1980年产出下降了2.1%,在1981年下降了1.0%,是1974~1975年衰退时期下降幅度的2倍。通胀程度不止翻了1倍,相比于1978年的8.2%,在1979年达到了峰值17.9%。

失业情况也达到了创纪录的程度。在1979年二季度触及5.2%的低值后,在撒切尔税率上调生效之前的一个季度,即在1981年四季度失业率上升至平均8.3%。利率也出现快速上升,长期政府债券收益从1979年二季度的12.1%,上升至1981年四季度的15.7%。

伦敦股票价格出现跳水。金融时报工业指数曾在1979年5月4日,即撒切尔第一次当选后的第一天,达到最高点558.6点,而在来年的1月3日触及

---

[1] "Mistress of Downing Street", *The Economist*, May 5, 1979, p. 13.

[2] "Election Euphoria Lifts Equities to New High Levels with 30-Share Index Closing 8.7 up at Peak of 553.3", *Financial Times*, May 4, 1979.

[3] Arthur B. Laffer, "Britain's Economic Tragedy: A Lesson for America", A. B. Laffer Associates, October 24, 1980.

406.9点的低点。在1981年末,尽管股价水平上涨了43%,但仍低于1979年5月的最高点。

很简单,玛格丽特·撒切尔所采取的政策以及保守党的风格并不是面向自由市场的。税收肯定增加了,而且政府所颁布的大多数政策反映了已经进一步偏离对个人激励和自由市场的基本认知。所作出的改变就欧洲政策而言更为传统;这体现了从亲劳工的中央集权政府向亲企业的中央集权政府的转变。保守党所实施的财政政策可以起到降低高收入等级的法定税率的作用,并且会对资本收益产生影响,但是会提高中低等收入区间的税率。保守党政策的特点是,下调有效税率相对较低的税率,而上调有效税率相对较高的税率。除了税收情况所发生的变化外,保守党政府在1979年6月的预算中提高了整体税率。即使税法本身没有发生改变,但通货膨胀与渐进式税率一起提高了有效边际税率。虽然统计分析得出,税收根本没有实现增加,但有效税率仍出现了大幅上升。

保守党还提出了其他政策。一些国际信贷和汇率管制被终止,而允许让英镑具备充分的汇率灵活性。由于保守党承诺减少政府支出,其试图削减对衰退企业的补贴,并让政府从国有企业中摆脱出来。尽管期望远远超过了所实现的成就,但是毫无疑问,保守党还是取得了进展。在让政府从工资协商过程中摆脱出来方面,获得了巨大的进展。

在1982年,英国经济开始转入供给侧。转折点是撒切尔政府在再一次当选后,第一份预算中的经济政策所呈现出的变化。财政大臣尼格尔·劳森(Nigel Lawson)所给出的新预算避开了那些曾使第一届撒切尔政府深陷高税率陷阱的紧缩政策。[1]

供给侧改革的一大基石是1984年企业税率的下调。这使得经济政策发生了重大转变,从以刺激和投资税收抵免为目标,转变为以低税率及对生产和投资实行更大的刺激为目标。向供给侧的转变,在社会保障体系改革中达到高潮。这些于1985年首次提出并于1988年生效的改革,降低了面临贫困陷阱的人们的有效边际税率。因为福利现在与税前所得而不是税后所得相关,对于那些被剥夺了权利的人们而言,已经不存在边际税率超过100%的情况了。

英国的企业税收体系包含了高企业税率,以及对于部分而不是全部投资的初期税收大幅减免。在1984年,英国取消了费用化条款,并借助这些改变使企业税率降低。随后英国带领全世界取消了税收优惠,并下调了企业税率

---

[1] 对于这一时期的详细分析,可参见 Charles W. Kadlec, "Adam Smith Invades the Land of Lord Keynes", A. B. Laffer Associates, July 13, 1984.

(如表 18.1 所示)。

表 18.1 最高企业所得税率,1984～1990 年[a] 单位:%

	1984	1985	1986	1987	1988	1989[b]	1990[b]
瑞典	52	52	52	52	52	52	52
丹麦	40	50	50	50	50	50	50
法国	50	50	45	45	42	42	42
荷兰	43	43	43	42	42	42	42
英国	45	40	35	35	35	35	35
德国[c]	56	56	56	56	56	56	50
意大利[d]	36	46	46	46	46	46	46
加拿大[e,f]	51	52	53	52	48	44	44
澳大利亚	46	46	46	49	49	49	49
美国[d]	51	51	51	45	39	39	39
日本[c,d]	53	53	53	52	52	52	52

a. 国家税率与当地税率的组合。
b. 假设当前的税收条款中不包含未计划到的变化,除非有其他方面表明这一点。
c. 只对未分配利润征税;在德国,对已分配利润的税率为 36.0%,在日本为 33.3%。
d. 考虑到在国家税收中,对当地税收的减免。
e. 对于非制造业企业的税率;对于制造业企业的税收会更低。
f. 假定省级税率为 15.5%。

Source：*World Tax Reform：A Progress Report*, Edited by Joseph A. Pechman, Brookings Dialogues on Public Policy, The Brookings Institution, Washington, D. C., 1988.
A. B. Laffer, V. A. Canto & Associates

美国也将印花税降低了 1 个百分点,将国民保险附加税下调了 1 个百分点,并且将 30% 的最低个人所得税率的门槛提高。另外,对个人所得税体系进行了充分的指数化,因此,不存在隐藏的税收增加以抵消这些显著的边际税率降低。同样,"小企业"的企业所得税、印花税和资本转移税的迅速下调,以及在个人所得税中对股票期权免税,都对生产的大幅提高扩大了刺激。

所承诺的在 1986 财年进行个人所得税率下调并没有完全实现。劳森所称的个人所得税率调整和英国税收体系的简化——这两项都是人们所期盼的——需要经历长时间的公众讨论。他宣称,这些税率下调会在 1987 年甚至之后才执行。劳森相信,"(公债)大幅削减一定比减税更重要"。[1] 在分析税率下调效应时,这可以解释英国政府所采取的静态收入方式。英国经济政策的

[1] George Anders and Peter Truell, "Britain Drops Plans for Big Tax Cuts, Outlines Tight Budget for Fiscal 1986", *Wall Street Journal*, February 19, 1986, p. 29.

转型,即从需求管理转为重视刺激的供给侧财政政策,进行得非常艰辛,在这条道路上所迈出的每一步都阻力重重。[1]

在英国官员追求静态收入的心态下,除非可以开发出能为税率下调提供资金支持的一些收入来源,否则不会进行税率下调。以这种情况来看,英国政府在私有化方面所做出的努力,在让英国步入供给侧时发挥了主要的且重要的作用。除了能让市场力量来决定新的私有化企业的运转这一常见的好处之外,它们的规模所产生的收入能被用来为税率下调提供资金支持。[2]

尽管实行税率下调没有了后文,但英国的股票和债券市场对于在1987年3月结束的财年中所宣称的税率下调反应积极。金融时报工业股上涨14.9%,至1 389.5点,长期英国债券的价格大幅上涨2.5个点。[3] 当美国实行了税率下调后,要更加关注到税率的压力增加了。[4] 1986年美国的《税收改革法案》是将英国推向供给侧的重要催化剂。在这一时期,美国正在筹划将最高个人所得税率下调至28%的另一轮税率下调。因此,美国的最高税率会差不多等于英国的最低税率。首相本人也讨论了相比于美国的低税率,如果英国还是实行高税率,会对英国经济产生的潜在问题。

美国所带来的税率竞争,使英国的注意力不再仅仅集中于对自身"基本税率"的下调。在不触及惩罚性的最高税率的情况下,英国税收体系的累进率提高了。[5] 只有通过下调最高税率才能形成刺激,进而收入才开始得以提高。[6]

在1988年劳森传递出的预算信息,为英国揭开了一揽子税率下调政策。这一改革包括将基本所得税率从27%下调至25%,并且他承诺,保守党政府的目标是达到20%。他也将最高税率从60%大幅削减至40%。这些税率下调很

[1] David Howell, "Will Thatcher Shrink from Growth Opening?" *Wall Street Journal*, February 19, 1986, p. 29.
[2] Peter Norman, "UK Sees Revenue Near Doubling from Sales of State Companies", *Wall Street Journal*, November 13, 1985.
[3] Matthew Winkler and Peter Norman, "Interest Rates Fall, Markets Rally in Response to Britain's Budget", *Wall Street Journal*, March 20, 1986.
[4] William McGuin, "Britain Show Little Interest in Dropping Tax Rates", *Wall Street Journal*, March 26, 1986, p. 31; "Hope in Britain", Editorial, *Wall Street Journal*, May 13, 1986.
[5] "Britain's New Deal", *Wall Street Journal*, November 11, 1986.
[6] 为了解释税率下调的刺激力度,可以考虑下1986年《税收改革法案》的影响。在1986年,处于最高税级的所得税率为50%,而在1981年时为69.125%。因此,处于最高税级时,每额外赚取1美元,在1986年纳税人就能留下50美分,而在1981年只能留下30.875美分。也就是说,税后留存率差不多提高了62%。对于最低的所得税级,税率从13.825%下调至11%,额外1美元收入的税后实得工资的上涨幅度仅为3.3%。显然,由于税率下调对于那些处于最高所得税级的人而言激励更大,因此,看到那些处于最高税级的人反应更大,毫不令人奇怪。

大程度上是对1986年美国《税收改革法案》所做出的回应。在对改革所给出的理由中，英国财长的说法是："过高的所得税率会摧毁企业，而把那些精英赶到环境更舒适的海的另一边。"[1]

供给侧回应的证据越来越多。我们认为，在1979年最高税率从83%下调至60%，并结合征收增值税，导致英国经济的有效税率上升。然而，有可能对于高收入群体而言，有效边际税率出现了下降。毫不令人奇怪的是，英国和美国一样，伴随着最高所得税率的下调，高收入纳税人的收入中，纳税部分的比重提高了。例如，英国在1978～1979年，所得税的24%是由纳税人中收入最高的5%的人提供的。到了1986～1987年，这一数字上升至28%。在美国，收入最高的1%的人看着他们的税负比重从1981年的18.1%上升至1986年的26.1%。美国的税负比重更高是因为，相比于英国纳税人，美国纳税人的整体有效边际税率下降幅度更大这样一个事实。

撒切尔政府在1988年3月所宣布的税率下调，是于1988年4月5日开始实施的。这一改革将最高个人税率从60%下调至40%（如表18.2所示），使得税后实得工资从40便士增加至60便士。这表明税后收益率上升了60%。除此之外，1985年宣布的社会保障改革是在1988年开始生效的。[2] 因为福利现在与扣除国民保险费后的税后收入相关，所以不再有超过100%的边际税率。这些改革降低了英国社会下层民众的有效税率。在对社会项目进行的经济情况调查中，所隐含的有效税率下降了。最终结果是，那些直接受到贫困陷阱影响的群体的就业水平提高了。

表18.2　　　　　　　　最高个人所得税率，1979～1990年　　　　　　　　单位：%

	1979	1984	1985	1986	1987	1988	1989	1990
澳大利亚	61.5	60.0	60.0	55.0	49.0	49.0	49.0	49.0
加拿大	61.9	51.0	52.0	55.0	53.0	45.0	45.0	45.0
丹麦	73.0	73.0	73.0	73.0	68.0	68.0	68.0	68.0
法国	60.0	65.0	65.0	58.0	57.0	57.0	57.0	57.0
德国	56.0	56.0	56.0	56.0	56.0	56.0	56.0	53.0
意大利	72.0	65.0	62.0	62.0	62.0	60.0	60.0	60.0

[1] "The Budget: The Chancellor's Speech", *Financial Times*, 1984.
[2] British Department of Health and Social Service, *Reform of Social Security*, vol. 1, (London: HMSO, 1985).

续表

	1979	1984	1985	1986	1987	1988	1989	1990
日本	88.0	88.0	88.0	88.0	88.0	76.0	76.0	76.0
荷兰	72.0	72.0	72.0	72.0	72.0	70.0	70.0	70.0
瑞典	86.5	82.0	80.0	80.0	77.0	75.0	75.0	75.0
英国	83.0	60.0	60.0	60.0	60.0	40.0	40.0	40.0
美国	70.0	50.0	50.0	50.0	38.5	28.0	28.0	28.0

Source: *World Tax Reform: A Progress Report*, Edited by Joseph A. Pechman, Brookings Dialogues on Public Policy, The Brookings Institution, Washington, D.C., 1988. A. B. Laffer, V. A. Canto & Associates

这一扩张的不可避免的结果是，英国的贸易收支恶化了。[1] 随着相比于世界上其他的国家，该国的经济增长率加速提升，其支出的上涨速度超过了生产。例如，对于要购买的新的工厂和设备，并没有一个相同幅度的生产提高与之匹配。因此，英国购买了更多的他们自己生产的商品，而更少是用于出口，并且使得进口提高了。

随着税率的下调，对于英国人和外国人一样，这鼓励了在浮动汇率制下在英国进行投资。能将资本引入英国的唯一方式是，在英国销售更多的商品和服务，而不是去购买这些东西。[2] 因此，英国的经常账户逐渐出现逆差，以适应因国家经济环境的改善而引致的资本流入。

曾经被描述为一个"欠发达国家"的英国，很快成为一个不容忽视的经济体。光鲜亮丽的税收增加在1982年戛然而止。随着税率的下调和提高对生产的刺激，经济实现增长，通货膨胀水平下降，利率下降，股票价格上涨，并且赤字降低了。从1983年起，英国经济的实际增长情况是：1983年实际GDP增长3.79%，这是在撒切尔政府时期表现最好的一次，直到1987年，上升至4.21%。在转型时期，英国的最高边际企业所得税率，从主要工业国中最高的那几个之一，变成了最低的那几个之一。因此，原本在世界上其他地方进行的生产设法转移至了英国，而那些原本打算撤出英国的生产留了下来。

伦敦市场对于早期保守党政策的反应并不如人意，但是对于当时撒切尔政府

---

[1] Victor A. Canto, Arthur B. Laffer, and James C. Turney, "Trade Policy and the U.S. Economy", *Financial Analyst Journal* 38, no. 5 (1982), pp. 27-46.

[2] Leif H. Olson, "No Money Inflows, No Money Outflows", *Wall Street Journal*, April 10, 1984.

的财政和货币调整却反应积极。股市按金融时报工业指数来测量,在 1979 年下跌了 12.07%。实际下跌情况甚至更严重:在 1979 年下跌了 25.56%。在实行紧缩的年份里,股价的实际下跌幅度逐渐缩小,在 1980 年至 3.37%,而到了 1981 年几乎没怎么下跌。直至宣布进行供给侧改革,市场才表现出积极的实际增长。在 1982 年,工业指数上涨了 3.93%,而到了 1983 年,伦敦股市的实际收益达到了 25.40%。尽管在之后几年里仍能实现实际收益,但至 1987 年已下降至 0.5%。

与我们的分析相一致,逐步实行的企业税率下调造成英国的实际 GDP 增长速度从 1983 年的 3.79% 放缓至 1984 年的 1.76%。然而,经济的实际增速在 1985 年反弹至 3.64%,1986 年为 3.40%,1987 年为 4.21%,1988 年为 2.59%。

贸易差额从顺差状态恶化至逆差状态,恰好与 1983 年的扩张同时发生。在 1982 年,当英国的实际 GDP 增速为 1.1% 时,贸易顺差占 GDP 的 0.8%。在 1983 年,随着 GDP 增速上升,贸易收支账户从 1982 年的顺差情况转变为逆差情况,占 GDP 的 0.29%(如图 18.3 所示)。贸易收支的恶化持续伴随着经济的扩张,贸易逆差在 1988 年达到峰值,占 GDP 的 4.52%。

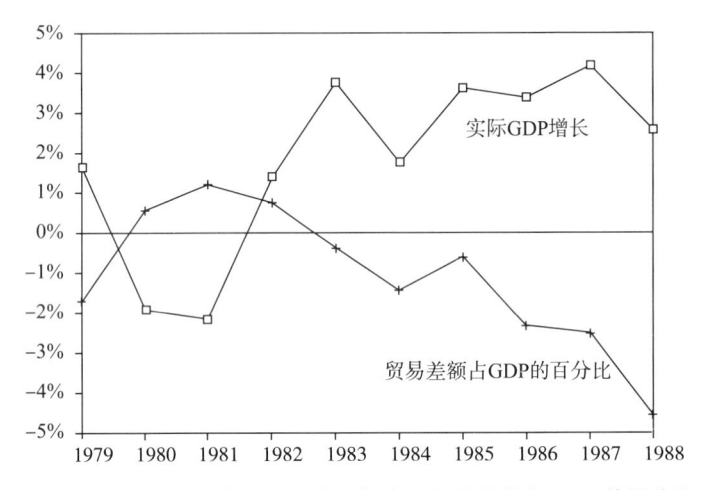

图 18.3　英国 GDP 的百分比变化与商品贸易差额占 GDP 的百分比

18.4　初期发育与幼态成熟的比较

英国所进行的税率下调导致贸易收支的恶化。出现这一情况的理由很清楚:随着英国资产的税后收益率上升,对位于英国的资产的需求会上升。结果是,外国人会增加他们在英国的投资,而英国人会减少对外投资。在浮动汇率制下,国际贸易收支差额加总后必须保证为零。因此,资本流入英国会伴随着贸易收支的恶化。

　　税率下调的影响与美国在20世纪80年代初所经历过的很像，当时正在实施第一轮里根税率下调。和美国一样，英国经济的扩张被描述为消费者驱动型扩张。英国的贸易收支出现了恶化，利率仍旧很高。所有这一切都是在预算盈余的情况下发生的。[1]

　　美国经济与英国经济所做出的反应的相似性表明，在这两种情形中，两国的扩张都是由税率下调所产生的刺激推动的。在顺差的情况下，英国的经济扩张不可能归因于逆差支出。类似地，英国贸易收支的恶化与利率的上升无法归因于并不存在的预算赤字。相应的解释是，过去几年里税率下调所产生的刺激增加了。

　　试图通过货币政策来遏制英镑外汇价值的上升，会造成英国通胀率的上升。这些影响在英国经济中已经很明显了。英国政府在供给侧税率下调时期的货币目标，显然是一种稳定英镑外汇价值的政策，这一立场获得了大多数供给侧经济学家的支持。[2]我们的分析表明，英国的税改会造成英镑兑其他货币的升值。因此，汇率稳定政策会造成超额货币扩张，以遏制英镑升值。英镑升值趋势会使得英国货币当局面临一种政策上的两难困境，即不得不在汇率稳定与利率/通胀率稳定之间做出选择。[3]

　　英国最近正在走向一个错误的方向。在过去的一年里，按贸易衡量的话，英镑已经贬值了约4%，而美元升值了约3%。图18.1给出了在供给侧改革时期，美元与英镑之间关系的整体历史情况。通胀结果没什么好让人大惊小怪的。

　　不仅如此，英国政府官员每次谈到减税时，都显得很窘迫。尽管他们可能意识到了减税在政治上甚至是宏观经济上的巨大吸引力，但他们在谈论低税率时仍感觉不舒服。好像一年年会提到的自由意识形态让他们对自己所说的感到羞愧。那些鼓吹减税的人被视作很自私、无情，而且完全就是个坏人。他们无能为力，他们就是按那种方式被培养起来的。对他们而言，肯尼迪的理想，即最好的福利形式是有一份好的高收入工作，或者掀起一片浪潮的概念，根本不是英国精神的一部分。他们对这些理想很陌生。在长期，靠低税收过活会让英国经历一段难熬的时期。

---

[1] "Lawson's Lesson", Editorial, *Wall Street Journal*, May 26, 1988.

[2] "Lawson's Lesson", Editorial, *Wall Street Journal*, May 26, 1988.

[3] Lindley Clark, "The Outlook: A New Monetarism Reigns in UK and US", *Wall Street Journal*, June 22, 1988, p. 1.

第四篇

投资组合策略

第19章

第一部分:传奇

维克托·A.坎托、阿瑟·B.拉弗

理论和常识会导致一般的经济因素共同对股价产生影响。如果考虑到行业分组的情况,这些相同的因素也会产生差别迥异的影响。例如,20世纪80年代的全面税率下调对于股市整体非常有利,使得标普500从1981年112.8点的低点上涨至1987年336.8点的高点。但是,有一些行业组的股票比其他一些要受益更多。表19.1中给出了对1981～1987年这段时期所挑选出的行业收益的变化情况,当时股市整体从谷底上涨至了顶峰。[1]

表19.1　所挑选出的行业的收益,1981年9月～1987年8月*

表现最好的10个行业		表现最差的10个行业	
行业	上涨幅度(%)	行业	上涨幅度(%)
广播	544.49	海上钻井	−56.06
污染防治	481.66	油井设备及服务	−30.34
包装物/纸质	473.23	煤炭	−3.88
食品	448.98	钢铁	2.20
饮料/酿酒	446.60	区域性银行	10.77
纺织/服装生产	428.91	机床	25.07
日用品	401.13	金属矿/杂类	28.28

---

[1] 研究中所用到的数据来源于数据资源(Data Resources,DRI)。本章附录表19A.1中所给出的行业股价表现,其数据跨度为1981年1月至1987年12月。附录中提供了79个行业组的情况。除了有这一时期的整体表现外,还提供了年度表现。

续表

表现最好的 10 个行业		表现最差的 10 个行业	
行业	上涨幅度(%)	行业	上涨幅度(%)
包装物/金属和玻璃	390.52	机械	35.39
百货商店	387.65	债券基金	44.46
电力/大型公司	372.85	投资公司	49.62
S&P 500	168.58		

* 从 79 个行业组中挑选出那些数据是容易获得的。

根据人尽皆知的道理，油价、汇率、利率和通货膨胀的变化以及贸易限制对于不同行业也会产生显著不同的影响。几乎没有人会怀疑这些经济冲击会对市场整体产生一个总的影响。在过去的 10 年里，油价、汇率、利率和通货膨胀数据的波动幅度非常大。似乎只不过很自然的是，数据如此大幅度的波动会引起股票相应作出巨大的反应。换句话说，除了对股市整体的影响之外，至少也有可能不同行业组的股票收益存在巨大的差异。按行业分类对股票进行分组，对于开展深入分析而言，是个卓有成效的方法。

然而，过去几十年里的金融文献采取了不同的方法。在现代金融中，行业表现并不被重视，被认为作用不大。[1] 以前详细的机构研究已经无法在现代金融高度理论化和自动化的世界中占据一席之地。[2] 就像特定行业分析已经光彩不再一样，特定事件分析也是如此。

作为现代金融粉墨登场的参与者，我们对于其究竟是如何发展形成的有自己的看法。根据我们的观点，令人难以置信的是，现代金融研究是生产性的。在实证含义方面所形成的结论很丰富，与此同时，会运用工具开发浩瀚的数据库。现代金融已经变得更好了：这是指整个金融领域——从理论到实务。然而，为了有利于与时俱进，有许多我们相信现在该重新得到运用的东西被丢弃了。随之而来的是我们的传奇版本：爱、恨、无节制和缺点。作为参与者，我们的观点既代表个人也是专业性的。

19.1 现代金融：传奇

尽管这一概念的发源地和诞生日期仍旧隐没于历史长河中，但现代金融是

---

[1] Benjamin F. King, "Market and Industry Factors in Stock Price Behavior", *Journal of Business* 39 (January 1966), pp. 139-90.

[2] 没有比我原来的公司——H. C. Wainwright & Co.——所完成的公司报告更现代的了。

于20世纪60年代末在芝加哥大学南校区得到发扬光大的。[1] 高速数据处理和难以抑制的激情同时登场,这是那个时代最为显著的特点。现代金融的发展和传播速度甚至比对其提出批评的人所忧惧的更快。这一强大的新兴概念攀上了成功的阶梯,阶梯的每一级上都紧紧缠绕着那些前人的荣誉。

以大量的计算机输出为自己的武装,表现为一种神秘的新语言,并且获得被灌输了陈词滥调思想的率直队伍的支持,迅速而又残酷地以恐吓进行征服。之前的所有研究,除了个别的特殊情况,在一本又一本的书中其思想都遭到否定。这是一个没有历史的理论,怎么找也几乎找不到哪里对其有所揭示,因此,其起源在我们的时代才能观察到。

对于行内人而言,随机漫步、鞅和有效市场代替了经验、知识,并且最可悲的是,还取代了经济理论。每一个并不信这一套的人都在肆意捂着嘴偷笑,而同谋者频频交换着会意的眼神并微微点头示意。

因此是倒退了。现有大学的哥特式建筑成了研究院的"主教们"的大教堂。正是在这些外强中干的机构里,一批批学生被无可挽回地烙上了一遍遍重复咒语的印记。似乎令人难以置信的是,仅仅是以反对作为威胁——威胁取消那种可以感受得到的支持——来坚决维持严苛的纪律和从字面上对教义的坚持。这像极了宗教狂热。在这种环境下,随机漫步理论和有效市场理论成了这个领域中的佼佼者。

19.2 理性预期与有效市场

根据基本形式,有效市场理论假定可得到的信息会被充分发掘,直至无利可图。[2] 因此,股价一定会遵循随机漫步。如果其没有遵循随机漫步,那么从过去的价格表现中所得出的趋势,可以用来赚取超额收益。如果可以假定统计

---

[1] Eugene F. Fama, "The Behavior of Stock Market Prices", *Journal of Business* (January 1965), pp. 34 – 105; Eugene F. Fama, "Efficient Capital Markets: A Review of Theory and Empirical Work", *Journal of Finance* (May 1970), pp. 383 – 417.

[2] 经一系列发展之后,形成了所谓的理性预期,而与此同时,在相同的几所大学里,这又演化成了所谓的有效市场。虽然观察这两个理论会发现些许差异,但是在概念层面上,它们实际上是完全一样的。例如,可参见 J. F. Muth, "Rational Expectations and the Theory of Price Movements", *Econometrica* 29 (July 1961), pp. 315 – 35; R. E. Lucas, "An Equilibrium Model of the Business Cycle", *Journal of Political Economy* 83, no. 6, pp. 1113 – 44; R. E. Lucas, "Expectations and Neutrality of Money", *Journal of Economic Theory* 4 (April 1972), pp. 103 – 24; T. J. Sargent, "Rational Expectations, the Real Rate of Interest and the Natural Rate of Unemployment", *Brookings Paper of Economic Activity* 2 (1973); R. J. Barro, "Rational Expectations and the Role of Monetary Policy", *Journal of Monetary Economics* 2 (January 1976), pp. 1 – 32.

序列本身性质很好,那么根据有效市场理论就可以得出,只需要通过位置参数和离散参数就能描述数据序列。

在半强式条件下,随机漫步概念就不仅仅包括过去的价格趋势,而是完全涵盖了所有可以公开得到的信息。正如在《华尔街日报》金融版上所称的,总的来说,猴子投飞镖的成绩和货币经理的成绩不相上下。[1]我们所有人都了解货币经理是什么情况,但其吸引力难以抗拒。实际上,如果对世界所抱的看法是,专家和新手半斤八两,而努力奋斗根本不会有所收获,那么人们反而会觉得轻松很多。这难道不是痴人说梦吗?

所写的一篇又一篇学期论文和学术论文中,用这样或那样的特殊例子来表明,为什么那些被认为是正确的过滤规则实际上是一个骗局。就研究者而言,并没有办法在文章中指出错误所在,要么是因为所举出的稀奇古怪的例子没什么意义,要么很不幸是因为自己能力不济。[2]无法找出一个特别的过滤规则以提高盈利的概率,被错误地视作有效市场理论的佐证。无法拒绝零假设,被处理为就应当接受零假设。研究者对他们该找到什么样的结论,并且如果没找到的话结果会如何心知肚明,学术上的激励就是按这种方式构建起来的。

然而,要构建起一整套金融理论,仅仅靠推翻先前的研究还不够。必须找到一些建设性的东西,并以此为基础。幸运的是,托宾(Tobin)和马科维茨(Markowitz)的成果来得正是时候。[3]按道理人们并不喜欢风险,因此,承受风险需要有溢价。风险越大,预期收益必须越高。甚至在一个人们并不是风险规避型的世界里,出现损失的可能性必须与当项目成功时有更高的收益相匹配。项目成功时收益需要更高,以弥补可能出现的损失以及当损失发生时具体的损失程度。但是,现代金融所主张的还不止如此。现代金融主张收益的总和——同时包括损失和利润——必须随着风险的上升而提高。

---

[1] 从表面上来看,可以随手找出一个反例来反驳这一概念。如果处于高税级的人的猴子(此处的猴子实际是指提供资金服务的货币经理,正文中也提到,猴子投飞镖的成绩和货币经理的成绩不相上下,颇具讽刺的意思。——译者注)随机碰上了应税债券,而处于低税级的人的猴子碰上了免税债券,那么通过调换资产,他们两人显然都可以得到改善。

[2] 有一组被接受为过滤规则的研究,实际上可以用来巩固有效市场理论。Fischer Black and Myron Scholes, "The Pricing of Options and Corporate Liabilities", *Journal of Political Economy* 81 (May-June 1973), pp. 637–54. 可以相信的是,有时可以发现股票期权的定价是无效的。这样一种发现被视作能积极证明,研究者的智慧甚至在活跃市场之上。尤其是会导致一旦能证明这一点,并且该理论很大程度上能在这个世界上大行其道的话,那么无效情况很快就会消失。

[3] James Tobin, "Liquidity Preference as Behavior towards Risks", *Review of Economic Studies* 25 (February 1958), pp. 65–86; Harry Markowitz, "Portfolio Selection", *Journal of Finance* 7 (March 1952), pp. 77–91.

正如之前所提到的，随机漫步和性质良好的函数使得只需要借助两个参数就能描述出一项资产的价格序列：位置参数（平均收益）和离散参数（收益的波动率）。就正态分布情况来讲，均值是算数均值，而离散情况可以用序列的方差进行很好的描述。正是为了贪图方便，现代金融的科学家们将风险概念等同于测算波动率。"舞台"就这么搭好了。

有一个很微妙但具有启发性的地方，风险规避和有效市场的意义在于，投资组合或资产的绝对方差及其与市场的协方差之间存在差别。有一些收益波动率很大的资产，事实上比其他一些被证明波动率很小的资产"风险"要小得多。这样一种似乎有些矛盾的结论，只有当发现另一种资产的波动趋势完全和第一种资产相反时才能够理解。将反方向波动的高波动率资产放到普通投资组合中后，普通投资组合比任何一个从组合中单独拿出来的资产的波动率都更小。因此，可分散风险与不可分散风险之间的差别出现了，或者从统计学的角度来说，资产的方差及其与市场的协方差之间存在差异。

没有必要对这个问题做无谓的纠缠，唯一没有办法被分散掉的风险就是市场本身的风险。因此，一项资产中唯一应获得市场溢价的风险就是该资产与市场的联动程度。其他所有风险都能通过风险分散被消除。按测算方式来讲，风险是指任意资产与市场的协方差——通俗来讲，即所谓贝塔值（Beta）。尽管实际的贝塔值从本质上讲是测算不出来的，因为这与该资产未来的表现相关，但仍很容易基于过去的数据得出估计值。因此，现代金融理论在实务中的运用，就是基于过去的数据做一次非常简单的算术运算。

19.3 一种探索理论的方式

我们考虑仅尽力宣扬简化的优点，并以此为出发点。用过去的情况来预测未来也完全没错。事实上，从深层次来考虑，也别无选择。但是，现代金融所追求的过程实际上会导致在理论上缺乏数据。

由于方法上的差异，现代金融的研究者们忽视了一个能将知识疆域大大向外拓展的非常好的机会。一系列与现代金融的要点相关的问题在过去几年里冒了出来，但是没有一个比如下问题更能体现其在知识上的追求了，即为什么给定一项资产会有一个特定的贝塔值？这很简单，难道用实证答案不足以对其作出解答吗？贝塔值并不是人们所认为的那样，因为其有自己的含义。如果这样一种理论包含了真理的核心——正如我们所认为的那样，那么是因为有更基本的原理在更深层次上发挥作用。

为什么一项资产能有一个特定的贝塔值,这取决于生产技术、资源的可得性、政府政策以及人们的偏好。正如我们所做的,提供一些其他的思考,并不是说要通过主张一些无法达到的标准来诋毁所有的研究,而仅仅是重申一些在其他领域已经是常识的东西。经济学在个人和企业理论及其性质方面已经有了很大的进展,进而这些会相互契合形成一个一般均衡框架。把所有这些都忽视了讲不过去,就相当于造成了一个无效的知识市场。

19.4 误导性技术举例

为了阐述基础经济学的必要性,让我们回顾一下航空业的情况。假定在1982年,我们仅仅以现代金融理论为指导,航空股会被归类为贝塔值非常高的股票。如果像所预测的那样,在接下来几年里出现难以想象的超级大牛市,意味着航空股的收益甚至会更高。然而,更高的收益根本不是注定会实现的。在大牛市和高贝塔值的条件下,航空股的表现其实很差。我们相信,对此的解释其实很简单(如表19.2所示)。

表19.2　　　　航空股与标普500年化收益的比较,1981～1987年

	1981	1982	1983	1984	1985	1986	1987
航空股	−6.74	86.06	9.53	−6.55	9.46	15.64	−12.68
S&P 500	−9.73	14.76	17.27	1.40	26.33	14.62	2.03

在1980年以前,美国的航空业受到了严格的管制。票价、航线结构和类似的方面完全是在联邦机构的管制之下。因此,当经济形势很好并且人们旅行得更多时,航空公司利润基于经济情况会大幅上升。没有什么是按照边际的方式一个个进行定价或者生产出来的。航空业与美国经济进而股市之间存在高度的杠杆效应。高贝塔值情况似乎还是有点儿直观的。但是随之出现了放松管制。

随着放松管制,竞争迫使企业采取边际成本定价以及密集的航线竞争。航空服务不再是无弹性地向市场提供。所存在的微薄的超额利润导致新的和原有的运输公司之间形成了激烈的竞争。但就利润而言,无论是里根时期的牛市还是利率和油价的下调,都无法代替一个好的监管会。航空服务的供给曲线从无弹性转变为具有弹性,因此按历史数据确定贝塔值的分析被抛弃了(如表19.2

所示）。稍微考虑一点儿基础经济学就能使现代金融前进一大步。[1]

虽然从最绝对的角度来看，航空业的例子确实说到了点子上，但是经济学的应用比仅仅一个极端的例子意义要大得多。如果一轮牛市是由减税所形成的，那么为什么我们会假设这种情况下的贝塔值，同油价下调或放松管制又或取消贸易壁垒所引发的牛市中的贝塔值一样呢，这说不通。该理论中所缺失的数据会让人们费很大功夫。

19.5　现代金融的贡献

现代金融尽管有其缺点，但是对于我们去理解所生活的这个世界作出了很大的贡献。贡献就在于提出了严格检验的概念，以及按照利润最大化原则进行定价。

科学上的严格要求能对不同选项进行区分。现代金融在统计学方面的复杂性，再加上能高速运算的计算机，大大提高了我们进行区分的能力。利润最大化理论在金融领域一直很受重视，在改变我们所有人对于世界的看法上有很大影响。"如果你能看出来，那为什么其他人看不出来？"这样一个很直接的问题，被赋予了一种新的重要意义。在看透其本质之后，一些早先的过滤规则可以直接归入应被抛弃的思想领域中，这些存在缺陷的概念阻碍了知识进步。

19.6　迈向一种新理论：CATS方法

要想让古典经济学与现代金融"联姻"，肯定只能被视作一种幻想。现代金融中大量的资产类型将我们的知识范围拓展至一个从未达到过的高度。现在金融领域中所谓的专家，就像25年前一样，如今也在这个领域彻底迷失了方向。关于市场是如何对外部冲击作出调整的古典经济学理论——有时用法语单词"tatonnement"（不断调整以达到稳定状态）来表达——有助于填补金融领域中的空白。

没有必要扯得太远，市场无非是需求方和供给方达成一致这样一种概念上的状态。价格是商品在实际交换过程中的比率。当市场出清时，需求方获得了所有他们想要的东西，而供给方提供了所有他们想出售的东西。在市场出清

---

[1] Victor A. Canto and Wayne Steele Sharp, "Holding Patterns: The Outlook for Air Transportation Industries under Partial Deregulation", *Investment Observation*, A. B. Laffer Associates, September 18, 1987.

时,会有一个特定的价格和数量,这就是所谓的"均衡"。

所谓的市场冲击是一种术语,用来描述需求方或供给方的偏好所发生的变化。如果这样一种冲击发生了,那么先前的均衡价格和数量将不再适合这一市场。新的均衡出清条件可以通过价格和数量的调整来实现。而市场具体是如何调整的以及调整的程度,对于市场中的企业的利润而言很关键。因此,市场是如何对冲击进行调整的将决定企业未来的利润,并最终决定其股票价值。

资本资产税收敏感性(Capital Assets Tax Sensitivity,CATS)方法纠正了现代金融中一些更为严重的缺点。该部分直接从企业和家庭理论出发,建立了一套原则以探究在发生宏观经济冲击之后,市场是如何回到均衡的。原则上,可以通过价格和数量调整在一定程度上的结合恢复均衡。对于市场的调整是否应通过企业的需求计划和供给计划来进行,价格和数量是再平衡的关键。很清楚,从行业内任意具体企业的角度来看,宏观经济冲击的影响越大,价格在调整过程中所发挥的作用越大,企业的利润和股票价值的敏感性就越大。不同的冲击完全会导致企业迥然不同的反应。因此,CATS研究拓宽了考量宏观经济冲击对于股市不同板块的影响的范围。

虽然是由经济理论发展而来,但对于股票的认识及测算都会直接受到宏观经济事件的影响。所挖掘出的最新数据,可以让我们能够在宏观经济事件与分行业股票收益之间建立起联系。税收政策在过去已经调整了好几次,都留下了通货膨胀、利率、汇率以及贸易保护主义活动的烙印。虽然市场一直表现得不温不火,但是已经对不同类别行业的股票价值进行了重估。从我们所有人都能够发掘市场信息的角度而言,市场对于股票价值的重估根本不是随意做出的。出现了截然不同的模式。有些人能在观察中一针见血,而其他人只能通过密密麻麻的数据看得云里雾里。

CATS策略将更为传统的宏观经济事件向量与资产相关性矩阵相结合。如果可以假定我们过去观察到的数据模型的有偏性在未来仍将存在,那么通过对于经济形势的认识,就可以解读出股票收益情况。这作为资产经理的指南,可以证明这种联系相当有价值。资产经理是始终要对一切非难无条件承受的一批人。无论是在市场内外,他们的所作所为都一直处在风口浪尖,但他们别无选择。

19.7 税负承担者与相应税负

任何一种宏观经济冲击最终会由谁来承担后果,将取决于企业的需求和供给弹性,当然,也要考虑具体冲击本身的性质。[1] 产品的供给是具有价格弹性的,企业主要是通过调整产量水平而不是盈利水平的明显变化来应对需求的波动(如图 19.1 所示)。弹性供给曲线完全可以定义为,由于一开始存在超额利润,这鼓励企业进行更多的生产,从而成本增加,并将产品价格压低至超额利润消失的那一个价格点上。因此,该企业的股票价格会相对稳定一些。

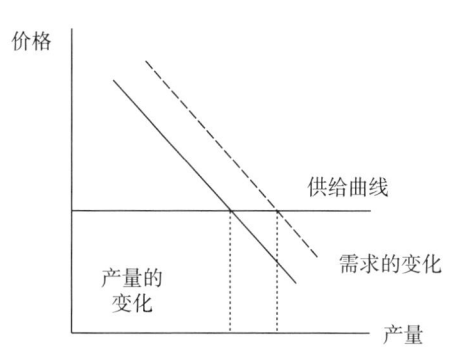

图 19.1　弹性企业:对于需求的变化,产量的相应变化

当供给无弹性时,企业无法轻易地调整生产计划,因此,这些企业会通过调整价格来对需求的波动进行配给(如图 19.2 所示)。对于这些企业而言,其盈利水平与股价会反映出需求的波动。当供给条件发生变化时,面临弹性需求的企业无法调整它们的产品价格。因此,任何会对生产成本造成影响的宏观经济冲击,都会对企业的盈利水平进而是股价产生直接的影响(如图 19.3 所示)。

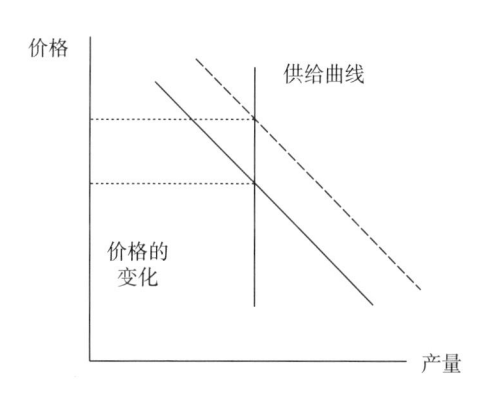

图 19.2　无弹性企业:对于需求的变化,价格的相应变化

---

[1] 为了让问题不那么复杂,我们可以想象这些冲击会对任一行业同时产生价格效应与收入效应。上述所提到的弹性,就是价格或收入的百分比变化所导致的需求或供给的百分比变化。对于我们所生活的世界而言,相应还需要考虑到包括交叉弹性、收入分配以及要素增加在内的影响。

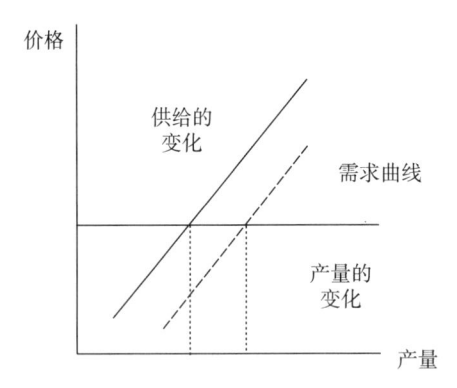

图 19.3　弹性企业：对于供给的变化，产量的相应变化

面临需求无弹性的企业应该能够通过提高价格的方式将成本的增加转嫁出去（如图 19.4 所示）。由于需求无弹性且企业本身所具备的竞争条件，成本下降无法为企业所实现，但可以转嫁给消费者。

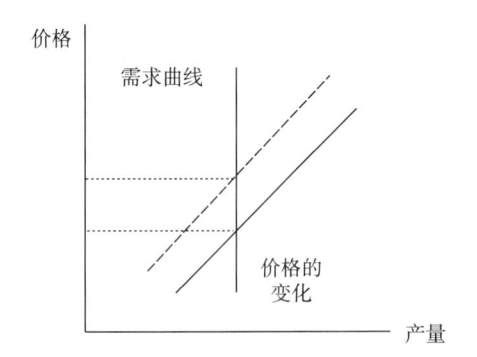

图 19.4　无弹性企业：对于供给的变化，价格的相应变化

从企业的角度来看，针对任何一种对企业的宏观经济冲击，我们对于相关的供给与需求弹性的认识都能让我们很好地测量出宏观经济事件的精确影响。然而，即便只是对一家企业的相关供给与需求弹性进行直接测量，也是一项非常困难的工作，这使得这种努力意义并不大。设想一下，如果对所有企业都采取这种做法，那么会体现我们有多么的愚昧无知。为了更便于操作，有一种等价的方法是测算不同的冲击对于公司股价的直接影响。

附录 A

表 19A.1 按 1981～1987 年的表现排列出的行业收益

	1981～1987	1981	1982	1983	1984	1985	1986	1987
广播	520.79	21.09	47.01	10.51	13.64	67.33	22.06	35.97
饮料/酿酒	441.05	22.91	59.53	11.30	1.80	58.45	23.71	24.24
食品	359.61	15.11	33.07	21.46	15.60	58.97	30.59	2.94
包装物/金属和玻璃	348.41	6.19	0.02	40.04	33.06	37.56	54.62	6.51
包装物/纸质	345.39	10.56	13.73	77.21	−10.90	21.19	49.97	23.43
污染防治	331.71	−4.80	44.89	−0.11	−3.59	59.63	58.28	28.63
纺织/产品	331.86	20.06	40.78	30.97	−14.81	40.26	31.50	18.41
饭店	271.17	25.85	46.34	22.37	14.58	40.07	6.14	−3.32
饮料/不含酒精饮料	256.23	15.13	27.13	10.27	13.99	43.52	24.42	8.43
轮胎	249.35	13.48	72.06	−5.30	−15.52	26.37	34.26	31.81
百货商店	248.08	15.01	72.87	22.82	−1.75	38.89	25.17	−16.55
食品连锁	248.08	1.77	55.58	12.98	10.19	32.63	17.99	12.84
日用商品	245.77	1.23	82.09	31.23	−9.10	24.66	24.28	1.50
出版	241.57	10.61	45.62	21.77	0.84	33.98	17.88	9.34
零售/综合类	234.33	6.40	72.41	25.86	−3.87	30.95	22.85	−6.37
报纸	231.79	13.46	55.76	13.43	6.45	27.74	20.22	1.24
烟草	217.23	6.76	18.93	18.72	15.17	11.22	53.65	6.93
计算机服务	216.64	−25.47	46.32	21.16	20.74	52.50	21.29	7.31
货车运输	215.37	19.16	40.79	38.40	−12.08	35.98	25.98	−9.82
肥皂	212.35	13.86	42.61	1.08	1.85	32.53	25.97	11.94
零售/药品	209.76	16.66	51.72	26.03	−1.50	14.07	18.93	3.92
消费者商品	193.72	4.48	38.12	14.31	2.84	34.95	23.50	3.89
纺织/服装生产	178.99	−17.09	50.77	26.55	−17.70	87.43	43.91	−20.56
家具/家用电器	178.85	15.67	63.54	32.92	−20.60	16.90	38.82	−13.93
药品	170.11	−2.03	15.95	4.22	11.29	38.01	36.37	8.93

续表

	1981~1987	1981	1982	1983	1984	1985	1986	1987
休闲	167.94	26.66	0.12	53.74	6.42	16.38	27.69	−13.11
汽车	167.01	−15.60	81.62	29.28	5.39	2.94	15.30	7.71
人寿保险公司	163.92	4.78	49.36	26.76	25.41	22.97	4.12	−17.15
娱乐	154.52	11.39	−3.09	−1.24	−3.65	83.71	12.68	19.69
酒店和旅馆	141.68	−5.55	23.88	29.53	−5.31	34.44	22.42	2.32
医院服务提供	136.89	3.96	40.00	−7.11	−17.50	51.03	34.51	4.55
汽车配件/零部件市场	133.02	4.46	46.41	5.03	−2.23	16.34	18.66	7.47
化工产品	130.60	−9.44	2.66	31.49	−16.58	43.02	38.59	14.10
纸	130.18	−8.35	10.64	36.02	1.15	21.32	27.11	6.98
鞋	123.81	8.57	63.42	4.78	−0.76	27.27	5.47	−9.63
化工产品/多样化经营	121.81	−15.08	4.65	40.93	0.05	22.78	33.02	8.38
保险/财产与意外险	119.16	10.02	17.94	7.32	9.26	37.30	6.74	−1.71
建筑材料	111.55	−8.28	21.67	14.18	−3.54	38.15	40.35	−11.23
汽车配件/原装设备	111.08	2.64	16.85	32.69	−8.75	15.83	11.95	12.10
个人贷款	106.60	−8.00	41.42	31.76	5.07	33.08	15.73	−25.53
电气设备	96.49	7.27	28.91	2.77	−1.42	23.37	7.09	6.16
航空	96.32	−6.74	86.06	9.53	−6.55	9.46	15.64	−12.68
电子器件/仪器	91.73	−11.09	63.89	11.07	−18.93	7.04	7.00	27.59
保险/多条产品线	91.60	18.07	4.20	6.95	7.24	49.46	2.84	−11.66
公用事业/电力	82.82	8.24	22.97	3.45	11.65	15.45	20.82	−14.75
S&P 500	82.00	−9.73	14.76	17.27	1.40	26.33	14.62	2.03
工厂预建住房	79.89	26.84	116.11	5.16	−13.05	−4.84	3.07	−26.82
计算机/商业设备	73.91	−19.43	49.82	24.61	−2.25	20.48	−8.69	7.52
半导体	70.26	−27.98	52.52	55.58	−21.56	0.26	−9.06	39.31
化妆品	66.57	−15.68	9.93	−4.68	0.20	35.86	31.10	5.63
生产资料	66.51	−16.01	15.00	23.35	−4.15	24.81	5.35	10.89
经纪公司	61.57	27.39	58.17	6.69	−11.79	24.35	10.17	−37.80
博彩公司	60.08	−6.48	−8.60	22.03	−5.54	40.52	11.63	3.59

续表

	1981～1987	1981	1982	1983	1984	1985	1986	1987
纽约城市银行	60.03	7.41	20.44	1.85	10.17	34.55	15.65	-29.15
国际综合性石油	57.54	-25.23	-8.31	23.10	12.11	16.36	34.46	6.44
不动产投资信托(REIT)	54.91	17.41	31.94	6.63	7.30	-0.25	24.75	-29.76
储蓄和贷款	54.67	-24.59	81.31	3.49	-22.36	46.08	33.32	-27.70
企业集团	53.33	-13.20	-6.13	39.11	-7.53	25.42	17.54	-0.77
汽车和卡车配件	43.39	3.56	27.82	51.00	-17.36	0.61	-7.15	-7.06
金属矿/杂类	40.77	3.68	-4.40	22.93	-25.00	-9.50	-1.90	73.49
铝	39.23	-26.48	20.25	39.79	-22.29	4.88	-6.73	48.21
铁路	38.71	-17.20	-2.91	32.89	-8.82	34.40	-2.88	9.09
林业产品	35.26	-15.47	26.05	-3.14	-11.21	7.34	32.93	3.44
债券基金	27.27	-3.99	21.52	-0.94	0.83	16.43	8.53	-13.56
航空运输	25.60	8.90	11.95	24.60	-24.63	51.51	6.76	-32.18
航天	21.41	-36.15	35.36	31.50	5.98	16.18	9.13	-20.50
天然气生产和开发	18.18	-19.62	-12.60	27.37	3.08	32.40	3.36	-6.37
金矿开采	13.06	-26.61	41.32	-5.90	-29.38	5.91	-0.50	55.68
医院管理	12.81	-3.71	64.65	-12.46	4.82	1.18	-22.42	-1.22
国内综合性石油	5.90	-23.93	-18.93	24.11	12.48	13.47	0.65	7.69
机械	3.49	-13.64	-25.09	19.43	-12.92	14.16	-0.21	35.03
玩具	-8.99	-17.63	26.32	-20.95	42.80	30.88	-7.59	-35.93
钢铁	-10.50	-5.22	-25.91	42.41	-26.93	-5.01	-17.87	56.99
投资/综合性	-23.29	-15.84	19.22	2.82	-17.89	10.97	11.03	-26.50
机床	-24.17	-17.38	11.68	35.67	-32.25	-6.06	-5.40	0.61
住宅建筑	-28.24	-43.78	70.52	-0.97	-10.26	-5.06	22.97	-27.85
区域性银行	-29.40	-8.59	-7.18	10.53	-15.49	11.94	1.87	-21.89
煤炭	-33.41	-9.19	-30.43	15.09	-8.73	8.93	7.30	-14.15
油井设备及租赁	-64.43	-29.76	-29.05	8.64	-25.87	-5.16	-6.09	-0.48
海上钻井	-83.17	-6.50	-44.31	11.23	-22.57	-27.30	-52.87	26.98

Source：Standard & Poors' 500.

第20章

第二部分：宏观经济冲击与股票价格

维克托·A. 坎托、阿瑟·B. 拉弗

在过去10年里，A. B. 拉弗协会所做的研究专注于测算宏观经济冲击对于特定行业股票收益的影响。我们的CATS（资本资产税收敏感性）策略预测了在这些经济冲击的余波中，个别行业股票的相应表现。[1]

CATS策略将行业组分为高CATS类和低CATS类。这样一种分类方式主要是基于在20世纪60年代实行税率下调之后，股票是如何表现的。[2] 当税率很低以及下调时表现最好的股票，被标记为高CATS；反过来，低CATS行业组是那些当税率很低以及下调时，相比之下表现糟糕的股票。而随之会出现的是，在税率上调以及其他对生产不利的因素增加的时期，低CATS股票的表现可能会优于高CATS股票（以及市场）。

---

[1] Victor A. Canto, "The CAT'S Meow: A Portfolio Strategy for the Modified Flat Tax", *Financial Analyst Journal* 42 no. 1 (January/February 1986), pp. 26 – 29; Victor A. Canto, "The CAT'S Meow and the Stock Market", *Investment Study*, A. B. Laffer Associates, November 14, 1985; Victor A. Canto, "The Fat CAT'S Strategy for Portfolio Selection", *Financial Analyst Journal*, January/February 1987, pp. 43, 44 – 51; Victor A. Canto, "Fine-Tuning the CAT'S Meow", *Financial Analyst Journal*, November/December 1987, pp. 56 – 66; Victor A. Canto, "The CATS: Large and Small", *Investment Observation*, A. B. Laffer Associates, August 24, 1987; "Industry Classification Update", *Investment Observation*, A. B. Laffer Associates, September 25, 1987; "Redefining the CATS: Individual Stock Classification", *Investment Observation*, A. B. Laffer Associates, May 6, 1988.

[2] Victor A. Canto, "The CAT'S Meow: A Portfolio Strategy for the Modified Flat Tax". 对于股票的挑选和分类技术，是在查尔斯·卡德莱茨（Charles Kadlec）与我们进行数次讨论之后得出的。

20.1 分类技术

用来划分高CATS/低CATS界限的特别标准是,在基期1962~1966年,行业的股票收益表现是否优于标普500指数的表现。之所以挑选出这5年,是因为在肯尼迪实行所得税率下调之后,在这段时期完成了一轮从低谷到顶峰的牛市。[1] 根据在1962~1966年个别行业的股票表现,行业按照CATS分类法,要么被归为高CATS(HC),要么被归为低CATS(LC)。基于这一分类,可以为高CATS组和低CATS组构建一种指数。

在每一种CATS类别中,对于同质性都有不同程度的区分。对于一些高CATS行业而言,股票价值几乎能与高CATS总体指数相匹配,几乎不存在残差变化。对于这些行业,高CATS在股价波动中占主导。相反,其他行业尽管股价与高CATS指数呈正相关,但是表现出剧烈的残差变化。后一组行业可能是受到了高CATS效应的影响,但是其他因素也会造成行业股价的同步波动。

为了能将那些受到其他因素影响和没有受到其他因素影响的高CATS股票区分开来,需要计算出单个高CATS行业的收益与高CATS综合股指之间的相关性。那些R^2(决定系数)大于50%的行业股票被归为高CATSⅠ(HCⅠ),R^2小于50%的行业被归为高CATSⅡ(HCⅡ)。

对低CATS行业股票进行划分时会用到相同的标准。那些被证明与低CATS指数相关性更强的行业被归为低CATSⅡ(LCⅡ),而那些与指数的相关性弱一些的行业被归为低CATSⅠ(LCⅠ)。总的来看,有59个行业可以被归为HC,其中有32个为HCⅠ,27个为HCⅡ;总共有38个行业被归为LC,有23个为LCⅠ,还有15个为LCⅡ。

对单个行业进行分类的标准是很随意的。之所以假定行业能被精确地划分为两种CATS类别,仅仅是因为我们选择有CATS特征的离散组而不是连续组来分析行业股票。选择用离散分组使得研究易于管理,同时能对这一话题进行很好的归类。例如,与HC指数有最强相关性的HCⅡ行业,同有最弱相关性的HCⅠ行业非常像。同样的道理,相关性最弱的HC行业与相关性最强的LC行业非常像,以此类推。尽管所用到的定义在本质上存在随意性,但是特征本

---

[1] Douglas H. Joines, "The Kennedy Tax Cuts", *Economic Study*, A. B. Laffer Associates, September 25, 1980.

身的重要性也是不言自明。

高 CATS 股票最重要的特征是，在税率下调时期，这些行业的表现优于市场。因此，对高 CATS 效应能作出很好的定义。而其他行业领域可以被归为低 CATS。从分类技术的这一特点来讲，目前我们对低 CATS 所确知的仅仅是，其与高 CATS 指数缺乏相关性。

股价同步波动这一趋势可能与减税没什么关系，而是在其他因素条件下才可能发生。例如，利率或通胀率的大幅变动可能与股市的系统性趋势紧密相关。汇率或油价的波动在引起股市出现类似的趋势方面，也是一种说得通的备选因素。

20.2 利率与 CATS 表现

利率与通胀率的变动关系非常紧密，而 LC 指数与油价之间也是这样。要对宏观经济冲击下的通货膨胀和油价情况作出更深入的研究，得从利率和 LC 的角度分别进行。在分析中不考虑油价情况是很讽刺的：最早用到 CATS 分析的一篇论文是《对油价取消管制：刺激的力量》。[1] 在那篇论文中，股价对于油价变化的敏感性是运用 1973 年石油禁运时期的行业表现来作出估计的。1973 年冲击下的输家，在 20 世纪 80 年代初油价预期会下跌时期有望成为赢家。

在最早用到 CATS 策略的一篇论文中，凯文·梅利奇（Kevin Melich）和马克·雷甘纳姆（Marc Reinganum）用到的时间跨度为 20 个月，从 1972 年 2 月到 1973 年 9 月，以单独考察利率效应。[2] 在之后的研究中，运用最近几十年的数据对这些趋势的一致性进行了检验。[3] 股票被分成两组，一组受益于利率的下降，而另一组受益于利率的上升。

对梅利奇和雷甘纳姆的论文做更进一步的提炼，可能对我们理解利率效应帮助不大。在《一鼓作气：利率上升 400 个基点的情形》一文中，给出了对利率敏感性的估计。在那篇论文中，对于股票是否会受到利率水平或利率变化的影

---

[1] Gerald Bollman, Victor Canto, and Kevin Melich, "Oil Decontrol: The Power of Incentives Could Reduce OPEC's Power to Boost Oil Prices", *Oil and Gas Journal* 80, no. 2 (January 11, 1982), pp. 92–101. 尽管没有在作者名单上列出，但查尔斯·卡德莱茨与汤姆·纽金特（Tom Nugent）为该论文做出了很大的贡献，本该被列入作者名单中。

[2] Kevin Melich and Marc Reinganum, "A Historical Guide to the Bull Market of the Eighties", *Portfolio Strategies*, A. B. Laffer Associates, April 8, 1983.

[3] Victor A. Canto, "The CAT'S Meow: A Portfolio Strategy for the Modified Flat Tax".

响,仍旧没有做出回答。[1] 在对杰拉德·博尔曼(Gerald Bollman)和 A. 理查德·马克森(A. Richard Markson)的评论所做出的回应中,这一悬而未决的问题得到了解决:对于股价会造成影响的因素是利率的上升和下降(变化)这种情况,而不是高利率和低利率(利率水平)这种情况。[2]

分别从股票整体与具体某一只股票的表现来看,利率下降所产生的影响有点儿像所得税率下调的影响。这两种宏观经济事件对股市整体而言,都是利好因素。此外,HC 作为受益于税率下调最多的一组类别,包含了更多的会受益于利率下降的股票。在 59 个 HC 行业中,有 47 个会受益于利率下降。在 38 个 LC 行业中,有 22 个会受益于利率上升。

尽管存在相似性,利率下降对行业股价所造成的影响与所得税率下调所形成的影响却是完全不同的。并不是所有的 HC 行业都会在利率下调中受益,即使受益,受益的程度也是不同的。理解 CATS 分类与利率敏感性表现之间的微妙差异,能大大拓展我们关于股票收益表现的知识。

20.3　CATS 的一个因素:贸易度

最后一个新近在我们的 CATS 策略中发挥作用的因素是,一个行业的产品参与国际贸易的程度。对于汇率波动和贸易限制的敏感性,会对单个股票的收益产生巨大且独立的影响。[3]

---

[1] The interest rate sensitivity was initially reported in David F. England and Arthur B. Laffer, "Geronimo! The Case for a 400 Basis Point Plunge in Interest Rates", *Economic Study*, A. B. Laffer Associates, February 28, 1987.

[2] Victor A. Canto and Truman A. Clark, "Geronimo and the Stock Market", *Investment Observations*, A. B. Laffer Associates, May 14, 1987.

[3] Numerous individual studies have been published documenting the effects of trade restrictions on individual industries: Victor A. Canto, Richard V. Eastin, and Arthur B. Laffer, "The Failure of Protectionism: A Study of the Steel Industry", *Columbia Journal of World Business* 17, no. 4 (Winter 1982), pp. 43-57; Victor A. Canto and Arthur B. Laffer, "The Trade Weapon", A. B. Laffer Associates, October 4, 1983; Victor A. Canto, Richard V. Eastin, Charles W. Kadlec, and Arthur B. Laffer, "A High Road for the American Automobile Industry", *The World Economy* 8, no. 3 (September 1985), pp. 267-86; Gerald Bollman, Victor A. Canto and Kevin Melich, "Oil Decontrol the Power of Incentives"; Victor A. Canto and Charles W. Kadlec, "The Shape of Energy Markets to Come", *Public Utilities Fortnightly* 117, no. 1 (January 9, 1986), pp. 21-28. A summary of the effects of trade restrictions can be found in Victor A. Canto, J. Kimball Dietrich, Adish Jain, and Vishwa Mudaliar, "Protectionism and the Stock Market: The Determinates and Consequences of Trade Restrictions on the U. S. Economy", *Financial Analysts Journal* 42, no. 5 (September/October 1986), pp. 32-42.

贸易商品正如其名字所意味着的，是可以在国际市场上进行贸易的物品。[1] 我们将贸易商品行业定义为那些会进口或出口一定数量商品的行业。对基于行业之间的贸易量的测算，参考的是商务部的《国民收入和生产账户》（National Income and Product Accounts，NIPA）。可惜的是，NIPA 的行业分类无法与对股价所尝试进行的分类完全匹配。股价的行业分类与 NIPA 的分组并不一致。

在 59 个 HC 行业组中，有 36 个被归为非贸易商品行业，还有 23 个被归为贸易商品行业。在 LC 行业组中，有 11 个为非贸易商品行业，还有 27 个为贸易商品行业。在每一种 CATS 类别中，贸易行业与非贸易行业之间是如此均衡分布，这一情况意味着，将 CATS 投资组合按贸易与非贸易类别进行分类可以提供新的信息。表 20.1 中包含了各种行业组及其 CATS 分类、利率敏感性和贸易度。

表 20.1　　行业的 CATS 分类、利率敏感性和贸易度

High-CATS			零售/综合性	FI	N
航天	RI	N	零售/食品连锁	FI	N
债券基金	FI	N	零售/特产	FI	N
酿酒	FI	T	储贷协会控股公司	FI	N
经纪公司	RI	N	鞋	FI	T
生产资料	FI	T	肥皂	FI	T
水泥	RI	T	不含酒精饮料	FI	N
化工产品	FI	T	电话公司	FI	N
化工产品—多样化经营	FI	T	纺织—产品	FI	T
计算机服务	RI	N	纺织—服装生产	FI	T
计算机和商业	RI	T	烟草	FI	T
企业集团	RI	N	玩具制造商	RI	T
化妆品	FI	N			

---

[1] The impact of real exchange rates on the economy is discussed in Arthur B. Laffer, "Minding Our Ps and Qs: Exchange Rates and Foreign Trade", *International Trade Journal* 1, no. 1 (Fall 1986), pp. 1–26; it was extended to industry performance in Victor A. Canto, "Exchange Rates and the Stock Market: Ps and Qs Meets the CATS", *Economic Study*, A. B. Laffer Associates, November 14, 1986.

续表

消费者商品	FI	T	Low-CATS		
百货商店	FI	N	航空运输	FI	T
蒸馏	FI	T	航空	FI	T
药店	FI	N	铝	RI	T
药品	FI	T	汽车配件/零部件市场	FI	T
电气设备	RI	T	汽车配件/原装设备	FI	T
电气—大型公司	FI	T	货车配件	FI	T
电力	FI	N	汽车	FI	T
电子/防御	FI	N	银行/NYC	FI	N
电子/仪器	RI	T	银行/非NYC	FI	N
电子/半导体	RI	T	建筑材料	FI	T
娱乐	FI	N	煤炭/沥青	RI	T
食品	FI	T	通信设备	FI	N
博彩公司	FI	N	包装物/纸质	FI	N
普通商业连锁	FI	N	铜	RI	T
健康综合	FI	N	化肥	RI	T
健康/多元化	FI	N	林产品	FI	T
健康/杂项	FI	T	金矿开采	RI	T
住宅建筑	FI	N	五金	FI	T
医院管理	RI	N	家具	RI	N
医院供给	FI	T	机床	RI	T
酒店	FI	N	机械/常规	RI	T
家纺/家电	FI	N	机械/农用	RI	T
保险/人寿	FI	N	机械/工业/专用	RI	T
保险/多条线	FI	N	金属/杂项	RI	T
保险/财产保险/意外险	FI	N	天然气输送/管道	RI	N
投资公司	RI	T	石油/汽油探测	RI	T
休闲	RI	N	石油/原油生产商	RI	T
建房	FI	N	石油/国内综合	RI	T

续表

金属/玻璃容器	FI	T	石油/国际综合	RI	T
可移动住宅	FI	T	石油/海上钻井	RI	T
报纸	FI	N	油井设备/服务	RI	N
个人贷款	FI	N	纸	FI	N
污染防控	RI	T	铁路	RI	N
出版	FI	N	房地产投资信托	RI	N
无线电/电视广播	FI	N	钢铁	RI	T
饭店	FI	N	炼糖	RI	T
轮胎和橡胶商品	FI	T	卡车运输	FI	N

注：RI=受益于利率上升；FI=受益于利率下降；T=受益于美元贬值；N=受益于美元升值。

20.4　基于市场基本面的投资组合策略

整体经济环境有助于决定对股票的选择（如表20.2所示）。根据税率、利率与汇率的总体情况，可以顺应这些宏观经济因素的变化趋势，对投资组合精益求精。例如，如果预期税率会下调、美元会升值以及利率会下降，那么最应该考虑的行业组应当是会受益于利率下降的高CATS非贸易投资组合（即HCNFI，HC=高CATS，N=非贸易，FI=利率下降）。同样，在这种环境下最不应该考虑的是会受益于利率上升的低CATS贸易投资组合（LCTRI）。[1]

表20.2　市场基本面与行业组选择之间的关系，1981年9月～1987年8月

市场基本面	展望（预测）	实际表现	推荐
税率	下调	个人所得税率下调至24%	HC
油价	下跌	−62.80%	HC
美元	走强	−14%	N
利率	下调	−542个基点	FI
		整体推荐	HCNFI

A. B. Laffer Associates

[1]　就本文的目的而言，HCⅠ与HCⅡ或者LCⅠ与LCⅡ之间的差异并不要紧。

明确宏观经济冲击会如何影响行业的相对表现,对于确定好的投资组合表现而言,只是一个必要非充分条件。还必须对经济环境做一预测。一个好的投资组合策略是宏观经济预测的准确性与事件发生概率模型的有效性的共同结果。[1]

20.5　CATS 与里根经济学

CATS 策略在过去的 10 年里已经有所演变发展。事实上,加利福尼亚州第 13 号提案、斯泰格尔—汉森资本利得税率下调、1981 年的里根税率下调以及 1986 年的《税收改革法案》,直接推动了 CATS 策略的发展。我们当时的观点是——现在仍坚持这一观点——经济政策所出现的如此激进的变化,会对行业产生全然不同的影响。我们的供给侧观点自然可以更进一步对相关资产收益问题做出解答。

在 1980 年,我们是这样写的:

总统候选人罗纳德·里根在提名演讲中所具体表达的,要求将个人所得税率全面下调 30%,肯定会使财政政策成为经济讨论的中心问题。吉米·卡特总统所坚称的现在就进行税率下调是不负责任之举,则肯定会使这一争论成为总统竞选中的重要内容。因此这提供了一个平台,可以让民众对古典经济政策和凯恩斯主义经济政策之间还存在的一些很难说清的差异做出公投。颇为讽刺的是,里根的政策方案和"自由派"总统约翰·肯尼迪所赞成的以及在 1961～1965 年所实施的政策很像,而且实际上与"保守派"总统理查德·尼克松以及卡特所提出的财政政策截然不同。[2]

在 1981 年,我们对于里根执政时期的看法是:

所得税与资本利得税减税的时代已经来临。无论是从实证角度还是从理论角度,税率下调都会伴随着经济快速增长、储蓄增加、股价上涨、通胀率下降、预算赤字减小以及穷人条件的改善。有人所提出的对消费增税以及对企业或投资减税以鼓励人们进行储蓄,是很荒谬的。储蓄是未来的消费。因此,"消费税"会使储蓄减少。如果增长主义的经济政策开始大行其道,那么到 1984 年末,对于任何形式的所得的最高边际税率会是 36%;从历史角度来看,20 世纪

---

[1] 就经济事件与股票表现之间的关系存在滞后性而言,事件发生概率模型本身也具有价值。
[2] Arthur B. Laffer, "The 'Ellipse': An Explication of the Laffer Curve in a Two Factor Model", *Economic Study*, A. B. Laffer Associates, July 28, 1980.

80年代可以被视作与经济快速增长的20年代和60年代初一样亮眼。[1]

里根时期的牛市主要是由个人和企业所得税率下调以及对能源价格解除管制所推动的。在1981～1987年这段时间,石油的实际价格下跌了62.80%。美元的外汇价值从指数水平来看,从1981年的92.41上升至1984年12月的134,之后又下降至1987年的79.12。整体而言,在这一时期,美元贬值了14%。在1981～1987年,3月期国库券收益下降了542个基点,而10年期国库券收益下降了515个基点。这些政策为高CATS行业提供了一个非常有利的经济环境。里根—沃尔克货币政策的成功也带来了低通胀。

由于里根经济政策的基石是税率下调,因此CATS分类在投资组合策略的形成过程中是主要的一种筛选方式。这些结论与我们从1980年起所做的预测是一致的。对于基本面情况所做的一些预测意味着(如表20.3所示):

(1)在里根时期,高CATS(HC)的表现会优于市场,而低CATS(LC)的表现会比市场差。

(2)受益于利率下降(FI)的行业组的表现,会优于受益于利率上升(RI)的行业组的表现。

(3)非贸易板块(N)行业的表现,会优于贸易板块(T)行业的表现。

(4)在高CATS组中,那些受益于利率下降(HCFI)和强势美元(HCN)的行业的表现,甚至会比整个HC类更好。表现最好的组应当是受益于利率下降、被归为高CATS非贸易的行业(HCNFI)。

(5)在低CATS组中,那些受益于利率上升(LCRI)和弱势美元(LCT)的行业的表现会比市场差。表现最差的组应当是受益于利率上升和美元贬值的低CATS行业(LCTRI)。

表20.3　　股价指数表现(百分比变化),1981年9月～1987年8月　　单位:%

S&P 500	168.58
HC	237.72
LC	94.95
RI	59.37
FI	235.72

---

[1] Arthur B. Laffer, "Reagan's Economic Proposals Within a Supply-Side Framework, Testimony before the House Ways and Means Committee March 4, 1981", A. B. Laffer Associates, March 13, 1981.

续表

T	162.04
N	193.72

A. B. Laffer Associates

为了尽可能完整地捕捉到里根时期的牛市是如何从低谷到顶峰的,对不同投资组合在1981年1月至1987年8月的表现进行了计算。尽管结果清楚地表明,不同投资组合的表现有很大差异,但是这些表现上的差异符合我们的预测。正常而言,这证明CATS策略能够确定不同宏观经济冲击的发生概率。

20.6 高CATS与低CATS行业组

在1981~1987年这段时间,高CATS(HC)投资组合升值了237.72%。相比之下,标普500上涨了168.58%,而低CATS(LC)投资组合只升值了94.95%。正如CATS策略所预测的,在这段时期,高CATS投资组合的表现优于低CATS投资组合和股市整体表现。

20.7 利率上升与利率下降行业组

我们的预测要求,受益于利率下降(FI)的行业表现应优于受益于利率上升(RI)的行业表现。在1981年9月至1987年8月这段时间,受益于利率下降的行业组上涨了235.72%,而受益于利率上升的行业组上涨了59.37%。

20.8 贸易型与非贸易型行业组

我们的经济预测还需要有强势美元。由于非贸易商品行业受益于强势美元,而贸易商品行业受益于弱势美元,因此我们分析预测,非贸易部门行业(N)的表现会优于贸易部门行业(T)。[1] 实际上,情况就是这样:非贸易部门行业投资组合上涨了193.72%,而贸易部门行业投资组合上涨了162.04%(如表20.3所示)。美元的表现解释了为什么投资组合表现的差异不像其他因素那么大:在里根执政初期,美元出现了升值,但在最后两年,美元的升值完全被抹掉了。

---

[1] Victor A. Canto, "Exchange Rate Changes and the Stock Market: The Ps and Qs Meets the CATS".

20.9　一个更精练的策略

我们对于里根时期低税率和低油价的观点,使我们更青睐高 CATS(HC)。同样,我们对于低利率的观点,使我们更青睐低利率(FI)组。最后,我们对于强势美元的观点,使我们更青睐非贸易部门行业组(N)。将这三种筛选方式结合起来,使得总体上推荐的是 HCNFI。根据相同的逻辑,这促使我们选择 LCTRI 作为里根时期表现最差的组。

我们的具备上述三项的投资组合在里根时期的实际表现,非常符合我们的预期。我们针对这一时期所选择的高 CATS 非贸易利率下降(HCNFI)投资组合升值了 240.68%,在表现优异性上排名第二。表现最好的组是高 CATS 贸易部门利率下降(HCTFI)组,升值了 270.07%(如图 20.1 所示)。正如所预测的,在高 CATS 中,表现最差的投资组合是受益于弱势美元和利率上升(HCTRI)的行业组,只升值了 171.81%。另一个表现较差的投资组合包含了受益于美元升值和利率上升(HCNRI)的行业组,这一投资组合只升值了 179.06%。

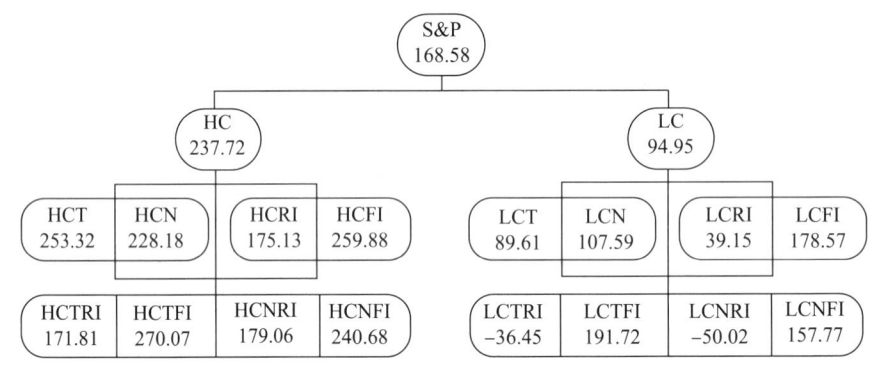

```
                      S&P
                     168.58
         ┌─────────────┴─────────────┐
        HC                          LC
       237.72                      94.95
   ┌────┬────┬────┐          ┌────┬────┬────┐
  HCT  HCN  HCRI HCFI        LCT  LCN  LCRI LCFI
 253.32 228.18 175.13 259.88  89.61 107.59 39.15 178.57
  HCTRI HCTFI HCNRI HCNFI    LCTRI LCTFI LCNRI LCNFI
 171.81 270.07 179.06 240.68 -36.45 191.72 -50.02 157.77
```

图 20.1　CATS 表现,1981 年 9 月~1987 年 8 月

贸易与非贸易项可能并不会在实质上造成差异化表现。这可以用里根执政时期美元的升值和贬值来作出解释。美元的表现与我们的观点——税收所导致的贸易条件变化并不会对汇率产生持续的影响——是一致的。相比之下,保罗·沃尔克担任美联储主席时期所实施的货币政策,将美国推向了价格稳定和利率的相应下降。发现利率是一个显著项,没什么好让人大惊小怪的。HCNRI 和 HCTRI 的优异表现,以及 HCNRI 和 HCTRI 投资组合的表现不理想,意味着利率敏感性项大大提升了精练的 CATS 投资组合。

正如所预测的,低 CATS 表现比市场差。低 CATS(LC)只升值了 94.95%

（如图20.1所示）。贸易度和利率敏感性项明确了其他一些会表现不理想的投资组合。表现最差的是受益于利率上升的低CATS贸易投资组合（LCTRI），贬值了36.45%。表现第二差的投资组合是受益于利率上升的低CATS非贸易投资组合（LCNRI），贬值了50.02%。

在低CATS中，表现最好的是受益于利率下降的贸易部门投资组合。LCTFI组升值了191.72%，其次是非贸易部门利率下降投资组合（LCNFI），升值了157.77%。再重申一次，这一结论表明利率敏感性项会大大提升精练的CATS投资组合。

有趣的是，两个最复杂的低CATS投资组合LCTFI和LCNFI，一个表现优于市场，另一个表现和标普500差不多持平。这些投资组合都包括了受益于利率下降的低CATS行业。相比之下，两个表现较差的最复杂的高CATS投资组合HCNRI和HCTRI，都是受益于利率上升组。

这一结论表明了正确认识经济环境的重要性。对于HCNRI和HCTRI，HC部分捕捉到了一定程度上推动里根时期牛市的税率下调效应，但对于受益于通胀率和利率下降的投资组合中的股票，RI部分被剔除了出去。关注价格和利率稳定的货币政策形成了低通胀和利率下降。反过来，对于LCTFI和LCNFI投资组合，LC部分没能捕捉到税率效应，而FI部分捕捉到了货币政策的影响。毫不令人奇怪的是，用这些组的表现可以很好地估计出整体市场收益。

这些证据清楚地表明，正确认识整体经济环境（如税率和货币政策的影响）可以让我们选出表现最好的投资组合（HCNFI和HCTFI），并避开表现最差的投资组合（LCTRI和LCNRI）。反过来，对整体经济环境做出错误的判断，会导致选择与市场表现差别不大的投资组合（LCTFI、LCNFI、HCTRI和HCNRI）。

表现最好的投资组合是HCNFI和HCTFI这一情况支持了我们的观点，即里根时期牛市背后的驱动力是税率下调，以及采取了让美国重新回到价格和利率稳定状态的货币政策。

第21章

小型公司与州竞争环境:1989~1990年的情况

维克托·A.坎托、阿瑟·B.拉弗

人们倾向于向能改善他们生活水平的地方流动。就东欧人向西欧移民以及墨西哥人向美国移民的情况而言,这一供给侧原则可谓牢不可摧。但是当这一概念与"一人一票"原则(本该如此)结合起来时,所形成的效应就是爆炸性的。

1990年人口普查所呈现的过去10年的人口变化表明,加利福尼亚州、得克萨斯州和佛罗里达州是三个最大的赢家。佐治亚州和亚利桑那州也分别获得了2个国会席位。纽约州则在失败者榜单中名列榜首,而宾夕法尼亚州、伊利诺伊州、俄亥俄州以及密歇根州紧随其后。

相比于美国整体标准,税收很高以及/或税收增加的州经历了人口的相对减少。同样,在税收较低或者税收减少的州,人口的增长通常会高于平均水平。在对州进行国会席位分配时,根据的是按10年一次的人口普查数据所测出的人口数量。因此,很自然而然地,州经济政策有助于决定政治权力。有一些州太小了,以至于甚至其相对税负出现了大幅变动,也不足以确保其国会代表数量有所改变。同样,有一些州由于在税收政策上很接近国家标准,因此它们的情况也没发生过什么变化。总而言之,尽管税收政策很重要,但是其他因素也发挥了显著作用。

尽管这类研究本身的水平参差不齐,但是所得出的结论还是很让人期待的。对于州税负(即从每100美元州个人所得中征得的州和地方税收收入)的测算虽然很粗略,但还是可以用来测算州税收政策相比于国家政策所达到的水平以及所发生的变化。在1978~1987年间,税负较重且还在加重的州——威斯康星州、艾奥瓦州、明尼苏达州、俄亥俄州、密歇根州、西弗吉尼亚州、肯塔基州以及伊利诺伊州——很可能会丢掉国会选区（如表 21.1 所示）。相比之下，税负较轻的州——得克萨斯州、佛罗里达州、佐治亚州以及弗吉尼亚州——赢得了国会席位。

表 21.1　　　　　　　　　　州竞争环境与席位的重新分配

州	1978 财年	1987 财年	国会席位数
威斯康星	7	7	－1
明尼苏达	8	5	－1
艾奥瓦	33	22	－1
俄亥俄	49	29	－2
密歇根	15	11	－2
西弗吉尼亚	28	18	－1
肯塔基	36	31	－1
伊利诺伊	34	32	－2
得克萨斯	43	43	＋4 or 5
佛罗里达	47	47	＋3 or 4
弗吉尼亚	38	38	＋1
佐治亚	39	36	＋1 or 2
加利福尼亚	4	16	＋5 or 6
亚利桑那	6	12	＋1 or 2
北卡罗来纳	40	25	＋1
纽约	1	3	－3 or 4
马萨诸塞	5	13	－1
蒙大拿	11	21	－1
堪萨斯	30	37	－1
宾夕法尼亚	26	28	－2 or 3

根据每 100 美元个人所得的州和地方税收收入排名

Sources: Bernadette A. Budde, "Decisions 1989, Census 1990: Politics 1992 and Beyond", A. B. Laffer, V. A. Canto & Associates (November 2, 1989); *Interstate Tax Comparisons and How They Have Changed Over Time*, Legislative Finance Paper #66, National Conference of State Legislatures, February 1989.

在其他州，税负的水平与变化对州竞争环境有相反的效应。例如，在加利福尼亚州，从 1978 年起税负实现了大幅减轻。在 1978 年，加利福尼亚州在全国各州里，税率排在第 4 高。随后便颁布了第 13 号提案，税收相应减少。到了

1987年,加利福尼亚州的税率在各州中已经下跌至第16位。加利福尼亚州获得了多达6个国会席位。随着可能由共和党人执政并有一个中立的最高法院,加利福尼亚州将彻底摆脱其所面临的非常不合理的选区划分情况。总的来看,加利福尼亚州的共和党代表人数可以增加至10人。亚利桑那州虽然没那么夸张,但其税收情况从1978年的第6位下降至1987年的第12位。亚利桑那州获得了2个席位。

纽约州在1978年的税收"明日之星"中名列第一。其在1987年被怀俄明州和阿拉斯加州所挤掉,并会由于下一轮人口普查而丢掉3或4个国会席位。根据其最新的政策,纽约州显然会对其所创造的纪录感到高兴,而且肯定会保持其"税收英雄"这一让人心生疑问的、与众不同的身份。马萨诸塞州的情况不那么明朗,其在1978~1987年间已经在相对地位方面有所改善,但仍旧丢掉了1个席位。但是根据我们所谓的"杜卡基斯的遗产"[1],选民清楚地预见到简单的数字到底使哪部分内容变模糊了。

宾夕法尼亚州显然是唯一一个真正的例外。其税收情况真的不像那些被挤掉的州那么糟糕,但是其还是可能会丢掉2个席位。可能W. C. 菲尔德(W. C. Field)的评论比当时任何人所想过的都更具预言性。当税收与民主结合在一起时,亚当·斯密与查尔斯·达尔文(Charles Darwin)也便合为一体。不仅落后于这个时代的高税收州在政治影响下面临危机,而且锐意进取的低税收州繁荣了起来。归根结底,一切只是时间问题。

21.1 框架

从竞争观点来看,各州之间相对税负情况的变化才是问题所在。那些相对税负减轻的州有望实现经济的加速增长,而那些相对税负加重的州会呈现经济扩张步伐放缓的情况。[2] 由于州和地方税收政策与经济扩张之间存在联系,位于那些调整了税收政策的州的资产价值会朝着预期的方向波动。资产在那些下调了税率的州可能会升值,而上调税率可能会使资产贬值。

每一个使其税负加重超过全国平均水平的州会发现,其很难留住现有的生

---

[1] 迈克尔·杜卡基斯(Michael Dukakis),曾任马萨诸塞州州长,是马萨诸塞州在任时间最长、政绩最卓著的州长之一。——译者注

[2] Victor A. Canto and Robert I. Webb, "The Effect of State Fiscal Policy on State Relative Economic Performance", *Southern Economic Journal* 54, no. 1 (July 1987); Victor A. Canto, Charles W. Kadlec and Arthur B. Laffer, "The State Competitive Enviroment", A. B. Laffer Associates, August 8, 1984.

产设施以及吸引到新的公司。流动资本和劳动力会流出,以在其他州寻找更高的税后收益,而无法流动的生产要素会被留下,承担起该州和地方的税负。相比于将生产设备集中于减轻了相对税负的州的公司而言,在提高了相对税负的州有很多工厂和销售点的公司经营会很艰难。

假定有两家完全一样的钢厂,在位置上相隔 40 英里:一家钢厂位于肯塔基州,另一家在俄亥俄州。由于两家钢厂在美国市场上实际销售的是完全一样的产品,竞争会促使它们以差不多相同的价格销售它们各自的产品。因为这两家钢厂只相隔 40 英里,所以它们都得向自己的员工支付相同的税后工资,并向它们的供应商支付相同的价格。

根据这一情形,考虑一下如果俄亥俄州使其所得税率翻倍,而肯塔基州下调其所得税率,会发生什么情况。由于钢铁市场是高度竞争的,因此俄亥俄州的企业无法以提高价格的方式,将增加的税负转嫁给其客户。同样,俄亥俄州的企业也无法将增加的税负反过来转嫁给其供应商或员工。至少在一开始,俄亥俄州的钢厂只能通过降低税后利润的方式,消化掉增加的税负。这一利润的下降会反映在俄亥俄州钢厂的股价下跌上。很显然,肯塔基州钢厂在短期内会受益。

总的来说,根据生产要素的流动性,税率变化会产生不同的影响。

(1)一个州的流动要素的数量和税前价格可以变化的,则其税后收益率不会变化。

(2)要素的数量和税前收益率无法脱离所在州的,其税后收益率会出现调整。

通过这些观察所得出的投资含义简单明了:买入位于税率下调州的公司股票,并卖出位于税率上调州的公司股票。尽管这一策略很简单,但在实务中运用起来却很难,因为大多数大型公司会在许多州甚至几个国家里经营。因此,具体某个州的税收变化对于跨州企业股价的影响,可能相对来说是很小的。

如果将基于州竞争环境变化的投资策略运用在小型公司上的话,甚至可能会带来更大的收益。小型公司的经营更可能会集中于一个或几个州,尤其是小型公司不太能将税率的变化进一步转嫁给消费者,或者反过来转嫁给供应商。因此,州相对税负情况的变化对于小型公司的税后收益和股市表现,可能会产生更显著的影响。相对税负与经济增长之间的负相关性以及对税收立法的实施与提案的内容相结合,可以用来预测州很有可能是会获得竞争力还是失去竞争力。[1]

---

[1] Victor A. Canto and Arthur B. Laffer, "A Not-So-Odd Couple: Small-Cap Stocks and the State Competitive Environment", A. B. Laffer Associates, June 24, 1988.

21.2 投资组合策略

州和地方税收的变化可以用来形成一种投资组合策略。这一策略要求能确认州税收政策的变化以及那些无法将州和地方税收向上游或下游转嫁的生产商。在理想的情况下,该策略可用于所有的生产设施都在一个州的公司。很少有上市公司能满足这一要求。从另一个角度来说,这一策略可用于小型资本化公司的股票。小型公司更可能将它们的经营集中于一个或几个州。小型公司也有可能不太容易将税率的变化向上游或下游转嫁。因此,州税收情况相对来说,对小盘股比对大盘股更重要。

表21.2中给出了对1988年(1989财年)州相对税负变化情况的估计。[1] 税负的变化已经被用来预测不同州的相对表现。所检验的股票是纽约证券交易所和美国证券交易所中,对股票市值按十分位数划分后排在最低一档的公司的股票。对每一家小型公司,都试图确定公司总部的所在地。[2] 在这一过程中考察了261家公司。总部位于税负相对减轻的州的小型公司被纳入"买入"投资组合,而位于税负相对加重的州的公司被纳入"卖出"投资组合。1988年的结论与之前的结论是一致的。[3]

表21.2　1989财年税收的相对变化占1987年州和地方税收收入的百分比　　　单位:%

排名靠前的25个州			排名靠后的25个州		
州	州税收增加*	相对于美国平均水平的州税收增加**	州	州税收增加*	相对于美国平均水平的州税收增加**
南达科他	−4.25	−4.63	怀俄明	0	−0.38
犹他	−2.93	−3.31	加利福尼亚	0	−0.38
堪萨斯	−1.50	−1.88	俄亥俄	0	−0.38

---

[1] Victor A. Canto, "Small Cap and State Competitive Environment: 1988—1989 Update", A. B. Laffer Associates, December 15, 1988. 在本文发表时,康涅狄格州曾计划减轻税负。然而,该州之后并没有这么做;在1989年,其税收增加了。

[2] 对纽约证券交易所(NYSE)和美国证券交易所(AMEX)上市股票按资本化程度进行排名。排在最后10%(十分位数)的股票构成了我们的小盘股样本。小型公司的公司总部所在地通过查询标普的公司注册、标普的股票报告以及邓恩(Dun)和布拉德斯特里特(Bradstreet)的《百万美元名录》(*Million Dollar Directory*)来确定。

[3] Canto and Laffer, "A Not-So-Odd Couple", 1988.

续表

\multicolumn{3}{c	}{排名靠前的 25 个州}	\multicolumn{3}{c}{排名靠后的 25 个州}
州	州税收增加*	相对于美国平均水平的州税收增加**	州	州税收增加*	相对于美国平均水平的州税收增加**
佛蒙特***	−1.45	−1.84	密歇根	0	−0.38
特拉华	−0.97	−1.36	阿肯色	0	−0.38
威斯康星	−0.64	−1.02	新罕布什尔	0.07	−0.31
康涅狄格***	−0.62	−1.00	伊利诺伊	0.09	−0.29
夏威夷	−0.24	−0.62	密苏里	0.17	−0.21
佛罗里达	−0.17	0.55	田纳西	0.50	0.12
俄克拉何马	−0.15	−0.53	华盛顿	0.55	0.16
北卡罗来纳	−0.11	−0.49	缅因	0.57	0.19
马里兰	−0.05	−0.43	新泽西	0.62	0.24
弗吉尼亚	−0.04	−0.42	印第安纳	0.64	0.26
阿拉斯加	0	−0.38	肯塔基	0.89	0.51
密西西比	0	−0.38	马萨诸塞	0.93	0.55
佐治亚***	0	−0.38	俄勒冈	1.05	0.67
纽约	0	−0.38	爱达荷	1.11	0.72
亚拉巴马	0	−0.38	艾奥瓦	1.36	0.98
科罗拉多	0	−0.38	北达科他	1.40	1.02
蒙大拿	0	−0.38	得克萨斯	2.25	1.87
南卡罗来纳	0	−0.38	新墨西哥	2.29	1.91
内布拉斯加	0	−0.38	明尼苏达	2.56	2.18
罗得岛	0	−0.38	西弗吉尼亚	3.17	2.79
内华达	0	−0.38	亚利桑那	3.52	3.14
宾夕法尼亚	0	−0.38	路易斯安那	5.85	5.47

*1989 财年税收增加占 1988 年州和地方税收收入的百分比。

**1989 财年美国平均税收增加幅度为 0.38%。

***尽管在本文发表时，这些州还没打算在该财年提高它们的税收，但之后它们还是这么做了。

Source: "State Budget Actions in 1988", Legislative Finance Paper #59, National Conference of State Legislatures, Denver, Colorado, September 1988.

A. B. Laffer, V. A. Canto & Associates

在挑选过程中，可能可以用到的一种筛选方法是绝对税负的变化。这可以直接反映在州内公司的绝对利润上。因此，这一筛选方法可能可以用来确定股价会出现绝对上涨的公司。可惜的是，只有 31 只股票属于税负绝对下降的州那一类，这造成样本太小，没法提供可靠的估计。

在挑选过程中，可能可以用到的另一种筛选方法并且在研究中已经给出的是相对税负的变化。这一筛选方法可以确定股票表现超过平均上涨水平的公司。然而，如果平均而言，股价是下跌的，那么这一筛选方法就无法确保正的股票收益，其只能够提供超过市场平均水平的收益。股票的相应表现与我们的框架是一致的。正如在 1989 年 11 月 7 日，样本中 261 家公司的股票下跌了 8.73%（如表 21.3 所示）。有 170 只股票位于相对税负减轻的州，这一投资组合平均贬值了 7.55%（如表 21.3 所示）。相比之下，由位于相对税负加重的州的 91 只股票组成的投资组合贬值了 10.93%。差异化表现清晰可辨。位于相对税负减轻的州的小型公司的表现，比由位于相对税负加重的州的公司组成的投资组合好 3.38%。唯一令人困惑的结论是，总体上，投资组合贬值了 8.73%。尽管小盘股表现没大盘股好，但是小盘股指数，如纳斯达克，在这一年实现了上涨。一个可能的解释是，我们所考虑的股票是最小盘的资本化股票，以及那些对高收益债券市场恶化和资本利得税率立法没能通过最敏感的股票。

表 21.3　运用相对税负筛选方法得出的股票表现，1988 年 12 月 1 日～1989 年 11 月 7 日

	价格上涨（%）	股票数量（只）
在相对税负减轻的州的小盘股	－7.55	170
在相对和绝对税负都加重的州的小盘股	－10.93	91
小盘股合计	－8.73	261

21.3　1989 年（相对于 1990 财年）州税收的变化

一轮轮税率下调的影响仍旧得在州一级才能感受得到。[1] 这些影响具有两面性。第一，对于 40 个州，联邦税率下调所促成的经济增长强于在州一级所做出的经济预测。因此，1989 年的征税收入高于所计划要征收的数额。而有 10 个州——康涅狄格州、佛罗里达州、马萨诸塞州、新罕布什尔州、新泽西州、纽

---

[1]　这一部分主要取自："State Budget Actions in 1989: Legislative Finance Paper #69", September 1989; and "Fiscal Survey of the State", September 1989.

约州、罗得岛州、田纳西州、西弗吉尼亚州以及怀俄明州——征税收入低于所计划要征收的数额。这几个州中有8个已经确认为税负并没有减轻的州。[1] 第二，高于预期的征税收入对于包括应急基金在内的州期末结余会产生放大效应。

大多数州的税收收入的大幅增加，会进一步影响对未来收入的预测。如果没有将我们所强调的替代效应考虑在内的话，很容易在预测中犯错误。有很多州因为1986年《税收改革法案》而发生了收入的大幅减少。1987年最高资本利得税率从20%上调至28%，有力地促使了投资者在1986年就兑现资本利得。对于那些所处税级位于最高税率以下的人而言，这也会促使他们去兑现资本利得。在辨识出这些激励的作用之后，我们预测，由于应税投资者会采取行动以应对资本利得税率的上调，资本利得税收入会出现一次大幅增加。[2]

在更高的28%税率生效之前，州和联邦政府都经历了资本利得税收入的大幅增加。其他经济学家都没能预见到1987年资本利得税收入会出现大幅增加。他们曾怀疑这样的一次减税机会竟会产生如此显著的影响，而之后又假定这种"令人吃惊的"税收增加将是一种永恒不变的趋势，他们真是错上加错。这致使他们展望在接下去的10年里，资本利得税收入会更高。由于促使人们在1986年兑现资本利得进而能在1987年缴税的特殊激励只是暂时性的，所以预期的收入并没有实现。因此，一些州的预期收入会下降以及（或）其应急基金的期末结余会告急。加利福尼亚州就是一个最好的例子。在1988年，由于预期出现错误，该州的个人所得税收入出现大幅下降。[3] 这导致出现小规模赤字，而该州预测在1989年可能还会出现赤字。在美国的东北部，尤其是马萨诸塞州，也出现了类似的情况。

为了纠正所预测到的财政预算问题，州可以做出的政策选择包括将支出削减至原先的支出水平之下，或者使州税收增加。税收措施会改变州竞争环境。与东北部州不同，加利福尼亚州虽然考虑过但没有上调税率。在此期间，税率下调至28%的最高联邦个人所得税率已经完全生效。经济整体的增长水平超出预期，这使得加利福尼亚州的税收收入也超出了预期。相比之下，东北部州

---

[1] These estimates were originally reported in V. A. Canto, "The State Competitive Environment: 1987−1988 Update", 1988.

[2] Truman A. Clark, "When to Realize Capital Gains", A. B. Laffer Associates, September 26, 1986; Victor A. Canto, "Substitution Effects: Perilous to Ignore", A. B. Laffer Associates, June 9, 1988. See also Chapter 9.

[3] Canto, "Substitution Effects", 1988.

上调了它们的有效税率,而它们的相应表现不理想。在经济复苏开始之际,东北部并没能引领全国实现经济实际增长。

东北部问题的根源可以归因于其没能理解激励效应。联邦税率下调使得美国整体实现扩张以及意料之外的税收收入。然而,这些州没有意识到,一旦税率下调开始生效,经济增长的步伐就能带来持续稳定的增长。这些州在预测过程中忽视了这一事实,而对于增长过分乐观的估计形成了同样乐观的收入预期。由于没有理解相对税负对于州竞争环境的影响,使得州政策制定者一错再错。为了应对州经济活动和税收收入比预期增长速度慢这一情况,东北部州上调了税率。州税负的加重导致这些州的经济表现进一步恶化。

加利福尼亚州、马萨诸塞州、康涅狄格州和新泽西州所经历过的情况,阐明了州经济财富的快速增长以及人们观点的改变。这还阐明了那些忽视激励效应和州竞争环境的传统分析,是如何引出像税率上调这样会进一步削弱州经济表现的政策建议的。

加利福尼亚州所经历的情况也阐明了支出限制对于州财政政策的影响。由于预期1989财年收入会减少,加利福尼亚州曾考虑过提高税收。然而,一些因素很快促使该州放弃了这一想法。一个因素是选民可能会对此提出强烈反对,另一个因素是甘恩的支出限制。如果出现经济增长放缓,那么即使征到了税,甘恩的支出限制还是可能会成为束缚。因此,支出控制成为唯一可行的选择。随着收入超出预期,整个话题变得没有实际意义。

这一事件表明,在一次完全没有必要的增税中,支出限制是如何使情况变得更糟的。对于那些试图修正支出限制的加利福尼亚政客来说,他们并没有忘记这一问题。在每一次这种情况出现时,选民们都否决了这一动机,显然在加利福尼亚州,政治局势会出现转变。很大程度上是因为发生了旧金山地震,加利福尼亚州才实施了一次暂时性的加收销售税,而且讨论过对一些公共支出解除甘恩限制。

总的来说,1989年是州措施频频涌现的一年。1989年所进行的税收调整的静态收入效应,据估计达到了47亿美元。在这个10年中,唯一出现过类似税收增长的其他年份是1983年和1987年。然而,经济条件千差万别。对于在1981年和1986年实施的里根税率下调而言,1983年和1987年都是过渡年。一旦这些税率下调开始生效,国民经济就会以比标准经济模型所预测出的更快的速度增长,而这些模型忽视了分阶段税率下调会产生的替代效应。一旦税率开始生效,经济活动与州征税收入都会超出预期,对于供给侧经济学家而言,这没什么好大惊小怪的。在1989年,有40个州的征税收入超出预期。总体上,这些州都有一个值得探讨的特点，它们都颠覆了自己先前的经济政策，这使得相比于美国其他的州，其有效税率都下降了。在州一级层面，新经济政策的影响是相对税负增加了，并且因此东北部的竞争环境出现恶化。

在1983年和1987年，大部分州的措施中有一部分就是要抵消掉联邦税收改革所产生的静态收入效应。然而，1989年的情形大为不同。没有考虑过进行联邦税率调整，因此，州的措施体现出州竞争环境的净变化。整体增长体现了在美国做生意成本的增长，以及美国经济整体竞争力的下降。由于不同的州采取了不同的措施，竞争环境和相应经济表现也受到了影响。

有8个州在1989财年末出现了严重问题。亚拉巴马州、阿肯色州、肯塔基州、路易斯安那州、马萨诸塞州、纽约州、北卡罗来纳州以及怀俄明州在该财年末，结余低于支出的1%。在1990年，怀俄明州预期会出现赤字。此外，亚拉巴马州、阿肯色州、艾奥瓦州、肯塔基州、路易斯安那州、马萨诸塞州、密苏里州、纽约州、北卡罗来纳州、南达科他州、得克萨斯州、弗吉尼亚州以及西弗吉尼亚州预期结余会低于支出的1%。

许多州都有平衡预算条款，这对其在财政政策的选择方面形成了限制。只要预期收入会出现减少，这些条款就会迫使州要么调整其支出，要么调整其税率。在当时，有38个州还保有应急基金或收入稳定基金，又或是储备金。在应急基金的动用上存在限制，但是这些基金可能可以使州税率的变动"平滑"一些。12个没有应急基金的州是亚利桑那州、阿肯色州、夏威夷州、伊利诺伊州、堪萨斯州、路易斯安那州、蒙大拿州、内华达州、北卡罗来纳州、俄勒冈州、南达科他州以及西弗吉尼亚州。

在1989财年，由于预算问题，有几个州动用了它们的应急基金：康涅狄格州、佛罗里达州、马萨诸塞州、明尼苏达州以及怀俄明州用掉了它们大部分的基金。在18个税收支出限制在当时已经生效的州中，在1989年，俄勒冈州、田纳西州和得克萨斯州受到了影响。

21.3.1 个人所得税

康涅狄格州、伊利诺伊州、马萨诸塞州、蒙大拿州、北达科他州以及佛蒙特州大范围上调了其州个人所得税。而税收的增加是暂时性的。有1个州——佛蒙特州，其税收的增加是由于因误判而进行了暂时性的税率下调。有5个州所得税减少了——夏威夷州、堪萨斯州、缅因州、内布拉斯加州和南卡罗来纳州。至于在马萨诸塞州完成最后一次税率下调之后，纽约州是否会紧随其后，还存有疑问。艾奥瓦州上调了资本利得税，并实行了劳动所得税抵免。尽管估计其影响是收入中性的,但是这一变化会导致艾奥瓦州的有效边际税率上升。根据最高法院对"戴维斯诉密歇根州"案(Davis v. Michigan)的判决,有 11 个州调整了州和联邦项目的待遇——亚利桑那州、科罗拉多州、艾奥瓦州、密苏里州、北达科他州、俄克拉何马州、俄勒冈州、南卡罗来纳州、弗吉尼亚州、西弗吉尼亚州以及威斯康星州。

21.3.2　企业所得税

康涅狄格州、伊利诺伊州、密苏里州、蒙大拿州和罗得岛州上调了企业所得税。

21.3.3　营业税

有 5 个州上调了营业税,但只有在路易斯安那州和西弗吉尼亚州上调是明显的。马萨诸塞州和亚利桑那州扩大了它们的税基。有 3 个州对营业税实行了小幅下调——南达科他州、堪萨斯州和明尼苏达州。伊利诺伊州对照相洗印服务进行征税。

21.3.4　汽车燃油税

有 9 个州上调了汽车燃油税——亚利桑那州、爱达荷州、印第安纳州、艾奥瓦州、肯塔基州、缅因州、明尼苏达州、南达科他州和田纳西州。有 4 个州实施了之前颁布的上调政策——康涅狄格州、新泽西州、内华达州和俄勒冈州。有 4 个州根据一项准则上调了税率——内布拉斯加州、新墨西哥州、俄亥俄州和威斯康星州。只是在 1 个州——北卡罗来纳州,该准则使得汽车燃油税出现了下调。

21.4　1990 财年的竞争环境

基于相对于所有州的平均税负情况的每一个州的税负变化,可以对州竞争环境的变化作出预测。税负的变化反映了联邦税收改革和州税率变化的影响。基于在 1990 财年所采取的税收调整,州可以被归类为如下两个组别中的一个:

(1)州获得了竞争力:对于在 1990 财年相对税负减轻的州而言,其相应的经济表现有望获得竞争力。最近的税收变化指出,夏威夷州、缅因州、犹他州、马里兰州、得克萨斯州和威斯康星州是最有可能在当年获得竞争力的州(如表 21.4 所示)。

表 21.4　1990 财年税收的相对变化占 1987 年州和地方税收收入的百分比*　　单位：%

排名靠前的 25 个州			排名靠后的 25 个州		
州	州税收增加	相对于美国平均水平的州税收增加**	州	州税收增加	相对于美国平均水平的州税收增加**
夏威夷	−0.26	−0.41	新罕布什尔	0.06	−0.09
威斯康星	−0.25	−0.41	华盛顿	0.07	−0.08
得克萨斯	−0.11	−0.26	新墨西哥	0.08	−0.08
犹他	−0.09	−0.24	俄勒冈	0.09	−0.07
缅因	−0.06	−0.21	科罗拉多	0.11	−0.04
马里兰	−0.04	−0.19	密苏里	0.12	−0.04
艾奥瓦	−0.02	−0.17	怀俄明	0.12	−0.03
密歇根	0.00	−0.16	加利福尼亚	0.14	−0.01
亚拉巴马	0.00	−0.16	俄亥俄	0.16	0.00
弗吉尼亚	0.00	−0.16	纽约	0.16	0.01
爱达荷	0.00	−0.16	田纳西	0.18	0.02
印第安纳	0.00	−0.16	蒙大拿	0.18	0.02
特拉华	0.00	−0.16	亚利桑那	0.18	0.03
肯塔基	0.00	−0.16	内华达	0.26	0.10
南达科他	0.00	−0.16	佛蒙特	0.32	0.16
路易斯安那	0.00	−0.16	宾夕法尼亚	0.32	0.16
俄克拉何马	0.00	−0.16	罗得岛	0.34	0.18
南卡罗来纳	0.00	−0.15	北卡罗来纳	0.37	0.22
内布拉斯加	0.01	−0.14	马萨诸塞	0.41	0.26
阿肯色	0.02	−0.14	伊利诺伊	0.48	0.32
佛罗里达	0.03	−0.12	佐治亚	0.68	0.52
明尼苏达	0.04	−0.12	北达科他	0.77	0.62
密西西比	0.05	−0.10	康涅狄格	1.01	0.86
新泽西	0.06	−0.10	西弗吉尼亚	1.42	1.27
堪萨斯	0.06	−0.10	阿拉斯加	1.69	1.53

　*税负的计算如下：将税收措施所导致的静态收入变化，除以根据 1989 年第一季度州个人所得得出的年化值。

　**1990 财年美国平均税负为 0.13%。

　Source：*Survey of Current Business*，U.S. Department of Commerce，Bureau of Economic Analysis.

　A. B. Laffer，V. A. Canto & Associates

(2)州失去了竞争力:将税负提高至超过全国平均水平的州会发现,其更难留住现有生产设施并吸引到新的企业。当时的税收调整指出,阿拉斯加州、康涅狄格州、佐治亚州、伊利诺伊州、马萨诸塞州、北卡罗来纳州、北达科他州、罗得岛州以及西弗吉尼亚州是竞争力最有可能出现下降的州(如表21.4所示)。

21.5 投资含义

这一分析的投资含义简单明了:买入位于绝对和相对税负出现减轻的州的公司股票,并卖出位于绝对和相对税负有望加重的州的公司股票。这一策略应运用于小型公司,因为它们有可能会将经营集中在一个或几个州进行。考虑到"一月效应"(the January effect),基于州构建的投资组合策略的表现会有所加强。[1]

位于绝对和相对税负减轻的州的公司,有望实现高于平均水平的绝对价格上涨。表21.5中给出了绝对和相对税负减轻的州的名单。表21.6中给出了总部位于那些州的小型公司的名单。

表21.5　　　　　　　　　绝对和相对税负减轻的州

州
夏威夷
缅因
马里兰
得克萨斯
犹他
威斯康星

A. B. Laffer, V. A. Canto & Associates

表21.6　　　　总部位于绝对和相对税负减轻的州的小型公司

股票代码	公司名称	股票代码	公司名称
AE	Adams Res & Energy Inc	KEC	Kent Electronics Corp
ACT	American Centy Corp	KMW	KMW Systems Corp

---

[1] Truman A. Clark, "Are Small Cap Stocks Still Alive?" A. B. Laffer Associates, October 10, 1985; Mark R. Reinganum, "The January Effect", A. B. Laffer Associates, November 17, 1982; Mark R. Reinganum, "Tis the Season to be Jolly", A. B. Laffer Associates, December 7, 1983.

续表

股票代码	公司名称	股票代码	公司名称
A	American Med Bldgs Inc	LHC	L & N Hsg Corp
AHI	Amern Healthcare Mgmt Inc	LQP	La Quinta Mtr Inns Ltd
BMI	Badger Meter Inc	LAN	Lancer Corp Tex
BTX	Banctexas Group Inc	LFC	Lomas Financial Corp
BFO	Baruch Foster Corp	M	Mcorp
BSN	BSN Corp	NHR	National Heritage
BFX	Buffton Corp	NRM	NRM Energy Co L P
CND	Caspen Oil	OMD	Ormand Inds Inc
CXV	Cavalier Homes Inc	PSD	Penobscot Shoe Co
CDC	Compudyne Corp	PNL	Penril Corp
LLB	Computrac Inc	PTG	Portage Inds Corp Del
CEP	Convest Energy Prnrs Ltd	RGL	Regal Intl Inc
DRL	DI Inds Inc	RMI	Residential Mtg Invts Inc
DNA	Diana Corp	SMN	Seamans Corp
EM	Entertainment Mkting Inc	SEI	Seitel Inc
ESI	ESI Inds Inc	QSM	Southmark Corp
FFP	FFP Partners	SWL	Southwest Rlty Ltd
FRD	Friedman Inds Inc	SEC	Sterling Electrs Corp
JIT	Frozen Food Express Inds Inc	SBN	Sunbelt Nursery Group
GHO	General Homes Corp	TMI	Team Inc
GWA	Greater Washington Invs Inc	TEL	Telecom Corp
HII	Healthcare Intl Inc	THR	Thor Energy Resources Inc
HNW	Hein Werner Corp	TWP	Two Pesos Inc
PTH	Houston Oil Rty Tr	UPK	United Park Mining
ITG	Integra-A Hotel & Restaurant	WBC	Westbridge Cap Corp
PWR	International Pwr Machs Corp	HBW	Wolf Howard B Inc

位于绝对税负没有出现变化的州的公司,可能不太会受到州财政政策的显著影响。就州相对税负减轻而言,位于那些州的公司的股价表现会出现高于平

均水平的上涨。然而,价格上涨的幅度会小于位于绝对和相对税负减轻的州的公司。表 21.7 列出了绝对税负未变而相对税负减轻的州。表 21.8 列出了总部位于那些州的小型公司。

表 21.7　　　　　　　　　绝对税负未变而相对税负减轻的州

州
亚拉巴马
特拉华
爱达荷
印第安纳
艾奥瓦
肯塔基
路易斯安那
密歇根
俄克拉何马
南卡罗来纳
南达科他
弗吉尼亚

A. B. Laffer, V. A. Canto & Associates

表 21.8　　　总部位于绝对税负未变而相对税负减轻的州的小型公司

股票代码	公司名称	股票代码	公司名称
BOF	Bank San Franciscon Hldg Del	LSB	LSB Inds Inc
CHR	Champion Enterprises	NEI	National Enterprises Inc Ind
CMX	CMI Corporation	NSD	National Std Co
CDM	Crowley Milner & Co	NEW	Newcor Inc
FFS	First Federal Bancorp Inc Del	PPD	Pre Paid Legal Svcs Inc
FRL	Forum Retirement Prtnrs L P	ROW	Rowe Furniture Corp
HX	Halifax Engr Inc	SDV	Sandy Corp
HMF	Hastings Mfg Co	SST	Shelter Components Corp
HNF	Hinderliter Inds	SKN	Skolniks Inc

续表

股票代码	公司名称	股票代码	公司名称
HOW	Howell Inds Inc	URT	USP Real Estate Invt Tr
IVT	Iverson Technology Corp	VSR	Versar Inc
KIN	Kinark Corp	WAC	Wells Amern Corp
HYU	Lilly Eli & Co	UPB	Wiener Enterprises Inc

位于绝对和相对税负加重的州的公司,表现可能会差一些。表 21.9 列出了绝对和相对税负加重的州。表 21.10 列出了总部位于那些州的小型公司。

表 21.9　　　　　　　　　　绝对和相对税负加重的州

州
阿拉斯加
亚利桑那
康涅狄格
佐治亚
伊利诺伊
马萨诸塞
蒙大拿
内华达
纽约
北卡罗来纳
北达科他
俄亥俄
宾夕法尼亚
罗得岛
田纳西
佛蒙特
西弗吉尼亚

A. B. Laffer Associates

表 21.10　　总部位于绝对和相对税负加重的州的小型公司

股票代码	公司名称	股票代码	公司名称
ACU	Acme Utd Corp	CHP	Charter Por Sys Inc
ACI	Action Inds Inc	CVR	Chicago Rivet & Mach Co
ATN	Action Corp	CLG	Clabir Corp
AEE	Aileen Inc	CGN	Cognitronics Corp
AIM	Aim Tels Inc	CFK	Comfed Bancorp
AXO	Alamco Inc	CPT	Compumat Inc
AWS	Alba Haldensian Inc	CIS	Concord Fabrics Inc
AFN	Alfin Frangrances Inc	CON	Connelly Containers Inc
AG	Allegheny Intl Inc	KCS	Conston Corp
AHA	Alpha Inds Inc	CNY	Continental Information Sys
ABL	American Biltrite Inc	CUO	Continental Matls Corp
AZE	American Maize Prods Co	DEP	Damson Energy Co LP
ASE	American Science & Engr Inc	DXR	Daxor Corp
AHR	American Hotels & Rlty Corp	DSG	Designatronics Inc
AHH	Amerihealth Inc Del	DJI	Designcraft Inds Inc
AMK	Amer Tech Ceramic Corp	DVH	Divi Hotels NV
AIS	Ampal Amern Israel Corp	DSR	Dresher Inc
ADL	Andal Corp	EAC	EAC Inds Inc
AND	Andrea Radio Corp	EAG	Eagle Finl Corp
AZB	Arizona Comm Bk Tuscon	EML	Eastern Co
AZL	Arizona Land Income Corp	EB	Ehrlich Bober Finl Corp
RK	Ark Restaurants Corp	ESG	Electrosound Group Inc
ART	Armatron Intl Inc	ELS	Elsinore Corp
AI	Arrow Automotive Inds Inc	EHP	Emerald Homes LP
ASI	Astrex Inc	EOA	Empire of Amer Fed Svgs Bk NY
AIX	Astrotech Intl Corp New	EGX	Engex Inc
AVA	Audio Video Affiliates Inc	ESP	Espey Mfg & Electrs Cjorp
VOX	Audiovox Corp	EE	Esquire Radio & Electrs Inc

续表

股票代码	公司名称	股票代码	公司名称
BAL	Baldwin Secs Corp	FNF	Fidelity Natl Finl Corp
BPI	Bamberger Polymers Inc	FCO	First Conn Small Business In
BIS	Barrister Information Sys Cp	FCR	Firstcorp Inc
BAS	Basix Corp	FIS	Fischbach Corp
BAY	Bay Finl Corp	FPI	Fountain Pwr Boat Inds Inc
BBE	Belden & Blake Energy Co	FPO	FPA Corp
BLV	Belvedere Corp	FKL	Franklin Hldg Corp
BKY	Berkey Inc	FRV	Fur Vault Inc
BET	Bethlehem Corp	GRR	GRI Corp
BPH	Biopharmaceutics Inc	JOB	General Employment Enterprise
BNP	Boddie-Noell Restaurant Ppty	GWH	General Housewares Corp
BOM	Bowmar Instr Corp	GMW	General Microwave Corp
BUE	Buell Inds Inc	GFB	GF Corp
CCX	CCX Inc	GHM	Graham Corp
CGL	Cagles Inc	GFI	Graham Field Health Prods
CD	Canandaigua Wine Inc	HWG	Hallwood Group Inc
CGE	Carriage Industries Inc	HDG	Halsey Drug Inc
CGR	Chariot Group Inc	HU	Hampton Utilities Tr
HRA	Harvey Group Inc	PLR	Plymouth Rubr Inc
HMI	Health Mor Inc	PNU	Pneumatic Scale Corp
HCH	Health-Chem Corp	POR	Portec Inc
H	Helm Res Inc	PDL	Presidential Rlty Corp New
HIP	Hipotronics Inc	PFP	Prime Finl Partners LP
HOF	Hofmann Inds Inc	PCE	Professional Care Inc
HFS	Home Owners Svgs Bk FSB	PUL	Publicker Inds Inc
HS	Hopper Soliday Corp	RBW	RB & W Corp
HZN	Horizon Corp	RAY	Raytech Corp
HGC	Hudson Gen Corp	RRF	Realty Refund Tr

续表

股票代码	公司名称	股票代码	公司名称
IRE	Integrated Res Inc	RSI	Realty South Invs Inc
INP	Intelligent Sys Masters LP	RCE	Reece Corp
IBL	Iroquois Brands Ltd	BRX	Response Technologies Inc
ISI	ISS Intl Svc Sys Inc	RDI	River Oaks Inc
JLN	Jaclyn Inc	RMS	RMS Intl Inc
JET	Jetronic Inds Inc	RMK	Robert Mark Inc
JPC	Johnson Prods Inc Del	RR	Rodman & Renshaw Cap Group
KWN	Kenwin Shops Inc	RYR	Rymer Foods Inc
KCH	Ketchum & Co Inc	SBS	Salem Corp
KVU	Kleer Vu Inds Inc	SLS	Selas Corp Amer
LSA	Landmark Svgs Assn Pittsburg	SRC	Service Res Corp
LKI	Lazare Kaplan Intl Inc	SVT	Servotronics Inc
LPO	Linpro Specified Pptys	SFM	SFM Corp
LRC	Lori Corp	SHD	Sherwood Group Inc
LVI	LVI Group Inc	SIA	Signal Apparel Inc
MNH	Manufactured Homes Inc	SRG	Sorg Inc
MXC	Matec Corp	SBM	Speed O Print Business Mach
MW	Matthews & Wright Group Inc	SPR	Sterling Cap Corp
MRI	McRae Inds Inc	SUW	Struthers Wells Corp
MCH	Med-Chem Prods Inc	TOC	Tech Ops Sevcon Inc
MGP	Merchants Group Inc	TCC	Teleconcepts Corp
MBC	Mickelberry Corp	TDD	Three D Depts Inc
PMR	Micron Prods Inc	TI	TII Inds Inc
MMD	Moore Med Corp	TNZ	Tranzonic Companies
MR	Morgans Foods Inc	TRSG	Triangle Corp
MSM	Motts Hldgs Inc	THP	Triangle Home Prods Inc
MSR	MSR Expl Ltd	TDZ	Tridex Corp
MYR	Myers L E Co Group	UFD	United Foods Inc

续表

股票代码	公司名称	股票代码	公司名称
NAN	Nantucket Inds Inc	UMM	United Merchants & Mfrs Inc
NAS	Nasta International Inc	UNV	Unitel Video Inc
NMS	National Mine Svc Co	UBN	University Bk Natl Assn
NSO	New American Shoes Inc	VRE	Vermont Resh Inc
NZ	New Mexico & Ariz Ld Co	VTK	Viatech Inc
XTX	New York Tx Exmpt Income Fd	VII	Vicon Inds Inc
NLI	Newmark & Lewis Inc	VDT	Voplex Corp
NCL	Nichols S E Inc	VTX	VTX Electrs Corp
NSB	Northeast Svgs Conn Hartford	WID	Wean Utd Inc
NUH	NU Horizons Electrs Corp	WDG	Wedgstone Fincl
NNM	Nuveen NY Muni Income Fd Inc	WC	Weiman Inc
OH	Oakwood Homes Corp	WLC	Wellco Enterprises Inc
OAR	Ohio Art Co	WGA	Wells Gardner Electrs Corp
OLP	One Liberty Pptys Inc	WAE	Wilfred Amern EDL Corp
PPI	Pico Prods Inc	WAE	Winston Res Inc
PAE	Pioneer Sys Inc	ZMX	Zemex Corp
PW	Pittsburgh & W Va RR		

第22章

国际股票收益与实际汇率[1]

维克托·A.坎托

理论与常识指出，不同国家国内经济政策的差异会对国民经济产生不同的影响。似乎只不过很自然的是，国内经济政策的差异也会相应引起国内股票价格的反应。当一国的税率相对于其他国家的税率出现下降时，该国有可能会实现经济的加速发展。（此处是广义税率，包含了国家经济政策造成的所有扭曲情况。）鉴于国内经济政策（如税率）与经济表现之间存在联系，位于调整了政策的国家的资产价值会朝预期的方向波动。那些下调税率的国家的资产有可能会变得更有价值，而税率上调有可能会使资产贬值。

考虑有两家相同的钢厂，一家位于明尼苏达州北部，另一家正好跨境位于加拿大。如果两家钢厂都在美国市场出售相同的产品，则竞争会促使两家钢厂按差不多相同的价格出售它们的产品。在这种情形下，考虑一下如果加拿大采取其几年前曾采取的措施的话，会发生什么情况：上调税率，而美国下调税率。由于钢铁市场是高度竞争的，因此加拿大钢厂没法以提高价格的方式将增加的税负转嫁出去。

至少在一开始，加拿大钢厂将不得不以减少税后利润的方式消化掉全部或部分增加的税收。这一利润的下降会通过加拿大钢厂的股价下跌反映出来。显然，美国钢厂会在短期内受益。这些所观察到的情况的投资含义很直接：买

---

[1] 非常感谢鲁道夫·豪泽(Rudolph Hauser)与迈克尔·班顿(Michael Banton)所做出的很有价值的评论和建议。

入位于税率下调国家的公司股票,卖出位于税率上调国家的公司股票。

这一策略虽然很简单,但是应用起来很难。由于许多企业不止在一个国家经营,因此对于具体一个国家的税收变化对跨国企业股价的影响是很难做出评估的。虽然如此,基本策略仍能应用于国内整体股市。因此,国家股票指数整体上可以用来作为国际投资组合策略的基础。

22.1 相互之间的联系:经济政策、实际汇率与股票收益

尽管人们没法宣称能预测出美国及其贸易伙伴之间贸易条件的所有变化,但是有一些离散事件,如税率下调,会对实际汇率产生巨大的影响,并且能在运用投资组合策略之前先对其做一分析。[1] 其他的事件如石油冲击,可能不太容易预测得到。然而一旦这些事件发生了,可以立即对其作出分析,并将其纳入投资组合策略。

考虑一下 1986 年《税收改革法案》。其促使最高个人所得税率从 1986 年的 50% 下降至 1988 年的 28%。在这两年里,税后收益率的上升情况是,税后实得工资从 1986 年 1 美元得 50 美分,增加至 1987 年 1 美元得 61.5 美分,激励增加了 23%。在 1988 年,最高税率下调至 28%,这使得实得工资从 1 美元得 61.5 美分增加至 72 美分,激励增加了 17%。

在其他所有条件都不变的情况下,税后收益的增加可以转化为美国实际汇率相对于其贸易伙伴的上升。在 1987 年,贸易条件或实际汇率受到了 1981 年《经济复苏法案》对实际汇率最后一次调整的影响。[2] 我们估计,这一过程是在 1987 年得以完成的。因此根据分析,通过税率下调效应可以实现对美国更有利的贸易条件的改变(即实际汇率的上升)。

然而,实际汇率上升的情况在不同国家并不一致。实际上,其他国家所出现的税率变化也会对贸易条件产生影响。美国相对于那些没有进行税率下调的国家所实现的实际汇率上升幅度达 17%。其次,相对于那些上调了税率的国家,美国实际汇率的上升幅度将超过 17%。最后,相对于那些下调了税率的国家,美国实际汇率的上升幅度会低于 17%。实际上,如果外国的税率下调幅度够大,可以想象得出,美国的实际汇率会出现下降。

---

[1] 实际汇率或进出口交换比率测算的是,一国(比如美国)所生产出来的商品相对于另一国(比如德国)所生产出来的商品的价值。实际汇率的计算方法是,先通过将外国 CPI 除以汇率(1 美元可兑换的外币单位)使其转换成美元形式,然后用以美元标记的外国 CPI 除以美国 CPI,就能得到实际汇率。

[2] 参见第 16 章。

在1987～1988年,美国的贸易伙伴没有进行过明显的税率上调。因此,没法预期美国相对于其贸易伙伴,实际汇率是否会上升超过17%。美国的一些贸易伙伴,特别是澳大利亚、加拿大、日本、瑞典及英国,下调了它们的税率以作为对美国下调税率的回应。对于这些国家,我们认为其对时间的选择和所采取的刺激都很理想,以至于抵消掉了甚至盖过了美国所进行的税率下调。因此,我们曾预期在1988年或可能是在1989年,上述国家的贸易条件或实际汇率相对于美国会实现改善。依照我们的分析,有5个国家——澳大利亚、加拿大、日本、瑞典和英国——可以作为候选国纳入国际投资组合。

根据《经济学人》所给出的数据(如表22.1所示),我们对1988年前10个月实际汇率的百分比变化作出了估计。与我们的分析结论一致,尽管美国的实际汇率相对于日本、瑞典和英国实现了上升,但相对于澳大利亚和加拿大出现了下降。上升的幅度基本上小于3%,相对于其他一些美国的贸易条件平均能改善超过10%的国家,美国实际汇率的变化幅度明显小了很多。

表22.1　　　　　　　　1988年实际汇率的百分比变化[*]　　　　　单位:%

澳大利亚	−9.95
比利时	7.07
加拿大	−5.28
法国	12.1
西德	12.7
荷兰	13.7
意大利	10.3
日本	2.1
瑞典	3.6
瑞士	14.8
英国	1.9

[*] 1988年11月1日的数据。

A. B. Laffer Associates

实际汇率的变化情况显然与我们的分析是一致的。那些表现优于美国并完全有可能作为投资组合中的候选国的国家,表现也非常令人满意。所有这些国家——澳大利亚、加拿大、日本和瑞典——在1988年的表现都优于美国(如表22.2所示)。

表 22.2　股市指数的名义收益*

年份	澳大利亚	比利时	加拿大	法国	西德	荷兰	意大利	日本	新加坡	瑞典	瑞士	英国	美国
1971	3.78	14.90	6.89	−4.73	14.50	1.82	−12.75	46.38	N.A	29.20	N.A	44.73	6.20
1972	33.45	25.75	29.86	17.30	14.85	48.27	11.04	99.67	N.A	24.26	N.A	3.69	13.50
1973	−13.79	2.63	−7.32	4.24	−6.73	−12.04	5.34	−16.92	N.A	−17.46	N.A	−39.36	−17.40
1974	−43.92	−16.92	−26.24	−26.90	13.46	−5.74	−38.03	−16.48	N.A	N.A	0.95	−51.31	−28.00
1975	52.13	9.57	5.06	30.28	24.97	4.54	−10.85	20.90	N.A	N.A	22.23	136.86	41.40
1976	−18.58	−1.23	5.61	−30.20	4.41	−5.69	−37.91	20.25	N.A	−14.90	2.21	−23.37	9.90
1977	15.56	4.36	−4.84	−1.87	17.40	2.10	−23.51	12.83	7.06	−29.86	21.18	46.66	−17.20
1978	14.60	21.37	17.23	54.26	16.66	12.94	27.60	42.42	39.68	19.21	15.40	4.14	−0.80
1979	32.49	7.51	39.91	22.03	−7.12	−11.98	21.90	−20.98	24.91	0.87	7.17	−2.69	4.20
1980	46.10	−30.89	23.62	−3.74	−18.64	−18.16	90.47	23.21	54.73	11.74	−14.06	17.94	11.80
1981	−22.57	−14.91	−16.66	−44.28	−19.70	−18.82	−19.56	6.97	22.38	19.50	−16.39	−9.20	−13.90
1982	−31.06	−8.40	−1.97	−8.50	9.20	24.78	−28.97	−3.26	−14.66	12.46	2.18	0.22	21.00
1983	52.48	16.32	29.68	37.77	22.79	45.83	−0.93	24.69	41.42	52.47	22.70	18.75	19.70
1984	−15.43	3.33	−12.09	1.69	−11.07	−8.83	1.84	16.66	−22.20	−19.45	−19.41	3.13	−3.30
1985	20.15	55.56	14.74	66.87	97.91	62.30	113.00	33.45	−20.35	43.58	72.17	43.90	28.00
1986	44.14	58.46	6.48	69.28	26.91	30.32	76.05	65.10	41.57	51.06	22.71	18.07	23.30
1987	−5.32	10.06	9.59	−13.47	−18.96	−3.19	−19.34	37.32	6.91	3.14	1.63	34.94	2.90
1988	54.53	34.59	10.28	27.71	16.85	20.40	8.03	31.41	9.08	41.10	6.70	2.48	5.88

* 1988 年数据是 1988 年 11 月 1 日的数据。

22.2 实际汇率与股票收益:证据

《经济学人》会定期提供如下一些国家的股市指数:澳大利亚、比利时、加拿大、法国、西德、荷兰、意大利、日本、新加坡、瑞典、瑞士、英国和美国。运用《国际金融统计》(*International Finance Statistics*)所给出的数据,我们计算得出这些国家各自相对于美国的实际汇率(如表22.3所示)。从《经济学人》获得的股价数据可用来计算相对股票收益。[1]

在图22.1中,有一些实证规律显而易见:

(1)正如我们的框架所预测的,美国的实际汇率相对于其某一贸易伙伴出现上升,会伴随着该国的股市表现比美国股市表现相对差一些。

(2)除了同时会出现的负相关性以外,通过实际汇率的变化可能可以对相对股票收益作出估计。根据投资组合策略的观点,这一结论极为重要。这表明实际汇率可以用来预测不同国家的相对股价表现。

(3)根据表22.3中给出的数据,显然实际汇率的变化(即对于购买力平价的偏离)可能会持续几年。这与我们如下的观点是一致的,即对于经济冲击所做出的调整是成本高昂的,因此,实际汇率和收益率的调整将是渐进性的。

(4)第四个效应是,对于购买力平价的偏离会作出自我修正(即均值回归)。这与我们如下的观点是一致的,即一旦完成了调整过程并建立了新的均衡,超额收益率就会被消除。

上述这些发现为国际投资组合策略打下了基础,即该策略可以设计用来捕捉贸易条件或实际汇率在整个经济范围内的变化。这一结论与我们在实际汇率变化和不同国家的不同股票收益之间建立起联系的方法是一致的。我们的理论框架所提出的警示,请见本章附录A。

---

[1] 相对股票收益的计算如下:将国内股价指数的百分比变化转换为美元形式;在表22.2中给出了这些计算。用以美元标记的外国股市,减去美国股价表现,这样就得出外国股市的名义超额收益;再减去美国通胀率,就可以得出每一个外国国家和美国之间的实际收益率。

表 22.3 实际汇率

年份	澳大利亚	比利时	加拿大	法国	西德	荷兰	意大利	日本	新加坡	瑞典	瑞士	英国
1970	1.30	1.81	0.91	1.62	1.75	1.92	1.26	1.75	1.31	1.42	2.28	1.52
1971	1.21	1.63	0.91	1.52	1.56	1.69	1.20	1.51	1.27	1.29	2.02	1.36
1972	1.08	1.57	0.90	1.45	1.49	1.60	1.15	1.43	1.25	1.16	1.89	1.43
1973	0.90	1.46	0.88	1.32	1.25	1.38	1.15	1.26	0.98	1.18	1.59	1.40
1974	0.97	1.26	0.88	1.21	1.16	1.24	1.14	1.22	0.82	1.06	1.26	1.33
1975	0.97	1.33	0.89	1.20	1.30	1.31	1.12	1.21	0.94	1.14	1.32	1.35
1976	1.05	1.18	0.87	1.28	1.19	1.17	1.30	1.12	1.00	1.03	1.29	1.46
1977	0.96	1.07	0.93	1.18	1.09	1.09	1.17	0.90	0.99	1.11	1.11	1.20
1978	0.95	0.96	1.00	1.03	0.99	0.97	1.07	0.76	0.94	1.00	0.95	1.12
1979	1	1	1	1	1	1	1	1	1	1	1	1
1980	0.97	1.20	1.05	1.12	1.22	1.19	1.08	0.89	1.01	1.05	1.22	0.90
1981	1.02	1.50	1.03	1.39	1.46	1.43	1.29	1.02	1.01	1.32	1.29	1.11
1982	1.12	1.78	1.02	1.55	1.55	1.52	1.34	1.12	1.06	1.69	1.43	1.28
1983	1.14	2.03	1.01	1.81	1.77	1.78	1.47	1.12	1.10	1.76	1.57	1.40
1984	1.24	2.25	1.07	2.02	2.09	2.09	1.61	1.24	1.14	1.90	1.89	1.75
1985	1.47	1.78	1.12	1.56	1.65	1.65	1.32	1.00	1.14	1.55	1.52	1.37
1986	1.41	1.43	1.09	1.30	1.32	1.33	1.01	0.80	1.21	1.36	1.19	1.31
1987	1.24	1.20	1.02	1.09	1.11	1.12	0.87	0.64	1.15	1.16	0.96	1.03

Source: *International Financial Statistics.*

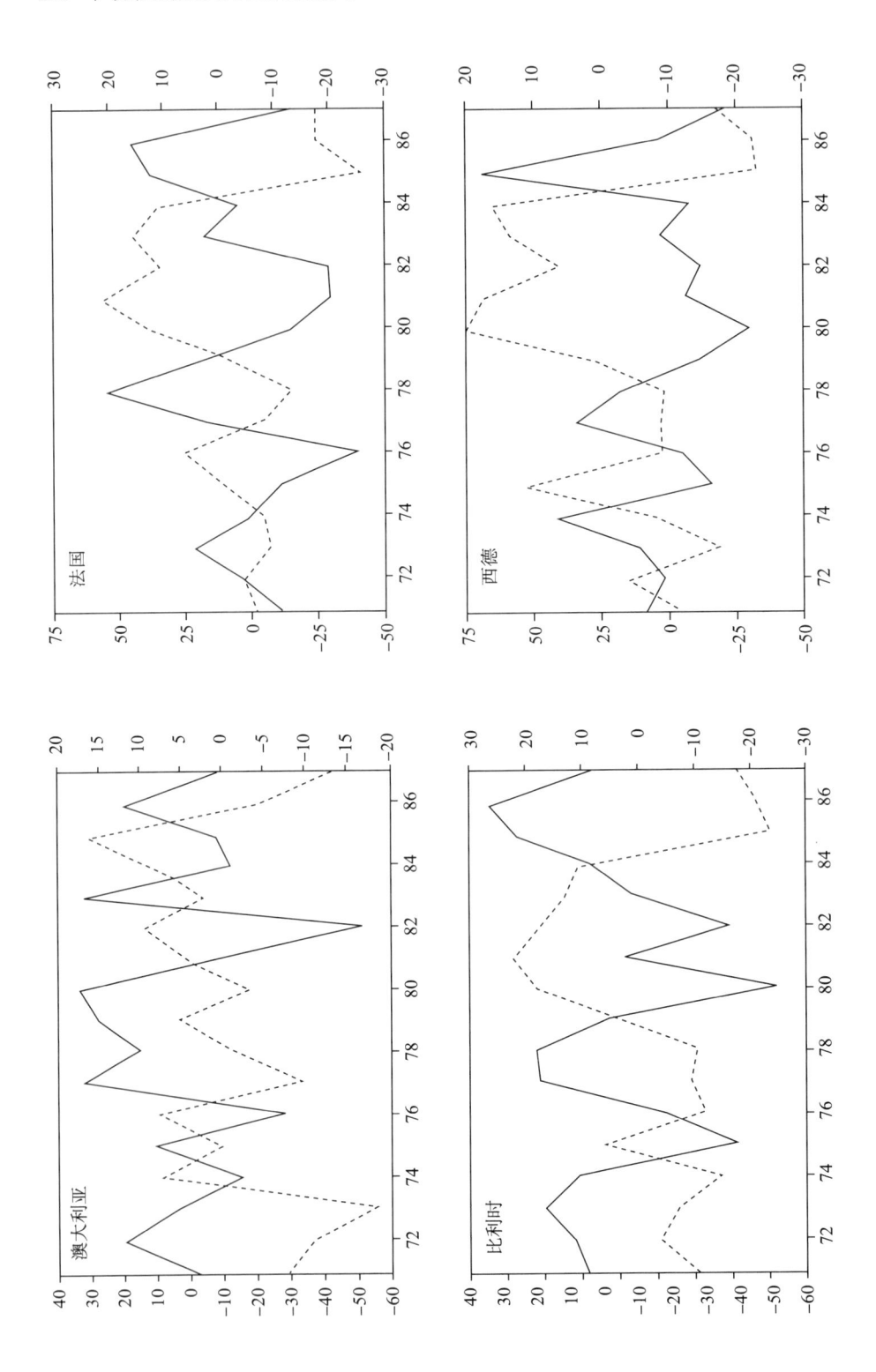

278 / 货币政策、税收与国际投资策略

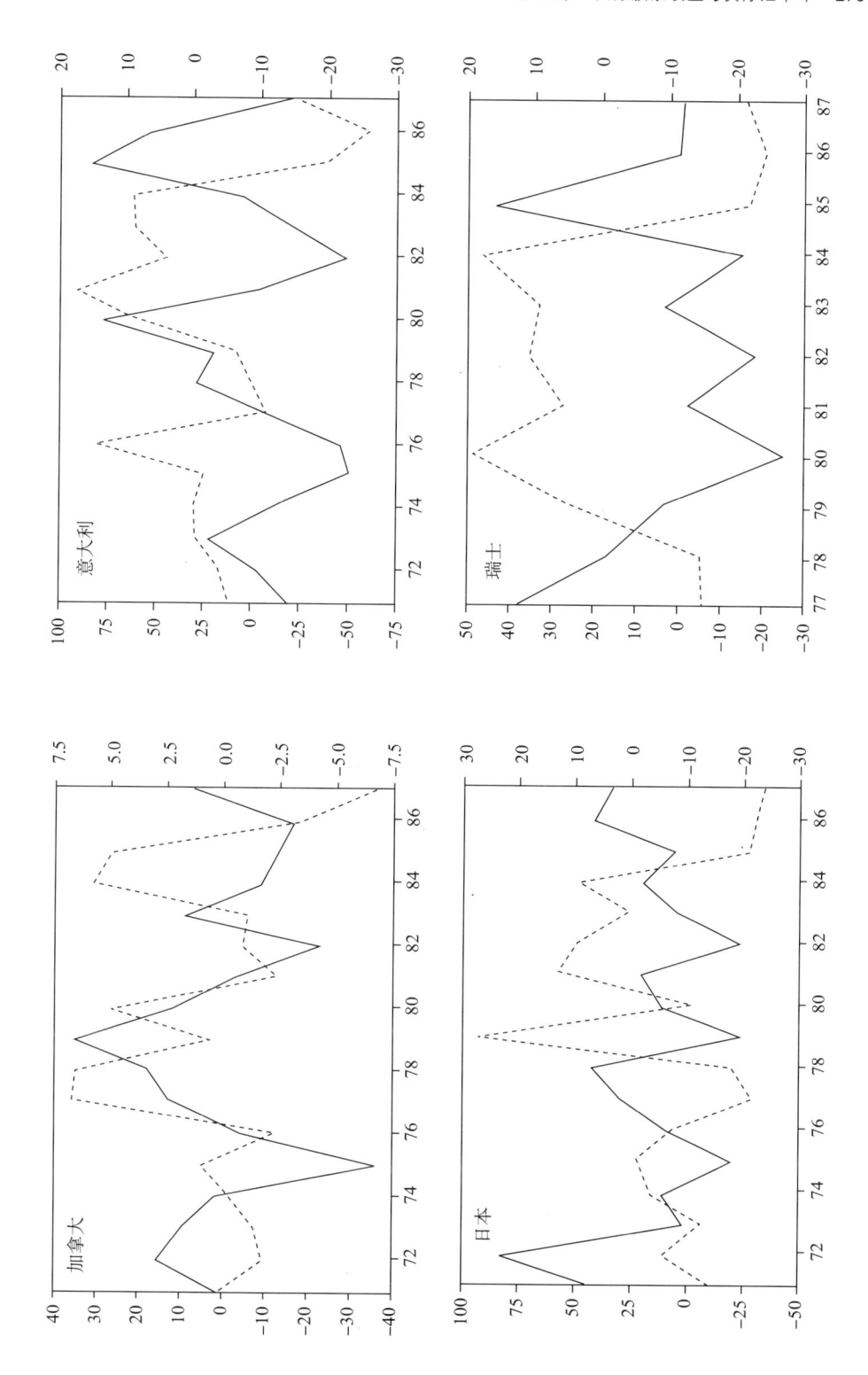

第 22 章　国际股票收益与实际汇率 / 279

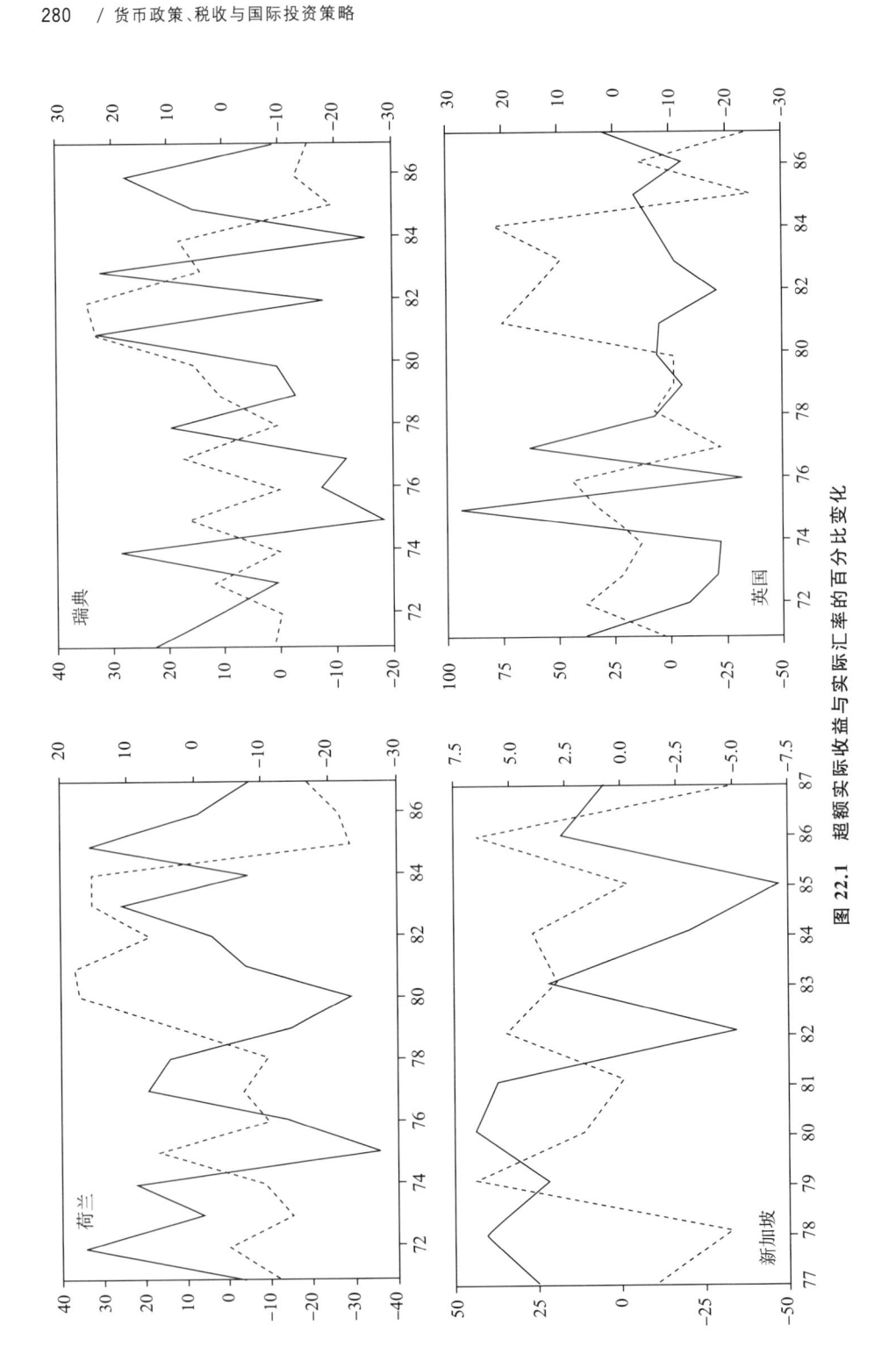

280 / 货币政策、税收与国际投资策略

图 22.1 超额实际收益与实际汇率的百分比变化

22.3 投资组合策略

如果商品是不完全流动的，那么在向新均衡调整的过程中，国内政策变化或其他的实际经济冲击会改变运输成本的整体情况。商品和生产要素的不完全流动意味着，在向新均衡调整的过程中，非流动实物资本的实际收益是不相等的。实际上，经济的实际收益差异从整体上最终反映的是实际汇率情况。对该策略有两种形式可以运用。一种是消极策略，其只会对贸易条件的变化做出反应。尽管这一策略无法充分捕捉到同步效应，但能捕捉到在实际汇率出现变化之后所发生的部分调整。如果这一调整过程足够缓慢，那么这一策略可以提供很丰厚的收益。

更为积极和激进的策略是，将国内经济政策的差异与实际汇率的变化联系在一起。这一策略试图减少决策过程中作出反应的时间，而且如果成功的话，其可以捕捉到部分的(但不是全部的)实际汇率变化对于美国股票收益与美国贸易伙伴股票收益的即时影响之间的差异。然而，实际汇率变化小于1%并不被视为很显著。投资组合策略需要其他的信息；但所能得到的回报是，通过捕捉经济政策在最初时的影响，可能可以实现更高的收益。

只有对美国的观点是按如下方式进行考虑的：所有外国股市的收益都已经被转换成美元收益(如表 22.2 所示)。进一步来说，为了描述投资组合策略的影响程度，只需要考虑两种情况：投资组合完全投资于美国证券或者是外国证券。如果预期会有不止一个外国股市的表现优于美国股市，那么对外国股市应分配相同的权重。最终在此分析中，只需要考虑实际汇率的变动方向。

22.4 消极策略

实证表明，实际汇率的变化会造成美国股市与其贸易伙伴股市的差异化表现。这一发现可以引出一种非常简单的投资组合策略：每当美国相对于其贸易伙伴——比如德国——的实际汇率出现上升，那么在下一年，美国股市的表现会优于德国股市。在这种情况下，德国股票就不该被纳入国际投资组合。类似地，当实际马克/美元汇率出现下跌，在下一年，德国股市的表现就有望优于美国股市，而德国股票应被纳入投资组合，美国股票应被剔除出去。表 22.4 中给出了消极投资组合策略基于不同年份和不同国家的表现。

表 22.4　消极策略下所选择的国际投资组合*

单位：%

年份	澳大利亚	比利时	加拿大	法国	西德	荷兰	意大利	日本	新加坡	瑞典	瑞士	英国
1971	−2.42	8.70	0.69	−10.93	8.30	−4.38	−18.95	40.18	N.A	23.00	N.A	38.53
1972	19.95	12.25	16.36	3.80	1.35	34.77	−2.46	86.17	N.A	10.76	N.A	−9.81
1973	3.61	20.03	10.08	21.64	10.67	5.36	23.74	0.48	N.A	−0.06	N.A	0
1974	0	11.08	1.76	1.10	41.46	22.26	0	11.52	N.A	0	N.A	−23.31
1975	0	−31.83	−36.34	−11.12	−16.43	−36.86	0	−20.50	N.A	−19.17	N.A	95.46
1976	0	0	0	20.30	0	0	−14.54	10.35	0	0	0	0
1977	0	21.56	12.36	0	34.60	19.30	0	30.03	0	−12.66	38.38	0
1978	15.40	22.17	0	55.06	17.46	13.74	23.46	43.22	40.48	0	16.20	4.94
1979	28.29	3.31	0	17.83	−11.32	−16.18	17.70	−25.18	20.71	−3.33	2.97	−6.89
1980	0	0	0	−15.54	0	0	82.53	0	0	0	0	6.14
1981	−8.67	0	0	0	0	0	0	20.87	0	0	0	4.70
1982	0	0	−22.97	0	0	0	0	0	0	0	0	0
1983	0	0	9.98	0	0	0	0	0	0	0	0	0
1984	0	0	−8.79	0	0	0	0	0	−18.90	0	0	0
1985	0	0	0	0	0	0	0	0	0	0	0	0
1986	0	35.16	0	45.98	3.61	7.02	52.75	41.80	18.27	27.76	−0.59	−5.23
1987	−8.22	7.16	6.69	−16.37	−21.86	−6.09	−22.24	34.42	0	0.24	−1.27	32.04
1988	48.65	28.71	4.4	21.83	10.97	14.52	2.15	25.53	3.20	35.22	0.82	−3.40

* 1988 年数据是 1988 年 11 月 1 日的数据。

A. B. Laffer Associates

在1971年,相对于美国的每一个贸易伙伴国,实际汇率基本上出现了下降(如表22.3所示)。根据决策规则,在1972年,每一个外国股市的表现都有望优于美国股市。因此,美国国内股票应从投资组合中剔除,而所有的外国股市都应纳入投资组合。表22.4中给出了每一个外国股市所实现的超额收益。例如,在1972年,澳大利亚股市收益比美国股市高出19.95%(第2列,第2行)。由于对每一个外国股市都分配了相等的权重,投资组合策略在具体年份——以1972年为例——对外国股市进行投资的超额收益就是在表22.4中对1972年这一行所录入数据的均值。表22.5中给出了该策略所实现的超额收益。在1972年,该策略的收益表现比美国股市高出了17.31个百分点(如表22.5所示)。

表 22.5　　　　　　　　消极策略超额收益*　　　　　　　单位:%

年份	消极策略收益	美国股市收益	消极策略超额收益
1971	14.47	6.20	8.27
1972	30.81	13.50	17.31
1973	−6.78	−17.40	10.62
1974	−19.77	−28.00	8.23
1975	31.80	41.40	−9.60
1976	25.27	9.90	15.37
1977	3.31	−17.20	20.51
1978	24.91	−0.80	25.71
1979	6.74	4.20	2.54
1980	36.18	11.80	24.38
1981	−8.27	−13.90	5.63
1982	−1.97	21.00	−22.97
1983	29.68	19.70	9.98
1984	−17.15	−3.30	−13.85
1985	28.00	28.00	0
1986	45.95	23.30	22.65
1987	3.31	2.90	0.41
1988	21.93	5.88	16.05

*1988年数据是1988年11月1日的数据。
A. B. Laffer Associates

无论是哪一年,只要从投资组合中剔除外国股市,就无法实现超额收益,那就得在表22.5中输入0。在1984年,相对于美国的贸易伙伴,实际汇率出现了上升。根据消极策略的决策规则,对1985年,预期没有一个外国股市的表现会比美国股市好。在1985年需要从投资组合中剔除外国股市。因此,在1985年不会产生超额收益,这通过表22.4中1985年那一行为0可以反映出来。

实际汇率的变化也会导致在任意一年,投资组合中会包含一些不同国家的股市。例如,在1988年,包含了所有的外国股市;而在1985年,投资组合中没有包含任何一个外国股市。在1983年,根据决策规则只包含了唯一一个外国股市——加拿大。在1987年,除了澳大利亚和加拿大这两个国家的股市,包含了其他所有国家的股市。

消极策略的表现令人振奋。在18年中有3年,没有外国股票的情况看上去更好(如表22.5所示)。在其余的15年里,外国股市都被纳入了投资组合。而在这15年中有14年,投资组合策略的表现优于美国股市。当对国际策略的累积收益进行比较时,上述结论甚至会令人印象更深刻。举例来说,如果在1971年投资了1美元,运用投资组合策略则仍旧会完全投资国内股票(即买入美国股市指数),到了1988年11月,这1美元将会增加至2.92美元。反过来,如果对1美元进行投资时遵循的是消极国际策略,那么到了1988年11月,金额将会增加至7.40美元,结果迥然不同。

22.5 激进策略

采取保增长政策并实现了高于平均增长水平的国家,会面临实际汇率的上升以及高出平均水平的股票收益。实际汇率与股票收益的差异会朝着预期的方向变动,并且这一变动会持续一段时间。最终,实际汇率与股市收益的变动本身会出现逆转。

对于国内经济政策(如税率变化)或其他经济冲击(如油价变化)的经济分析,得出了实际汇率的变化会更快这一结论。在这种情况下,对实际汇率变化与所选择的外国股市之间没有必要去设定滞后1年。

有一种方法可以估计出该策略可能实现的盈利性,即假定我们已经识别出了贸易条件可能发生的所有变化并对其做出了解释。在这种情况下,将会在实际汇率发生变化的那一年选定投资组合。在表22.6中给出了根据这一策略所选择的外国股市,在表22.7中给出了平均超额收益。这一结果表明,在18年中会有3年,该策略将还是完全投资于美国市场。在其余的15年里,有13年积极策略的表现是优于美国股市的。激进投资组合策略的累积收益明显优于只选择完全对本国股市进行投资的策略。在1971年投资的1美元,根据激进国际策略会增加至14.85美元,而消极国际策略是7.40美元,完全投资于本国策略是2.92美元。

第 22 章　国际股票收益与实际汇率 / 285

表 22.6　激进策略下所选择的国际投资组合*

单位：%

年份	澳大利亚	比利时	加拿大	法国	西德	荷兰	意大利	日本	新加坡	瑞典	瑞士	英国
1971	−2.42	8.70	0	−10.93	8.30	−4.38	−18.95	40.18	N.A	23.00	N.A	38.53
1972	19.95	12.25	−16.36	3.80	1.35	34.77	−2.46	86.17	N.A	10.76	N.A	0
1973	3.61	20.03	0	21.64	10.67	5.36	23.74	0.48	N.A	0	N.A	0
1974	0	11.08	0	1.10	41.46	22.26	−10.03	11.52	N.A	28.95	N.A	0
1975	0	0	0	−11.12	0	0	−52.25	−20.50	0	0	0	0
1976	0	−11.13	−4.29	0	−5.49	−15.59	0	10.35	0	−7.69	N.A	0
1977	32.76	21.56	0	15.33	34.60	19.30	−4.31	30.03	0	0	38.38	63.86
1978	15.40	22.17	0	55.06	17.46	13.74	28.40	43.22	40.48	20.01	16.20	4.94
1979	0	0	0	17.83	0	0	17.70	0	20.71	0	0	−6.89
1980	34.30	0	−3.76	0	0	0	0	11.41	0	0	0	6.14
1981	0	0	0	0	0	0	0	0	0	0	0	0
1982	0	0	0	0	0	0	0	0	0	0	0	0
1983	0	0	9.98	0	0	0	0	0	0	0	0	0
1984	0	0	0	0	0	0	0	0	0	0	0	0
1985	0	27.56	0	38.87	69.91	34.30	85.0	5.45	−48.35	15.58	44.17	15.90
1986	20.86	35.16	−16.82	45.98	3.61	7.02	52.75	41.80	18.27	27.76	−0.59	−5.23
1987	−8.22	7.16	6.69	−16.37	−21.86	−6.09	−22.24	34.42	4.01	0.24	−1.27	32.04
1988	48.65	0	4.4	0	0	0	0	25.53	0	0	0	0

*1988 年数据是 1988 年 11 月 1 日的数据。

A. B. Laffer Associates

表 22.7　　　　　　　　　激进策略超额收益*　　　　　　　　单位：%

年份	激进策略收益	美国股市收益	激进策略超额收益
1971	14.40	6.20	8.20
1972	33.83	13.50	20.33
1973	-6.71	-17.40	10.69
1974	-12.81	-28.00	15.19
1975	13.44	41.40	-27.96
1976	14.26	19.90	-5.64
1977	10.75	-17.20	27.95
1978	24.39	-0.80	25.19
1979	16.54	4.20	12.34
1980	29.08	11.80	17.28
1981	-17.66	-13.90	-3.76
1982	21.00	21.00	0
1983	29.68	19.70	9.98
1984	-3.30	-3.30	0
1985	56.84	28.00	28.84
1986	42.51	23.30	19.21
1987	3.61	2.90	0.71
1988	32.07	5.88	26.19

*1988 年数据是 1988 年 11 月 1 日的数据。

A. B. Laffer Associates

22.6　其他的考虑

基于实际汇率变化的国际投资组合策略形式，只是从美国投资者的观点给出的。然而，该分析通过将外国投资者的观点纳入进来以进行修正，可以实现充分的一般化。

为了能用简化方法来说明该方法的可行性，我们做出了很强的严格假定。放宽这些假定可以让该策略从理论探索层面转换为一种具有实践价值的策略。例如，向不同的市场配置资金这一决策，完全是基于实际汇率变化这一信号（无论是正向的还是反向的)。在1973年和1974年,相对于比利时的实际汇率变化分别为-7.12%和-15.10%。其次,相对于加拿大的实际汇率变化分别为-1.42%和-0.37%(如表22.3所示)。[1] 显然,对于这两个国家的变化幅度的差异是很大的。

明智的资金经理会将美国/比利时的实际汇率解释为显著的,而将美国/加拿大的实际汇率解释为统计上非显著的。而实际结果并不能否定上述判断:在1973年和1974年,比利时股市的表现好于美国股市,而加拿大股市的相对表现比较难判断一些(如表22.2所示)。这一结果表明,在分析中应包括实际汇率的变化幅度,以反映所做预测的可信度。

没有理由去预期,实务中在挑选外国股市时会采取一种孤注一掷的方式。似乎如下的方式会合理一些,即假定对于不同市场的配置比重,应当是基于美国与具体市场之间实际汇率的百分比变化的置信水平(幅度)。另外也没有理由去假定,具体某个外国股市的所有行业会受到实际汇率相同程度的影响。汇率变化所产生的影响将取决于行业的贸易度。因此,在每一个国家的股市中,也会呈现出不同的行业效应。应该对国际策略做一修正,从而使其扩展至能利用到这些行业效应。

附录 A

A1 理论框架:购买力平价

想象一种理想化的情形,所有的经济要素——无论是人为设置的障碍如税收,还是天然的障碍如运输成本——都不存在。在这样一个假想的世界中,商品和服务的价格将在世界市场中得到确定。因此,一吨钢铁和机械工具这些东西无论在哪里(加拿大、德国或其他任何国家)销售,其美元价格都是一样的。如果美元价格不一样,套取利润的机会会增加。企业家会在钢铁的美元价格更低的地方买入钢铁(即低价国会出口钢铁),再卖给钢铁的美元价格更高的国家(即高价国会进口钢铁)。随着供给的减少,在出口国价格会上涨。与此相应的是,供给的增加会导致在进口国价格出现下跌。这一过程会一直持续至钢铁价格在两个国家实现相等,并且所有的利润机会得到充分的挖掘。每一种商品的价格将是由世界上的需求与供给条件决定的。在均衡状态下,购买力平价(PPP)

---

[1] 此处数据结果是按汇率原始数据计算得出的变化率。——译者注

将能够实现。[1] PPP 的代数表达式如下：

$$P_{US} = E \times P_f$$

其中，P_{US} 表示一吨钢铁在美国的美元价格；E 表示美元与一种外币之间的汇率；P_f 表示一吨钢铁以外币标示的价格。

该分析可以扩展至所有的商品，在这种情况下，上述关系可以运用于本国价格水平情形。购买力平价可以表示如下：

$$\pi_{US} = e + \pi_f$$

其中，π_{US} 表示美国的通胀率；e 表示汇率的百分比变化；π_f 表示外国的通胀率。

(1)实际汇率。贸易条件或实际汇率测量的是，一国（如美国）所生产的商品相对于另一国（如德国）所生产的商品的价值。实际汇率的计算方式是，先通过将外国 CPI 乘以汇率，将其转换为美元形式；然后将以美元标记的外国 CPI 除以美国 CPI，就能得到实际汇率。在一个购买力平价能够实现的假想的世界中，德国每吨钢铁的美元价格将等于美国所生产的每吨钢铁的美元价格。换种表述方式就是，在一个购买力平价能够实现的假想的世界中，实际汇率或贸易条件是个常数。

(2)移民与要素收益。资本和劳动力流动可以用这种方法来分析。人们可以为了套取他们工资中的稳定差异而进行移民。同样，资本的所有者会将生产放在获取高回报机会最大的地方进行，而避免将生产放在获取高回报机会最小的地方进行。因此，在均衡状态下，工资水平和资本收益率在不同的州和国家将是相等的。[2]

(3)利率平价。在不存在运输成本或其他贸易摩擦这些理想化的条件下，利率平价将能实现。相似资产类别的美元收益在世界上任何地方都是一样的。因此：

$$i_{US} = e + i_f$$

其中，i_{US} 表示名义美元收益；e 表示美元/马克汇率的百分比变化；i_f 表示名义外币（如德国马克）收益。

(4)实际收益率相等。费雪方程假定，名义收益等于实际利率(r)加上预期

---

[1] 对于在何种条件下，要素价格会等于要素收益，有大量的学术文献。例如，可参见 Paul A. Samuelson, "International Trade and the Equalization of Factor Prices", *Economic Journal* 58 (June 1948), pp. 163–84. 对于在要素价格相等时，要素流动性所存在的影响，可参见 Robert A. Mundell, "International Trade and Factor Mobility", *American Economic Review* 47, no. 3 (June 1957), pp. 321–35.

[2] See R. A. Mundell, "International Trade and Factor Mobility".

通胀率(π)。这一表述的代数表达式为：
$$i = r + \pi$$

将费雪方程代入利率平价关系式可得：
$$(r_{US} + \pi_{US}) = e + (r_f + \pi_f)$$

其中，π_{US} 表示美国的通胀率；e 表示汇率的百分比变化；π_f 表示外国的通胀率。

将上述方程减去关于两国通胀率的等式，得到：
$$r_{US} = r_f$$

（5）有效市场的含义。上述方程表明，在不存在运输成本和贸易壁垒的情况下，对商品和资产的贸易能使不同国家的实物资本的实际收益率相等。甚至在资本没有跨国境流动时，这也能实现。在这样一种理想化的世界中，世界经济将充分实现一体化，而国境概念将与投资观点没什么关系。在这样一个世界中，位置参数（alpha）和离散参数（beta）是资产价格的唯一决定因素。其他试图捕捉国民/国家效应的参数，对投资组合挑选技术增加不了任何的价值。[1]

尽管意识到了要素可能会对不同经济体的融合程度产生限制，但是充分一体化观点的支持者认为，关于这些要素的可靠及时的信息并不是随手可得的。此外，按道理来说，由于没有理由去预期会有任何的实证规律性，所以这些未知因素的影响并不会影响预期收益。因此，合理的分析框架是，在经济充分一体化的情形下，国际投资组合策略并不会带来预期的风险调整后的超额收益。

A2　对于购买力平价的偏离

运输成本形成了一个区间，在区间内对价差进行套利是不经济的。广义的运输成本包括运输费、边境税以及会造成要素对刺激变化调整缓慢的实际调整成本。因此，价格水平会因运输成本额而存在差异，并且 PPP 无法实现。对于购买力平价的偏离会反映在贸易条件或实际汇率的变化上。汇率变化等于运输成本的增加。即：
$$e_{real} \equiv \pi_{US} - e - \pi_f = t_c$$

其中，e_{real} 表示实际汇率的变化，t_c 表示运输成本。

在存在运输成本的世界中，只有当商品的国内价格比在外国的美元价格高出足够多，从而能抵消掉运输成本和其他贸易相关成本时，商品才会被进口。

---

[1] See, for example, Moshe Hagigi, "Industry Versus Country Risk in International Investments of U. S. Pension Funds", *Financial Analysts Journal*, September/October 1988, pp. 70-74.

对于每一种商品而言都存在一个区间,在该区间内,商品的国内价格可以相对于其经汇率调整后的国外价格有所波动,且不会引起以出口或进口为形式的反应。这一区间体现了包含天然的和人为形成的所有交易成本的总和。在该区间内,购买力平价全然没有实现的可能。运输成本区间表示了国内商品免于同国外竞争的程度。[1]

不同商品完全可能围绕其购买力平价点,存在不同宽度的区间。那些区间最窄的商品是贸易度最高的,那些区间最宽的是贸易度最差的。区间幅度决定了一国行业的收益率与另一国行业的收益率的差值的上限。

关于实际汇率变化的原因方面,在过去 20 年里,世界经济经受了重大的经济冲击,这对于各国经济的不同表现产生了显著的影响。这些冲击包括金价的大幅波动以及三次石油冲击。对于各国经济的竞争地位发生变化的证据,将会反映在对于购买力平价的偏离上。在 1970~1987 年这段时间,可以观察到美国及其贸易伙伴之间的实际汇率存在明显的波动。

实际汇率波动可由国外经济冲击发散形成,如油价的突然上涨。在其他情况中,贸易条件的变化是由国内经济政策造成的。例如,美国税率下调解释了 20 世纪 80 年代多次发生的汇率波动。然而,贸易条件并没有按与美国的贸易伙伴相同的方式发生变化,这是由于外国的国内经济政策存在差异。有许多美国的贸易伙伴本身也实行了税率下调。[2] 暂不考虑它们采取这一措施的原因,实际汇率的波动改变了在所考察的国家做生意的收益率。结果是,还能观察到股市收益的差异。

A3　对于实际汇率变化的经济反应

考虑一下美国实际汇率上升的影响。从需求侧来看,实际汇率上升会使得对外国消费者而言,购买美国商品的吸引力下降。对于美国商品的国外需求会下降,出口占 GNP 的比重也会下降。实际汇率的上升也会造成对所有本国生产的商品的需求量下降。外国和本国购买者都会用相对便宜的外国商品来代替美国生产的商品。

然而,故事还没有到此结束。仅仅是看到需求侧的反应会忽视很重要的一点。实际汇率的调整也会有供给侧效应。如果一单位的本国商品能获得更多

---

[1] Arthur B. Laffer, "Minding our Ps and Qs: Exchange Rates and Foreign Trade", A. B. Laffer Associates, April 14, 1986.

[2] Victor A. Canto and Arthur B. Laffer, "Great Britain Moves to the Supply-Side", A. B. Laffer Associates, November 2, 1988. See also Chapter 6.

单位的外国商品,那么本国生产者会提高产出。对贸易商品的生产会增加,而本国和外国的消费会下降。因此,出口占 GNP 的比重也会下降。与此同时,世界上其他国家对贸易商品的生产,进而是对这些商品的出口也会减少。

实际汇率的上升意味着,每一单位的本国商品相比之前,现在能获得更多的外国商品。这暗示了相对于世界上其他国家的资产,位于本国的资产的实际收益率会上升。相对于世界上其他国家,美国经济更高的实际收益率会使得美国的生产活动增多。美国国内的资产价值相对于世界上其他国家的资产价值会上升,并且美国会面临资本流入。在浮动汇率制下,国际收支差额始终为零,而贸易差额反映的是资本账户情况。因此,贸易差额的恶化意味着资本账户的改善。

该方法预测,实际汇率的上升会导致国内生产增加、国内资产价值上升以及进口与出口占 GNP 的比重都会出现下降。然而,由于存在资本净流入,贸易差额必然会恶化。因此,出口的增加会小于进口的增加。美国在 20 世纪 80 年代所经历的情况完全符合这一观点。[1]

---

[1] Victor A. Canto and Arthur B. Laffer, "Great Britain Moves to the Supply-Side", A. B. Laffer Associates, November 2, 1988. See also Chapter 6.